U0494122

SOCIALIST CORE VALUE SYSTEM AND THE TRENDS OF SOCIAL THOUGHTS IN MODERN SOCIETY

社会主义核心价值体系与当代社会思潮

宁先圣　石新宇／著

社会科学文献出版社
SOCIAL SCIENCES ACADEMIC PRESS (CHINA)

目　　录

导　言

意识形态问题关乎中国特色社会主义事业的兴衰成败。在改革开放和全球化复杂背景下，要进一步加强我国社会主义意识形态建设，牢固确立马克思主义在意识形态领域的指导地位，必须认真总结新时期意识形态建设的历史经验，深入探索意识形态建设的基本规律。

社会思潮是意识形态领域的“晴雨表”，千姿百态的社会意识往往通过社会思潮表现出来。社会思潮往往走在社会变动的前端，是一种复杂的社会现象，具有巨大的能动性，能对社会发展起巨大的冲击作用。我们通过对社会思潮的研究，可以洞察到深层次社会变动的端倪。在当前经济体制深刻变革、社会结构深刻变动、利益格局深刻调整、思想观念深刻变化的新形势下，国内出现了各种各样针对当前中国社会现实的社会思潮。如何卓有成效地用马克思主义的立场、观点和方法引领当代中国社会思潮，找准其着力点和采取行之有效的措施及途径至关重要。只有在这些方面深入细致地研究，才能更好地指导实践，找准方向，取得实效。

党的十六届六中全会提出要建设社会主义核心价值体系，十七大进一步指出，要积极探索用社会主义核心价值体系引领社会思潮的有效途径，主动做好意识形态工作，既尊重差异、包容多样，又有力抵制各种错误和腐朽思想的影响。由此可见，社会主义核心价值体系既是构建社会主义和谐社会的精神支柱，也是引领社会思潮的伟大旗帜，具有强大的整合能力和引领能力。为使其对社会思潮的引领进一步落到实处，必须加强对社会主义核心价值体系本身的深入研究，加强对社会主义核心价值体系教育的研究、加强对社会主义核心价值体系引领社会思潮运用能力的研究。

本书正是针对以上问题，通过对社会思潮的形成及其对意识形态的影响、社会主义核心价值体系概念的提出及其内涵解读、用社会主义核心价值体系引领多元化社会思潮必要性及可行性的深入分析，提出了用社会主义核心价值体系引领社会思潮的引领原则，在努力找准用社会主义核心价值体系引领社会思潮的着力点、积极探索社会主义核心价值体系引领社会思潮的有效途径等方面做了大量有益的尝试。在此基础上，本书特别对加强青年学生的社会主义核心价值体系教育进行了论述，并对如何用社会主义核心价值体系有效引领新自由主义、实用主义、民主社会主义三种当下最具影响力的社会思潮进行实证分析。

第一章

社会思潮的形成及其对意识形态的影响

胡锦涛总书记深刻指出，意识形态领域历来是敌对势力同我们激烈争夺的重要阵地，如果这个阵地出了问题，就可能导致社会动乱甚至丧失政权。在集中精力进行现代化建设的过程中，全党一刻都不能放松政治这根弦，要把意识形态工作紧紧抓好，始终坚持和不断巩固马克思主义在意识形态领域的指导地位。

社会思潮是社会意识形态的萌芽，它的性质和发展方向在很大程度上决定了社会意识形态的巩固和发展。因此，要巩固社会主义意识形态，必须对各种社会思潮进行深刻研究和正确引导。

一 社会思潮的形成与传播

（一）社会思潮的内涵

“思潮”一词在《辞海》中的注解为：①某一历史时期内

反映一定阶级或阶层利益和要求的一种思想倾向。②涌现出来的思想感情。

在中国，对“社会思潮”研究最早的是梁启超，他在1902年《论时代思潮》一文中对“思潮”进行了论述，并且指出了“思”和“潮”之间的逻辑关系。后来，在《中国大百科全书》中又对“社会思潮”进行了详细的阐释，即“社会思潮反映特定环境中人们的某种利益并对社会生活有广泛影响的思想趋势或趋向”。

在当今文化激荡的时代，作为一种思想潮流，社会思潮时常被人们所提及。笔者认为，所谓社会思潮，一般是指在某一特定历史环境中，反映某一团体、阶级或阶层的利益和要求，以某种理论学说为主导或依据，得到广泛传播并对社会生活产生某种影响的思想趋势或思想潮流。当然，这种从字义上的解释只能对社会思潮的表层含义进行阐述，我们还应该从深层次对社会思潮进行解读。

虽然社会思潮通常表现为以一定的理论或是思想为主导，但社会思潮又不等同于理论、思想的本身，单纯的理论、思想并不能形成社会思潮，这就说明了社会思潮的形成不仅要以一定理论作为支撑，还要得到广泛的社会群体认可。这同时也阐述出社会思潮的另一个特点，即社会思潮不是某一个或者少数理论家、思想家的思想。尽管每一种社会思潮一般都有其代表人物，但它之所以能够成为“思潮”，就是因为它在一定的范围内与人们的需要和利益密切相连，能够被一定的阶级、阶层的人们理解和认可，这就是社会思潮迅速形成和传播的关键。同时，也是社会思潮较一般理论、思想更具有强大的影响力、威慑力的原因之所在。

马克思和恩格斯用唯物史观正确地阐明了社会存在和社会

意识的关系，把社会思潮归属于社会意识范围，认为社会思潮是对社会存在的反映，是一定时期内社会经济、政治、文化冲突和矛盾的产物。在特定时期内，特别是当社会面临重大发展或是转型时期，占统治地位的旧的意识形态已经不能满足人们的需要和愿望，也不能代表最广大人民的根本利益，甚至已经沦落为社会发展的障碍和绊脚石。于是各种不满情绪在社会范围内不断地传播、蔓延、升华，在经济利益和生存环境的驱使下，逐渐形成了一种社会群体的意识，最后凝聚和演变成社会思潮。因此，我们说社会思潮是社会矛盾的“指示器”。同时，从另一个方面我们也看到，各种社会思潮是我们了解尖锐的社会矛盾，捕捉社会矛盾信息的良方妙药。社会思潮反映人们的政治观念、价值取向。党和国家通过对社会思潮的分析研究，可以从这些思潮中获得信息，寻找社会改革的方案，体察民情，善解民意，了解广大人民群众在想什么，关心什么，需要什么，坚持始终把最广大人民群众的根本利益作为党和国家一切工作的出发点，把实现好、发展好和维护好最广大人民群众的根本利益作为工作的落脚点，及时采取恰当的方式解决矛盾和消解潜在的社会冲突。尤其是我国已处于改革和发展的关键时期，各种各样的社会思潮层出不穷，其中既有正确、积极的社会思潮，也有错误、消极的社会思潮，这就要求我们必须加强对社会思潮的研究，帮助人们正确认识、理解和对待各种社会思潮，这对于确保高举中国特色社会主义伟大旗帜，全面建设小康社会的正确方向，具有重大的意义。

（二）社会思潮的形成与表现形式

1. 社会思潮的产生和发展

历史唯物主义认为社会存在决定社会意识，社会意识是社会存在的反映，而社会思潮是社会意识特殊的表现形式，因而社会思潮的产生变化和发展由社会存在所决定。我们就从社会存在的经济、政治等条件来分析社会思潮的产生和发展。

从根本上说，一种社会思潮的产生发展是经济、政治等条件共同作用的结果，其中经济条件在社会思潮的产生发展中处于主导地位。经济条件主要指生产力和生产关系，生产力对社会思潮起着制约作用。一个社会的生产力迅猛发展往往会引起社会结构翻天覆地的变化，人们的心理和思想会相应地发生改变，社会思潮不断涌现，一般来说，符合社会生产力发展要求的社会思潮都是正确的。生产关系决定着社会各阶级在国家中的统治地位，同时决定法律和思想等上层建筑，是产生不同阶级利益社会思潮的基础。政治条件是指对社会思潮产生和发展起促进作用的政治因素，一般包括以下几个方面：第一，政党，它代表着处于统治地位的阶级，往往会根据本阶级的性质和利益宣传和贯彻符合本阶级利益的社会思潮，打击相对立阶级的社会思潮。第二，政治运动的形成和发展。任何政治运动都伴随着具有一定理论学说的社会思潮，担当引导该运动的社会政治力量的指南针，随着政治运动不断深入，社会思潮愈加完善，甚至还会出现更积极、健康的社会思潮。第三，政治家和理论学者。他们大多是具有敏锐观察力的知识分子，往往能够站在社会前沿，把握时代潮流，提出符合广大人民群众利益的学说，这些学说具有一定社会影响力，在社会中广为流传，逐渐成为社会思潮。

2. 社会思潮的表现形式及分类

社会思潮是根据不同利益群体的需求和愿望而形成的一种思想倾向，那么它的表现形式也是多种多样的。首先，从社会思潮作用的性质划分，可分为进步、积极、正确的社会思潮和消极、反动、错误的社会思潮。代表着先进生产力发展要求和最广大人民群众根本利益的社会思潮就属于正确的社会思潮。相反，代表着落后生产力和个别阶级或个人的利益的社会思潮就是消极和错误的社会思潮。其次，从社会思潮的阶级属性划分，可分为封建主义思潮、资本主义思潮和社会主义思潮。这三种类型的社会思潮都具有阶级性，带有鲜明的阶级色彩，为各自统治阶级服务。再次，从社会思潮的理论基础划分，可分为政治思潮、经济思潮和哲学思潮。政治思潮是人们按照政治理想和政治价值，把某种政治思想演变为一种思潮；经济思潮往往以某种经济理论为学说，反映一定阶级对某个经济现象的看法和愿望；哲学思潮是指如果一种哲学理论被某一阶级所掌握并成为认识和改变事物的基本方法，那么这个哲学理论就有可能演变为哲学思潮。最后，从社会思潮规模大小划分，可分为在世界范围内有广泛效应且影响持续时间长的大型社会思潮和在某些领域只对部分人有影响的小型社会思潮。

（三）社会思潮的传播与功能

1. 社会思潮的传播

社会思潮仅仅产生发展是不够的，每一种社会思潮只有传播，才能被人们所接受、所认同。社会思潮的传播方式主要有两种，即人文传播和媒介传播。

人文传播，是指在宽松的文化环境里，一些政治家、思想家甚至广大知识分子，把握时代的潮流，根据人民群众的利益和要求，切实提出符合时代要求的学说，然后在人民群众中广为流传，被人们所追崇、所认同，逐渐成为具有一定影响力的思想潮流。

媒介传播，是通过广播、电视、报纸、网络等信息媒介，向人们传递和表达社会思潮的过程。多渠道的媒介传播体现了传播手段的多元化和大众化。一是借助报纸、图书、电视、广播等传统渠道传播。这些依然是人们获取重要信息的手段，应注重发挥其主渠道的作用，抢占舆论阵地。二是利用互联网、手机短信等新技术手段，扩大传播渠道和范围。现代媒体技术的发展使社会思潮的传播进入了集声音、文字、图像于一体的时代，特别是互联网的兴起，拓宽了思潮传播的渠道，加快了思潮传播的速度，极大地改变了舆论传播的方式，为社会思潮的传播提供了更便捷的条件。

2. 社会思潮的功能

（1）社会思潮是社会发展的精神动力

由于社会思潮自身具有广泛性和认同性，具有强大的号召力和影响力，因此在社会变革中，它充当“催化剂”的作用，是变革的政治先导。在欧洲，如果没有文艺复兴运动和宗教改革运动，近代资产阶级运动就不会成功；在中国，如果没有李大钊、陈独秀等仁人志士从西方引进新观点、新思维，中国革命就不会选择马克思主义，就不会取得新民主主义革命的伟大胜利，彻底改变中国的命运；在中国的改革开放中，如果没有解放思想、实事求是的思想路线，我们党就不会探索并最终选择中国特色社会主义道路，在中华民族伟大复兴和社会主义建设中找到唯一正确的道路。

（2）社会思潮反映人们的需求和愿望

一个体察民情、善解民意的领导人，必须要广泛收集社会思潮，倾听广大人民群众的心声，求真务实地分析，了解各阶层人们的社会需要，始终把最广大人民群众的根本利益作为党和国家一切工作的出发点和落脚点，实现好、发展好、维护好最广大人民群众的根本利益。

（3）社会思潮是百姓关注热点和焦点问题的集中反映

社会思潮作为社会意识的特殊形式，是社会存在的集中反映，任何一种社会思潮的产生，都是各个阶级之间利益冲突的诉求结果，是经济、政治、社会等方面人民群众产生不满情绪的指示器。通过对社会思潮的研究，可以反映出群众在政治、经济、文化、社会等方面比较敏感的社会话题，国家决策人可以及时地把握社会思潮所提供的信息，采用科学的分析方法，寻找解决方案，作为制定科学的路线方针和政策的依据。

二 当代中国主流意识形态的确立及其面临的挑战

社会意识形态，是社会生活的一个重要领域，属于观念上层建筑，是对一定社会经济形态以及由经济形态所决定的政治制度的反映，具有鲜明的阶级性。不同社会有不同经济基础，决定了不同社会的主流意识形态根本不同。在我国，与社会主义经济基础相适应的只有以马克思主义为指导的社会主义意识形态，它是以最广大人民群众利益为核心的社会意识的体系，是我国当代的主流意识形态。

主流意识形态是一个社会精神文化的中枢与灵魂。我们党要实现执政目标，必须牢牢掌握意识形态工作的主动权，把握正确的导向，充分发挥社会主义意识形态对亿万人民的引导和激励作用，不断提高引导社会舆论的本领，以自身的思想理论、行为纲领、价值观念影响社会，凝聚群众，形成积极健康向上的主流舆论。

（一）意识形态的内涵、特性与功能

1. 意识形态的内涵

长期以来，意识形态一直都是哲学、政治学、社会学等学科共同关注的问题。对于意识形态的概念，不同学者从不同的时代背景、政治立场、信仰的差异和学科特点出发，对意识形态做出了不同的阐释。通常认为，“意识形态”的概念开始于拿破仑时代的法国思想家托拉西（Destutt de Tracy，1745～1836），而首次把“意识形态”作为一个哲学的概念加以使用，并赋予意识形态现代语境与科学蕴涵，无可争议是由马克思完成的。[①]尽管马克思本人未给意识形态下过具体明确的学理性的定义，但马克思不仅创造了 Ideologie 这个德语词[②]，而且对意识形态的论说也不断地深入与完善，最终形成了成熟的意识形态理论体系。马克思意识形态理论发展与历史唯物主义的创立过程是一致的，马克思不断深化意识形态理论的过程也是唯物史观不断成熟与完善的过程。因此，马克思的意识形态理论与马克思主义作为一种意识形态理论是逻辑同构的关系。

目前，许多相关学术领域的专家学者对意识形态的界定提出了自己的见解，主要归纳为以下几种观点。

（1）社会意识形态的本质是人们的社会价值观念体系，即由人们的社会地位（主要是经济地位）及利益所决定的，反映人们的社会价值取向和历史选择特征的思想体系。

（2）意识形态是一定时期各种社会意识形式的总和，是占

---

① 张秀琴：《马克思意识形态理论的当代阐释》，中国社会科学出版社，2005，第 5 页。

② 俞吾金：《意识形态论》，上海人民出版社，1993，第 61 页。

统治地位的阶级的价值观念体系。

（3）意识形态是特定阶级或利益集团的思想体系，因而它具有强烈的阶级性。换而言之，意识形态必然要反映在社会上占统治地位的利益集团的意志和主张。统治阶级往往通过意识形态的灌输，使其成为人们认识世界和改造世界的工具和行为准则，进而使人们成为该统治阶级忠实的拥护者。

（4）意识形态是思想体系和信仰系统，是人们认识世界的工具，是人们行动的准则。

（5）意识形态是一种具有社会凝聚力的理想、价值、需求和利益的观念体系。

（6）广义上的意识形态，就相当于与物质世界对应的精神世界或精神文化。狭义上的意识形态就是以一定社会集团的利益为出发点，以一定哲学（或宗教）为基础，以一定价值观为核心，以一定政治目标或社会理想为标识，以一定的话语系统表达出来并通过一定的组织程序确立起来的系统的思想信念。

意识形态是一种特殊的社会精神现象，是现实社会生活重要和基本组成部分。它是指在一定的时期，在社会上占统治地位的阶级或阶层基于自身根本利益，对现存社会关系自觉反映而形成的思想体系、观念体系或信仰体系。它由社会政治、经济、法律、哲学、道德、艺术、宗教等方面的相关理论体系按一定结构相互作用而构成，具有阶级性和文化性。

2. 意识形态的特性

（1）意识形态有着鲜明的阶级性

在阶级社会里，阶级利益的对立决定了思想观念的冲突和分歧，不同的阶级有不同的利益诉求，所以在社会中总是会有各种各样的思想观念，它们都是一定的阶级、阶层或社会集团的要求在理论上的反映。列宁指出："任何时候也不可能有非阶级的或超阶级的思想体系。"[①] 因此，任何社会的统治阶级都非常重视自己的意识形态建设，通过系统的意识形态，来对社会现实进行思想控制并使之处于主导的或支配的地位。所以，鲜明的阶级性成为意识形态最本质的特征。在阶级社会里，某种意识形态通常是一定阶级、阶层或社会集团的意识形态，反映占统治地位的阶级、阶层或社会集团的整体利益，是一定社会制度在观念上的表达，是政治体制的理论形态。一定的意识形态必然要在整体上来论证该阶级、阶层和社会集团的愿望及利益的正当性与合法性，力图得到该阶级社会成员的广泛认同和全力支持。从这个意义上说，意识形态是阶级斗争的工具。

（2）意识形态具有明显的文化性

意识形态不仅是统治阶级的意识，而且还是阶级社会中的主流文化，因而，意识形态具有文化性。作为一种文化现象，意识形态的历史继承性十分明显。意识形态作为一种人类文化发展的载体，其精华部分会被传承与延续下去。马克思主义作为无产阶级政党的意识形态，继承了人类文明的思想成就和科学发展的优秀成果，具有超越其他思想的深刻性和科学性。

（3）意识形态具有一定的价值倾向性

意识形态反映的是世界观和方法论，它在认识上具有立场界限性、在分析中具有观念指向性、在判断时具有标准取向性，它表现出很强的自我认同、本能排他和内在调节能力，这就是它的价值倾向性。意识形态作为一种价值观念，不仅为人们提供了价值理念和信仰选择，而且为人们的价值导向提供了一定的评价尺度和判断标准，告诉人们什么是真善美，什么是假恶

① 《列宁选集》第1卷，人民出版社，1995，第327页。

丑，并且引导人们向着符合本阶级、阶层和社会集团的价值观念方向发展。

（4）意识形态具有显著的实践性

从根源上看，意识形态作为社会意识，它来源于人民大众的真实生活，是社会存在的集中反映；从本质与功能上看，意识形态并不是纯粹思辨性的抽象的理论体系，不是空洞的说教，而是旗帜鲜明地指向不同社会组织、群体的实践要求和实践行动。在某种意义上讲，人们在生产生活中所接受或形成的思想、道德、观念、习惯、行为等等，甚至一个国家或者民族的意识形态、观念体系，都是现实社会关系在人们头脑中的反映，都是现实的产物，具有其特定的社会内容。

3. 意识形态的功能

（1）服务功能

因为意识形态具有阶级性，所以，意识形态必然要为一定的阶级、阶层和社会集团的利益服务。这种服务功能主要体现在对现存的社会制度进行合法性的论证，为自己的经济秩序和政治制度作合乎法理的理论支持。如果失去意识形态的有效服务，社会的经济、政治制度就丧失了有效的保护机制，迷失了发展方向，最终走上混乱甚至导致社会制度的动摇。现代社会权威的树立，社会稳定的维护和政权统治的巩固，不仅依赖于必要的军队、警察、法庭、监狱等暴力机器和法律，还依赖于统治阶级、社会集团或国家政权的政治合法性，依赖于社会公众对现存的社会制度、政治秩序的认同和支持。因此，为现存的社会制度作合法性论证，为维护社会稳定和巩固阶级统治而服务是意识形态的最重要功能。

（2）教化功能

意识形态是一个国家、一种制度、一定基本价值的法理和逻辑基础，它是一个系统的理论体系，这个理论系统能够说服人、影响人。人具有高级思维，他会受某种意识形态的支配，在该意识形态的指导下构建自己的价值观念，并形成自己的生活、行为和思维方式。它能使具有同样价值观和理想的人们在思想上高度统一，结成一定的党派团体，变个人价值为团体价值，然后通过转换话语、广泛宣传使之成为全社会的普遍价值形式，对人民大众和社会生活起着教化和导向的作用。正如马克思和恩格斯所讲，“每一个企图代替旧统治阶级的地位的新阶级，就是为了达到自己的目的而不得不把自己的利益说成是社会全体成员的共同利益，抽象地讲，就是赋予自己的思想以普遍性的形式，把它们描绘成唯一合理的、有普遍意义的思想。”①某一特定的意识形态就像一面旗帜，成为某一团体的政治目标导向和社会价值导向，引导人们的思想、行为，使其符合特定目标。而对于偏离目标的思想、行为，则千方百计地进行阻滞。

（3）整合功能

意识形态在整个社会领域中起着规范、协调各社会关系，整合、凝聚各社会集团、社会力量的功能。现代社会中，一个国家的主流意识形态，则要起到维系各社会集团、社会力量的协调一致和团结统一。意大利理论家安东尼奥·葛兰西把意识形态的这种整合功能比作“社会水泥”，认为意识形态的整合功能应当像水泥一样，起到团结统一的作用，使整个社会形成一个统一体。不难看出，意识形态的整合功能对统治阶级的实践具有重大的意义，而这种意义就集中地表现为统治阶级通过强化意识形态的整合功能，在意识形态领域确立其主导地位，从而维护统治阶级利益并为其实践提供支持与指导。

---

①《马克思恩格斯全集》第3卷，人民出版社，1960，第54页。

（4）调节功能

意识形态具有调节人们社会心理和倡导共同道德规范的功能。首先，意识形态能提升人们的社会心理。一方面，意识形态能把人们的社会心理引导到一定方向，现代社会中的不同意识形态不仅影响社会政治关系，也影响着人们的社会心理。如果主流意识形态不能引导人们的社会心理向着该意识形态要求的方向发展，就会出现各阶级、社会集团关系的不协调，引发社会矛盾甚至社会动乱。尤其在全球化浪潮冲击和社会快速变革的时期，容易出现社会心理障碍和心理失衡，急需意识形态的正确引导，这时，主流意识形态可以发挥调节作用，把人们的心理引导到健康的有利于社会发展的方向。另一方面，意识形态能升华人们的社会心理，即意识形态能把人们的社会心理从盲目性提升到比较理性的层次上，使人们能客观理性地对待各种社会矛盾和社会问题，不至于出现过激的行动，有利于社会稳定。另外，意识形态是一定阶级和利益集团意志的反映，它必然要倡导社会成员共同遵守一定的道德规范，引导社会协调发展。

意识形态的这些功能，实际上反映了意识形态是社会控制的手段之一。它与国家法律、行政法规、经济政策等控制手段一起，在保持社会的和谐稳定、有序发展中发挥着重要作用。因此，我们必须高度重视意识形态建设问题。

（二）社会主义意识形态是我国的主流意识形态

1. 社会主义意识形态的概念

社会主义意识形态是社会主义国家所特有的意识形式，它源于马克思主义，以马克思主义为指导，是反映无产阶级和广大人民群众根本利益的思想观念体系。它以马克思、恩格斯所提出的辩证唯物主义世界观，科学社会主义政治观，爱国主义和集体主义道德观，面向生活和群众的艺术观，信仰自由但同时要遵守国家法律、接受政府领导的宗教观等为理论基础，并与各国的社会主义革命和建设实践相结合，不断地丰富与发展。

在中国，伴随着无产阶级取得政权并成为中国的“统治阶级”，社会主义意识形态也随之成为国家主流意识形态。在现阶段，我国社会主义意识形态的主要内容包括马克思主义、毛泽东思想、邓小平理论、“三个代表”重要思想、科学发展观及爱国主义、集体主义、社会主义荣辱观等内容。马克思主义是我国社会主义意识形态的世界观、政治观基础，是意识形态理论体系的基础，在意识形态中居于主导地位，发挥着旗帜和灵魂的作用，是我国社会主义意识形态中最重要的组成部分。毛泽东思想、邓小平理论、“三个代表”重要思想、科学发展观是马克思主义在中国的实践成果，是发展了的马克思主义，也是我国社会主义意识形态的主体部分。爱国主义、集体主义、社会主义荣辱观作为广大人民群众的信仰要求和道德标准，成为凝聚和团结全党全国人民的强大精神支柱，是社会主义意识形态的核心价值观。

2. 社会主义意识形态建设的意义

任何一种意识形态的主流地位得以确立后，都面临着两方面的问题：一方面是理论体系不断丰富和发展的问题，另一方面则面临着要用这样的意识形态去武装广大民众的问题。要解决好上述问题，就必须加强主流意识形态的建设，即一方面要用不断完善的理论体系来更加充分地论证自身的价值观念、政治主张、社会体制、道德伦理等方面的合理性，另一方面则要对民众加强主流意识形态的宣传与灌输。同样，加强社会主义意识形态建设，也要从两个方面着手：一方面是加强理论体系的创新与发展，另一方面则是努力使思想观念为广大民众所认同和接受。没有理论体系的创新与发展，社会主义意识形态就会僵化为本本和教条，逐步失去说服力。没有思想观念的认同和接受，社会主义意识形态就只能是一种空洞的理论，难以深入人心，不能成为强大的精神力量。因此，作为社会主义国家，加强社会主义意识形态建设具有重大理论及实际意义。通过意识形态的宣传灌输，逐渐地在全社会形成统一的政治认同感，使得社会主义的价值观念、道德准则、理想信念等基本观点真正为群众所认同，成为群众自己的价值观念、道德准则和奋斗目标。

（三）确立马克思主义在当代中国意识形态中的指导地位

胡锦涛总书记指出，我们党要团结带领人民实现既定的奋斗目标，在复杂多变的国际形势中站稳脚跟，就必须高度重视和切实做好意识形态工作，牢固确立马克思主义在意识形态中的领导地位。

马克思主义是科学的思想体系，马克思主义揭示了人类社会发展变化的一般规律，马克思主义的基本原理为我们提供了科学的世界观和方法论，是我们正确认识世界和改造世界的强大思想武器。马克思主义指引的人类社会发展方向是人类文明的理想，同时它所描述的人类社会发展道路具有光明的前途。只有用马克思主义的立场、观点、方法来认识社会，才能把握历史发展的规律，才不至于迷失方向。当前，随着改革的深入，社会主义市场经济的发展，社会结构的变动，利益格局的调整，生活方式的变化，人们的价值观念和思维方式也相应地发生变化。在这个发展机遇期和矛盾凸显期相互交织的关键阶段，更需要以马克思主义理论为指导，正确认识社会改革发展中的主流与支流、过程与目标、理想与现实的关系，把握中国发展的方向与前途。

马克思主义是我们立党立国的根本指导思想，是社会主义意识形态的旗帜和灵魂。坚持和巩固马克思主义在我国意识形态领域的指导地位，是党和人民团结一致、始终沿着正确方向前进的根本思想保证。

1. 确立马克思主义在意识形态领域指导地位的重要性和紧迫性

当前，我国意识形态领域的主流是积极健康的，但并不平静。严峻的事实告诉我们，在集中精力进行现代化建设的过程中，全党同志一刻都不能放松政治这根弦，始终要坚持正确的政治方向、政治立场、政治观点，增强政治鉴别力、政治敏锐性。各级党委和政府要把意识形态作为关系国家安全和社会稳定、关系党和人民事业兴衰成败的重大工作紧紧抓好，始终坚持和不断巩固马克思主义在意识形态领域的指导地位。要加强马克思主义理论研究，不断增强说服力和战斗力，真正使马克思主义成为全党全国人民团结奋斗的精神支柱。

意识形态领域已成为不同国家、不同阶级之间相互争夺的焦点和争斗的战场。在这个领域，发展中国家不去占领，发达国家必然去占领；无产阶级不去抢夺话语权，那么资产阶级必然要争夺主动权。可见，在这场战争中是没有中间道路可走，也不存在空白点的。因此，我们的改革越是深化、开放越是扩大，越应巩固马克思主义指导地位，坚持不懈用马克思主义中国化最新理论成果武装全党、教育人民，坚持社会主义的政治方向。江泽民同志也强调，“加强和改进思想政治工作，最根本的是坚持和巩固马克思主义在我国意识形态领域的指导地位。”①

① 《江泽民文选》第3卷，人民出版社，2006，第86页。

马克思主义尽管当前占据着我国意识形态的主导地位，但是，在一些人头脑中并不巩固，特别是碰到一些具体问题，往往就不自觉地离开了马克思主义的立场、观点和方法，还有不少人认同西方的“意识形态终结论”，主张要淡化意识形态。我国是社会主义国家，所以千万不能对这样的论调持盲目认可的态度，要坚持马克思主义的意识形态理论，牢固确立马克思主义在意识形态领域的指导地位，在国际政治、经济和文化交往中坚持马克思主义，自觉地抵制多种社会思潮对马克思主义的冲击，实现和维护本民族的利益和文化认同。意识形态建设对于我国社会主义的发展有着十分重要的意义，越是抓经济建设，越要学习马列主义、毛泽东思想和中国特色社会主义理论体系，越要关心政治，关心意识形态，关心人的思想和文化状态，决不能只注重改造客观世界，忽略了人们主观世界的改造，以至于在日益复杂的斗争中迷失方向。

2. 创新、巩固马克思主义指导地位的基本方法

创新、巩固马克思主义指导地位的基本方法，进一步巩固马克思主义在意识形态领域的指导地位，在方式方法上要力求创新，可以从以下五个方面着手。

（1）普及马克思主义理论的基本知识

我们党历来十分重视党的思想理论建设，把加强马克思主义教育作为思想政治教育的重要内容，作为提高党员干部政治素质的重要手段。加强思想政治教育是完全必要的，但空洞的说教容易使学习马克思主义理论流于形式，脱离实际，不能产生切实的效果。要巩固马克思主义在意识形态领域的指导地位，就要使人们在思想上认识到，马克思主义是迄今为止人类哲学社会科学的优秀成果，是人类社会思想的宝贵财富。马克思主义是博大精深的科学理论体系，它的三个主要组成部分结构严谨，论证科学，是人类优秀文明成果的结晶，是马克思主义的精髓。马克思主义揭示了人类社会历史发展、社会主义社会发展和共产党建设的三大规律。马克思、恩格斯既是职业革命家，又是哲学家、思想家、社会学家、政治学家、经济学家、历史学家、法学家等等，同时他们在自然科学的研究方面也有很深的造诣。马克思曾经在20世纪末英国一家媒体组织的评选千年思想家的活动中，当之无愧地排在首位。马克思、恩格斯既有伟大的人格，又有渊博的知识，是我们党员干部和人民群众的伟大导师。我们要普及马克思主义的基本知识，就要深化人们对马克思主义的认识，让人们真正领悟到学习马克思主义会终身受益，进而更加自觉地掌握好马克思主义。

（2）自觉地接受马克思主义

每一个马克思主义者都应当清楚地认识到马克思主义是科学、是真理，掌握这种科学理论，自觉地运用其立场、观点、方法来研究、分析问题，有利于正确地认识世界、能动地改造世界。在和平建设时期，随着工人阶级统治地位的确立，特别是文化科学水平的提高，要引导大家向自觉接受马克思主义的方向努力，不断推动马克思主义的真学真懂真信真用。

（3）坚定实践马克思主义

对马克思主义的信仰不能仅停留在思想上，更应当体现在行动上，要在实践中坚持马克思主义。不仅要看口头上对马克思主义说得如何，更要看在行动上按马克思主义要求做得怎么样。只有把马克思主义的基本原理应用于实际工作之中，自觉地运用马克思主义的立场、观点和方法分析问题、解决问题，老老实实地服务于人民的利益，服务于社会的进步才是坚定的马克思主义者，也只有如此才能真正地坚持和巩固马克思主义的指导地位。

（4）用马克思主义正确引导社会舆论

时代前进需要一种向上的主流思想引领，社会发展需要一股强大的进步力量来推动，我们要坚持马克思主义在意识形态中的主导地位，就要唱响主旋律，大力弘扬符合时代发展特征、体现社会主义进步要求的思想道德和价值观念，坚持社会主义意识形态，使之成为当今时代的主流，成为整个社会的风尚。要充分利用理论武装、新闻宣传、文化活动、精神文明创建、思想政治工作等多种载体，协同配合、各展所长，在多种形式和手段的运用之中突出主题，在各种和声的烘托之中凸显主调。要充分发挥典型宣传在唱响主旋律方面的领唱作用，在全社会形成崇尚社会主义意识形态的良好氛围，有效引导社会舆论。

（5）树立阵地意识，在思想文化领域中坚持马克思主义主导地位

思想文化阵地是意识形态的重要载体和传播渠道，马克思主义的思想不去占领，各种非马克思主义甚至反马克思主义的思想就会去占领，一切思想文化阵地都要宣传科学理论，倡导科学精神，传播先进文化、塑造美好心灵、弘扬社会正气。特别是伴随着经济基础、体制环境和社会条件的深刻变化，互联网等新兴传播手段迅速崛起，已成为人们获取信息、进行交流的重要渠道。在意识形态工作中，应当抢占互联网这个新阵地，运用其先进的传播手段加强舆论宣传和引导，掌握思想政治宣传工作的主动权。

（四）当代中国主流意识形态面临的挑战与应对措施

当前，我国正处于社会大变革时期，进入了构建社会主义和谐社会的新阶段，经济体制深刻变革，社会结构深刻变动，

利益格局深刻调整，生活方式深刻变化，给人们传统的、保守的价值观念带来了很大的冲击，同时，在社会结构整体转型的过程中，产生了新的、先进的价值观念，这些新旧的价值观念相互影响、相互激荡，构成了我国价值观念“多元并存”的局面。但从总体上看，当前我国意识形态领域中的主流是健康、积极、向上的：马克思主义指导地位在不断巩固；毛泽东思想、邓小平理论、“三个代表”重要思想以及科学发展观日益深入人心；爱国主义、集体主义和社会主义的价值观念成为我国意识形态的主流。但同时我们也必须看到，由于中外不同思想文化的交流碰撞、人们思想活动的独立性、差异性、选择性和多变性进一步增强等因素的存在，我国的意识形态领域在高扬主旋律的同时，也不可避免地出现了各种社会思潮。事实证明，对多样化社会思潮必须采取有效措施，及时正确地引领。如果任由其发展，就会对我国的社会主义主流意识形态产生影响和冲击，破坏党和人民团结奋斗的思想政治基础，干扰中国特色社会主义建设。

1. 当代中国主流意识形态面临的挑战

在中国的意识形态领域，历来存在着马克思主义与非马克思主义的斗争。这种斗争受外界环境的影响有时还表现得非常尖锐，而且这种状况会不可避免地反映到党内来。应当说，从遵义会议确立毛泽东同志在党内的领导地位后，特别是通过延安整风运动，我们党在马克思主义的旗帜下达到了思想上的高度统一。马克思主义，特别是马克思主义中国化的毛泽东思想在实践中所发挥的强大指导作用，使之获得了不可动摇的指导地位。当然，在“文革”时期，也出现了意识形态至上等许多不正常的现象，过分地夸大意识形态的作用，到处贴马克思主义的标签，这些做法本身是极“左”路线在思想文化领域的表现形式。改革开放以后，马克思主义从被扭曲的形态回归科学，逐步恢复了其本来面目，并在实践中得到了新的发展。与此同时，在新的形势下，马克思主义的指导地位也面临着新的挑战。

（1）西方敌对势力“西化、分化”的影响

无论西方敌对势力如何渲染、鼓吹意识形态的超阶级性，如何标榜其价值观、文化观的合理合法性，都无法掩饰其阶级性、利益性的面目，这是永恒不变的真理。意识形态领域的碰撞、冲突、对抗始终存在，这一领域绝不可能风平浪静。即使在冷战结束以后，意识形态领域过去那种正面对峙的“刀光剑影”不复存在，但缓和对话的背后却不乏东西方文化、马克思主义与非马克思主义的较量。西方社会在对包括中国在内的第三世界推销产品、输出文化的同时，时刻都在兜售它们的世界观、价值观和文化观，试图通过不断地对发展中国家实施“西化”和“分化”的政治战略，利用各种途径推行西方民主制度、生活方式，用资本主义的文化和政治经济模式作为“普遍标准”来“遏制”甚至“规范”社会主义国家的价值取向。同时，凭借其强大的经济实力，以经济全球化推动政治全球化、资本主义意识形态全球化，并且以此为工具来控制和主宰整个世界。这对马克思主义来说是一个巨大的挑战。在当前世界意识形态领域，社会主义暂时处于劣势，马克思主义的话语权和主动权还相对弱小。对此，我们要清醒、理智、沉着应对，认真分析和把握意识形态领域的情况和动态。

（2）苏东剧变的影响

苏联、东欧社会主义国家是在马克思主义指导下建立和发展起来的，几十年来这一科学理论在苏联、东欧国家的社会主义建设实践中发挥了巨大的指导作用，也显示了无与伦比的魅力和权威。然而，苏联和东欧国家在取得巨大成就的同时，不是自觉地把马克思主义当作行动的指南和活的灵魂，而是作为教条的终极真理；不是在实践中不断地丰富、发展马克思主义，使其永葆科学性、永葆活力，而是把它变成实用主义的工具，扭曲了马克思主义的本来面目，窒息了马克思主义的生机。实用主义地对待马克思主义始于共产国际，盛行于斯大林时期，泛滥于所有东欧社会主义国家。这种对待马克思主义的态度最终不可能把社会主义的伟大事业不断推向前进，相反的却放弃了马克思主义的指导地位，葬送了社会主义事业，导致了这些社会主义国家的剧变。应当说，苏联、东欧社会主义的失败绝不是马克思主义的失败，而是僵化的社会主义的失败，我们绝不能以教条式的马克思主义的失败否定马克思主义的科学性。现在，仍有些人因苏东剧变而对马克思主义产生怀疑，出现了悲观失望情绪，因而巩固马克思主义的指导地位还面临着巨大挑战。

（3）新形势的深刻变化造成对人们共同思想基础的冲击

改革开放不仅解放和发展了生产力，促进了经济的发展、文化的繁荣和社会的进步，而且解放了思想、更新了观念、启迪了思维、张扬了个性，从传统的、僵化的价值观念逐渐向与市场经济相适应的新型价值观念转化，形成了价值观念新的总体走势和发展方向。在经济特别是文化不断多元化的过程中，由于人们的思想解放和言论自由的程度不断扩大，民主气氛的逐步形成，促使人们敢于表达自己的思想，发表不同的看法，人们的价值取向也不可避免地呈现出多元态势。但是，国门打开后，在引进了先进技术和优秀文化的同时，也会带来某些消极的思想观念和错误的社会思潮，使某些人真伪难辨，出现思想困惑。意识形态领域的异常活跃，使过去那种万马齐喑、众口一词、用同一种声音说话的局面也随之不复存在了。这的确是一种客观的趋势和显著的进步，但同时也产生了一定的消极影响和负面作用。在人们判断是非的能力还相对较弱时，主流的声音较容易受到外界因素的制约，主流文化也容易受到消极思想和错误思潮的冲击。有的人甚至会认为，在思想文化领域中倡导和坚持马克思主义就是“左”，就是思想不解放，就是保守和僵化。这些都会影响马克思主义指导地位的巩固和加强。

2. 进一步加强意识形态的建设工作

意识形态作为思想上层建筑，既是对一定社会的经济形态以及由经济形态所决定的政治制度的自觉反映，又对经济和政治的发展有着能动作用。国内外的历史经验表明，一个社会的稳定和发展，不仅要靠坚强的政治领导，完备的制度法规，雄厚的经济基础，同时也要依靠社会成员思想上的统一和稳定。新形势下，必须高度重视意识形态建设工作，进一步加强和改进意识形态的建设工作。

（1）加强意识形态建设工作的重要性和紧迫性

意识形态工作历来是一项重要工作，在新的历史条件下尤其是这样。我国社会积极健康的主流意识形态，有力地保证和促进了经济发展、政治稳定、民族团结、社会进步，也必将继续保证和促进实现国家富强、民族振兴、社会和谐、人民幸福。进入新世纪新阶段，我们要面对新机遇、迎接新挑战，无论是从维护我国的意识形态安全、提高党的执政能力、巩固党的执政地位的迫切需要来看，还是从我国全面建设小康社会、坚持走中国特色社会主义道路、实现中华民族的伟大复兴的客观要求来看，都体现出加强意识形态建设工作的重要性和紧迫性。

第一，加强意识形态建设工作是建设中国特色社会主义的客观要求。

马克思主义唯物史观认为，经济基础决定上层建筑，上层建筑既包括思想上层建筑，又包括政治上层建筑，它们都必须为自己的经济基础服务，并且反作用于经济基础。意识形态属于文化的范畴，它是一定阶级、阶层或社会集团的思想体系，是一定阶级根据自身根本利益对现存社会关系的自觉反映。它作为思想上层建筑，与其经济基础是相对应的。意识形态是社会文化的重要标志，规定着社会文化的性质和方向。它通过思想的灌输、观念的影响等手段来支配人们的行为，进而维护自己的经济基础，排除反对因素，从而为经济基础服务。

在中国特色社会主义的建设过程中，加强意识形态建设工作，既是由社会主义社会性质所要求的，又是由社会主义经济基础所决定的。社会主义社会是人类社会发展的一个新阶段，它追求人的自由而全面的发展。中国特色社会主义事业，就是中国共产党领导全国各族人民坚持以马克思主义为指导，高举中国特色社会主义理论伟大旗帜，建设社会主义现代化，全面推动社会发展的伟大事业。我们要坚持以经济建设为中心，大力解放和发展生产力，建设社会主义物质文明；健全社会主义法制，大力发展民主政治，建设社会主义政治文明；加强思想道德建设，大力发展教育科学文化，建设社会主义精神文明；构建社会主义和谐社会，大力发展各项社会事业，建设社会主义社会文明。为了把我国建设成为富强、民主、文明、和谐的社会主义现代化国家，就要加强社会主义精神文明建设，大力发展社会主义先进文化。这就要求我们积极发展社会主义意识形态，抓好精神文明建设。我们只有实行经济、政治、文化和社会协调发展，把四个文明都搞好，才能建成中国特色社会主义。

第二，加强意识形态建设工作是提高党执政能力的重要内容。

我们党历来十分重视党的执政能力建设，中国共产党人深知，今天的执政地位来之不易，是无数革命先烈抛头颅、洒热血，用宝贵的生命换来的。如果不能加强党的建设，与时俱进地提高党的执政能力，不能代表最广大人民群众的根本利益，不能保持我们党的先进性，那么我们党的执政地位就将面临颠覆的危险。要巩固执政地位，就要加强党的执政能力建设。这既是我们党在执政后不断探索的一项重大课题，也是十六大所提出的一项重要的战略任务。胡锦涛总书记强调："要充分认识加强党的执政能力建设的重大意义，坚持以提高党的执政能力为重点，全面推进党的建设新的伟大工程。"[①] 把党的执政能力建设问题摆在如此重要的位置，充分表明了我们党对执政规律的认识达到了更新的高度，也体现了我们党对自身所处的新的历史方位和所肩负的新的历史使命有着清醒认识和科学判断。

党的十六届四中全会审议通过了《中共中央关于加强党的执政能力建设的决定》。《决定》指出："按照推动社会主义物质文明、政治文明、精神文明协调发展的要求，不断提高驾驭社会主义市场经济的能力、发展社会主义民主政治的能力、建设社会主义先进文化的能力、构建社会主义和谐社会的能力、应对国际局势和处理国际事务的能力。"这五个方面的能力建设，是对加强党执政能力提出的总体要求，也是当前和今后一个时期党的执政能力建设的最主要任务。在此，党中央明确提出，要把坚持马克思主义在意识形态领域的指导地位作为加强党的执政能力建设的一项重要任务。这是因为，我们党所领导的经济建设、政治建设、文化建设、社会建设等各项事业的发

---

① 《中共中央关于加强党的执政能力建设的决定》，新华社 2004 年 9 月 26 日电。

展，都离不开马克思主义的指导，都需要用先进文化来引领。因此，我们党要团结和带领全国各族人民建设中国特色社会主义事业，就必须不断巩固马克思主义在意识形态领域的指导地位，大力发展社会主义先进文化，不断巩固执政的思想文化基础。

第三，加强意识形态建设工作是全面建设小康社会的重要保证。

十六大报告提出要全面建设小康社会，加强意识形态建设工作是实现这一宏伟目标的重要保障。只有坚持社会主义方向，坚持中国特色社会主义道路，才能使中国特色社会主义市场经济、民主政治及先进文化得到健康发展。在全面建设小康社会的过程中，要把意识形态建设工作作为重中之重，进行党的基本理论、基本纲领和基本路线的教育，坚持改革开放，坚持社会主义道路，巩固社会主义经济基础，不断促进经济社会又好又快发展。在社会主义市场经济建设中，需要社会主义的思想文化来指引方向和提供保证。市场经济是一种配置资源的经济运行形式和方法，是商品经济发展到一定阶段的产物，是发达的商品经济形态。我国解放和发展生产力必须发展市场经济。但我国所实行的市场经济，是社会主义条件下的市场经济，是受社会主义的政治制度、经济制度和思想道德制约的。我国由传统的计划经济向现代的市场经济体制的转变，只是一种经济体制的转变，而非社会制度的转变，是巩固和发展社会主义自身的需要。社会主义市场经济体制不仅要同社会主义基本经济制度、政治制度相结合，而且要同社会主义精神文明相结合。所以，我们既要发展市场经济，把经济建设和改革开放搞得更快更好，又要牢固树立和落实科学发展观，自觉地把物质文明建设、政治文明建设和精神文明建设统一起来，保证改革开放的健康发展，更好地建设中国特色社会主义。

（2）加强意识形态工作的具体措施

加强社会主义意识形态工作，就是要牢固确立马克思主义在意识形态领域的主导地位，用马克思主义一元化的指导思想引领和整合多样化的社会思潮，彰显社会主义意识形态作为当代中国主流社会意识形态的吸引力、感召力和凝聚力，在求同存异中推进社会和谐，在建设中国特色社会主义的实践中充分体现出社会主义意识形态的科学性和时代性。

第一，加强党对意识形态工作的领导。必须强调中国共产党对中国当代意识形态工作的绝对领导权，全党同志一刻都不能放松政治这根弦。要充分发挥党、团及工会组织的作用，并在实际工作中相互配合，相互协调，有效调动全社会的政治、经济、文化、科技、组织等资源，实现意识形态工作的良性运转。要增强忧患意识，居安思危，始终坚持正确的政治方向、政治立场、政治观点，增强政治敏锐性和政治鉴别力，牢牢把握先进文化的前进方向，牢牢把握思想舆论导向。要切实增强党的思想理论工作的战斗力和说服力，用社会主义意识形态去占领一切思想文化阵地。要坚持弘扬主旋律，对错误的思想观点和反动言论，对否定四项基本原则的诽谤和攻击，一定要坚持原则，敢抓敢管，理直气壮地进行抵制和批驳，决不能置之不理、听之任之。要加强宣传舆论阵地的监督和管理，不允许为错误的思想观念提供任何传播渠道。工作中要注意区分思想认识问题、学术问题和政治问题的界限，具体问题具体分析，具体问题具体解决。

以胡锦涛同志为总书记的党中央对加强意识形态领域的工作作出了一系列重要部署，先后制定并下发了《关于把学习贯彻“三个代表”重要思想进一步引向深入的意见》、《关于进一步繁荣发展哲学社会科学的意见》、《关于进一步加强和改进未成年人思想道德建设的若干意见》和《关于进一步加强和改进大学生思想政治教育的意见》。遵照党中央的决策部署，各级党委加强学习，提高认识，努力把思想和行动进一步统一到中央对意识形态领域的形势判断和工作部署上来。宣传教育、文化教育部门和社会各方面，求真务实，改革创新，做了大量扎实有效的工作，为改革发展稳定提供了有力的思想保证和舆论支持。新形势下，要自觉地从中国特色社会主义事业长远发展的战略高度来认识意识形态工作，从促进改革发展、维护社会稳定的全局高度来研究意识形态工作，从提高党的领导水平和执政能力、巩固党的执政地位的政治高度来谋划意识形态工作，努力提高做好新形势下意识形态工作的能力，牢牢掌握意识形态工作的领导权和主动权，使以马克思主义为指导的社会主义意识形态不断巩固和发展。

第二，营造健康向上的社会主流舆论。牢牢把握正确舆论导向，不断提高引导社会舆论的能力，更加突出主旋律影响。改进新闻宣传工作方法，进一步创新内容，进一步落实“三贴近”的要求，增强新闻宣传的吸引力、感染力。进一步巩固和拓展宣传舆论阵地，特别是要提高对互联网等新兴媒体的管理和运用能力。

坚持团结稳定、正面宣传为主。各级党委及政府要紧紧围绕改革发展大局，积极宣传新形势下改革发展的新思路、新举措和取得的新成效，凝聚群众，激励群众，达成共识，统一行动。坚持贴近实际、贴近生活、贴近群众，切实增强新闻宣传工作的吸引力、感染力。加强对新闻工作者的业务培训，提高新闻报道水平，改进新闻报道文风，让广大群众爱读爱听爱看。继续改进会议和领导同志活动的有关报道，注重新闻价值，讲求实际效果。完善新闻发布制度和重大突发性事件新闻报道快速反应机制，及时准确地发布相关信息，积极稳妥地引导社会舆论。以服务中心、服务大局为出发点，以有助于解决问题、推动工作为目的，积极开展舆论监督，努力提高监督实效。大力加强对互联网等新兴媒体的引导和管理。高度重视互联网等新兴媒体对社会舆论的影响，加强互联网等新兴舆论阵地的建设。加大网上正面宣传力度，改进宣传内容和方式，努力掌握网络宣传的主动权。

第三，不断满足人民群众的精神文化需求。进一步贯彻落实科学的文化改革观和文化发展观，积极推进文化体制改革，进一步完善文化管理体制，进一步解放文化生产力，全面繁荣文化事业，快速发展文化产业，不断涌现新的优秀精神文化产品，以满足人民群众日益增长的精神文化需求。

全面推进文化体制改革。进一步深化文化管理体制和运行机制的改革和创新，建立调控适度、运行有序的管理体制和导向正确、充满活力的运行机制。积极推动文化事业、产业的新发展。最大限度地调动一切积极因素，解放和发展文化生产力，做到既做好公益性文化事业，又抓好经营性文化产业，促进文化事业的全面繁荣和文化产业的快速发展。大力推动优秀精神文化产品的创作生产和传播服务。积极实施文化精品工程，创作、出版一批内容健康、形式新颖、群众喜欢的优秀文艺、文学作品。鼓励文化工作者深入实际、深入生活、深入群众，创作生产出更多的优秀精神文化产品。

第四，不断提高全社会思想道德水平、科学文化素质和文明程度。进一步提高思想道德教育和宣传的能力，加强未成年人思想道德建设，使干部群众理想信念进一步升华，始终保持昂扬向上的精神状态。

扎实抓好思想道德教育和宣传。加强理想信念教育，大力弘扬以爱国主义为核心的民族精神、以改革创新为核心的时代精神，深入开展未成年人思想道德教育和道德实践活动，加强和改进学校德育教育，深入开展公民道德教育和诚信教育，全面推进精神文明建设，大力提高市民素质。

第五，加强队伍建设。进一步加强意识形态工作部门领导班子的思想理论建设、组织建设和作风建设，确保宣传思想文化单位的领导权，牢牢掌握在忠诚于马克思主义、忠诚于社会主义事业、忠诚于党和人民的人手里。注重培养年轻干部，把具有较高政治水平和政治觉悟，较好业务能力和组织能力，较强事业心和责任感的同志选进领导班子。加强各级意识形态工作部门领导干部和工作人员理想信念教育，增强党性意识、服务群众意识。注重培养熟悉意识形态工作，懂经营、善管理的复合型人才，努力建设一支政治强、业务精、纪律严、作风正的高素质队伍，为做好意识形态工作打下坚实的人才基础，为意识形态领域各项工作健康快速发展提供智力支持。

三　多元化社会思潮对我国主流意识形态的影响

（一）社会思潮与意识形态的内在关系

唯物史观认为，社会意识是社会生活的精神方面，是社会存在的反映。社会意识具有复杂的结构，一般来说，社会意识是由社会心理和思想体系（社会意识形态）两个方面构成的，那么，社会思潮与社会心理、思想体系（社会意识形态）之间又存在怎样的关联呢？社会心理是指在一定的时期内，阶级、阶层或社会集团普遍流行的日常意识，包括人们的感觉、情绪、愿望、信念、习惯和道德风俗等，是社会生活的直接反映，因而，它处于社会意识结构中最低的层次。思想体系又可以称为意识形态，它包括政治理论、法权观念、科学、艺术、宗教、哲学等观点，是一种系统的、理论化的社会意识，因而，它属于社会意识结构中最高的层次，是代表阶级利益的上层建筑。那么，处于社会意识结构中最低层次的社会心理和处于最高层次的意识形态是如何相互转化的呢？历史事实告诉我们，二者之间并非直接进行转化，需要一个过渡的过程，社会思潮恰好就充当了这一转换媒介。社会心理只是对社会生活最直接的反映，是比较原始、未经理论加工和概括的日常意识而已，要想成为理性的意识形态，必须经过具有一定理论、思想作为主导的社会思潮进行提炼、凝聚、升华，才能生成系统化的思想体系，即意识形态。同样，一种思想体系或者整个社会意识形态要内化为人们的心理并转化为人们的实践活动，也必须通过包含广泛的社会心理因素的社会思潮的灌输、影响、传播，将某一政治法律思想、道德观念、价值取向等经过一系列的传播和扩散，潜移默化为广大人民大众的行为动机和内心信念，只有这样才能被社会群体所理解、接受、认可、掌握，并影响人们的行为。毋庸置疑，如果缺少社会思潮这一媒介，要想完成社会心理与社会意识形态相互转化，几乎是不可能的。

可见，社会思潮对于社会意识形态的作用不言而喻，社会思潮是社会意识形态的萌芽，它的性质和发展方向在很大程度上决定了社会意识形态的巩固和发展。正是由于社会思潮和社会意识形态之间的特殊和密切的关系，我们必须对现存的各种社会思潮进行详细的分析、深刻的研究和正确引导，不断完善和巩固社会主义主流意识形态，捍卫其在上层建筑中的权威地位。

（二）中国当代社会思潮的总体趋势

历史唯物主义认为，社会存在决定社会意识，中国当代任何社会思潮的兴起，都是基于社会现实，是在对某一个或某一类具体事件的讨论中逐步开始的。如20世纪70年代末我国进行经济体制改革以来，社会主义市场经济逐步确立和完善，市场经济的趋利性使得人们在选择各种思想观念时把是否对自己有利作为判断标准，把极端个人主义、实用利己主义作为自己的人生哲学，使得实用主义思潮盛行。随着我国改革开放的程度不断加深，各种外来的文化产品、思想观念不断涌入我国，人们对自由平等的呼唤日益强烈，极力推崇新自由主义思潮。伴随综合国力大大增强，在改革中出现的问题逐渐凸显，劳动就业、社会保障、收入分配、教育卫生、居民住房、安全生产等方面关系群众切身利益的问题仍然较多，使人们对于社会公正的呼唤日趋强烈，这为民主社会主义思潮的生存和发展提供条件。

可以看出，当今国内外形势风云变幻给我国社会主义意识形态带来严峻的挑战，尤其是近些年经济全球化、政治一体化迅猛发展，国际政治格局和国际关系日趋复杂，又恰逢我国社会经济体制和社会结构的变化、调整，促使许多新的利益群体不断涌现。这些群体的愿望、利益和要求在比较宽松的环境下，不断被表达出来，各种文化思想、观点的交流和争论始终存在，意识形态领域异常活跃，腐朽的资本主义思想、非马克思主义、反马克思主义思想，甚至愚昧无知的封建迷信思想沉渣泛起，不断渗透、蔓延，冲击着社会主义主流意识形态，导致人们的价值观念、价值判断和价值取向日趋多样化，形成了当代中国社会思潮“百家争鸣”的局面。

虽然中国当代各种社会思潮都有现实根据，但从整个社会的角度来看，它们仍属于局部阶级的社会意识现象，在一定范围内，有其客观正确的合理因素，但若任由其发展扩大，则会与全社会的总体利益发生矛盾冲突，从而损害整体利益。现实告诉我们，多元化的社会思潮是无法避免的，要正视多元化社会思潮存在的客观事实，更重要的是，我们如何对其加以有效引领？显然，这就对多元化社会思潮的认识和研究提出了更高的要求。

总而言之，中国当代社会思潮发展状态总体上是正确的、健康的。在意识形态领域多元化社会思潮没有也不可能脱离马克思主义的统领。我们应积极发挥社会主义核心价值体系在引领社会思潮中的主导作用，在尊重差异中扩大社会认同，最大限度地形成社会思想共识，保证社会主义现代化建设健康、稳定、和谐的发展。

（三）中国当代社会思潮总体趋势的成因分析

1. 市场经济的发展

随着市场经济的发展，作为上层建筑的思想领域也在发生着深刻变化。我国进行经济体制改革以来，社会主义市场经济逐步确立和完善，但市场经济的趋利性使得人们在选择各种思想观念时以对自己有利为判断标准，同时，市场经济主体的多元化，也导致人的价值观念的多样化。

2. 贫富差距扩大及社会阶层分化问题的凸显

随着贫富差距扩大，社会阶层分化问题的凸显，各种思想理论应运而生。由于我国正处于改革调整和扩大开放时期，人民内部矛盾和多种利益关系日益复杂，中国社会的贫富差距扩大趋势明显，社会阶层出现分化，社会矛盾凸显，利益冲突加剧，这些问题的出现，引发了人们更多更广的思考，产生了各种不同的思想观点和主张，提出了种种解决社会矛盾的不同方案和要求，并在各自共同感情和愿望认同的基础上形成了社会共鸣，在一定程度上推动社会思潮多元化的发展。

3. 对外开放的扩大及全球化程度的加深

随着对外开放的扩大及全球化程度的加深，西方思想文化不可避免地给社会主义意识形态带来巨大的压力。西方资本主义国家通过媒体和文化市场，以广播电视节目、音像作品、书刊以及国际互联网等形式，极力向其他国家和民族推行资本主义社会制度、资本主义意识形态和价值观念，企图以经济全球化推动政治全球化和资本主义意识形态全球化，并且以此为工具来控制和主宰整个世界，尤其是以美国为首的发达资本主义国家不断地对发展中国家实施“西化”和“分化”的政治战略，试图利用各种途径推行西方民主制度、生活方式，用资本主义的文化和政治经济模式作为“普遍标准”来“遏制”甚至“规范”社会主义国家的价值取向，造成了社会主义国家意识形态上的混乱，民心的动荡和社会的不和谐①，导致一部分人盲目推崇极端个人主义、拜金主义，把资本主义的民主、自由作为社会主义意识形态的普遍标准。

可以说，伴随经济全球化、传媒数字化的进展，对世界各国、各民族的文化渗透达到了前所未有的广度和深度，各种外来的文化产品、思想观念涌入我国，给人民群众的价值观造成了多方面、多层次、多样性的影响。

---

① 杨立英、曾盛聪：《全球化、网络化境遇与社会主义意识形态建设研究》，人民出版社，2006，第92~93页。

第二章
社会主义核心价值体系概念的提出及其内涵解读

中国共产党在第十六届六中全会上第一次明确提出“社会主义核心价值体系”的科学命题。社会主义核心价值体系是社会主义制度的内在精神和生命之魂，它既是长期以来中国共产党探索思想道德建设规律的重大进展，也是新时期社会主义价值理论建设的重要成果。

一　社会主义核心价值体系相关概念解析

社会主义核心价值体系是我们党理论创新的又一重要成果，是中国特色社会主义理论体系的重要组成部分，它具有丰富的理论内涵。为了对其进行深入的研究和探讨，我们有必要对价值、价值观、价值体系、核心价值体系等概念进行准确的梳理和提炼。

（一）价值、价值观的概念及特点

1. 价值的概念

对于价值的概念，不同学者有着不同的观点。多数学者认为，价值是具体事物具有的一般规定、本质和性能。人和具体事物、主体和客体、事情和事情、运动和运动、物体和物体的相互作用、相互影响、相互联系、相互统一是价值的存在和表现形式。关于价值的哲学定义，通常的观点是：价值是具体事物的组成部分，是人脑把世界万物分成有用和有害两大类后，从这两大类具体事物中思维抽象出来的绝对抽象事物或元本体，是世界万物普遍具有的相互作用、相互联系的性质和能力，是每个具体事物都具有的普遍性的规定和本质。

马克思指出："'价值'这个普遍的概念是从人们对待满足他们需要的外界物的关系中产生的。"① 马克思主义哲学中的定义：价值是揭示外部客观世界对于满足人的需要的意义关系的范畴，是指具有特定属性的客体对于主体需要的意义。

我们可以通俗地理解为：价值是指客体对主体的意义，是客体对主体需要的满足，是主体与客体之间满足与被满足的关系。在现实的社会中，人们通常把建立在人与人、人与事物之间相互影响、相互作用中产生的有用、能够满足人们需要的东西作为衡量"价值"的标准。随着人们"价值"经验不断积累，人们可以很快地判断一个事物、现象、矛盾和问题所具有的价值性质和价值数量，为我们的大脑经过思维产生如何处置该事物的行为意识做好思想准备。可以说，价值是我们对刺激和影响感官的各种事情或物体是否产生兴趣、是否进行进一步

---

① 《马克思恩格斯全集》第19卷，人民出版社，1965，第406页。

的认识和思维，是否采取人体行为加以处置的前提条件。

2. 价值的特性分析

对于价值的特性，学术界比较公认的看法是：

（1）价值是知识的内在规定和组成部分

价值是知识所具有的属性和能力，任何知识对人类的生存和发展都具有意义和价值，对人类的进步和发展不具有任何意义的知识是不存在的。

（2）价值是社会意识的内在规定和组成部分

社会意识是人脑产生的指挥人在社会中生活和行为的意向、意念、理想、法则、方案、路线、政策。

（3）价值是社会意识具有的属性和能力，是社会意识的组成部分

任何社会意识都具有指导人在社会中如何生活和行为的意义和价值，不具有指导人如何生活和行为意义和价值的社会意识是不存在的。

3. 价值观的概念

价值观是人们对于对错、好坏、善恶、美丑等价值判断所持的立场、观点、态度及所做出的选择。对于价值观的具体概念学术界至少有如下说法。

价值观是指一个人对周围的客观事物（包括人、事、物）的意义、重要性的总评价和总看法。

价值观是人们在实践中形成的对于价值及价值关系的一般看法和观点，人们在认识和改造世界、创造和实现价值的过程中，必然要形成一定的价值观念。

价值观是指人们对价值判断、标准、评价的思想依据和基本看法，是人们从主客体之间关于价值的逻辑关系角度，考察一类事物对于个人、阶级、社会的意义。

价值观是主体以自身的利益为出发点，以自身的价值取向、价值追求来衡量和取舍事物或现象所蕴涵的意义，它往往表现为目的、理想、信仰、使命等形式。一定的价值观往往是在经济、利益关系的基础上，对人们需要的反映，因而，它直接决定和指导人们的实践活动和行为选择。不同的主体有不同的利益和需求，必然会产生不同的价值观。

价值观是社会成员用来评价行为、事物以及从各种现实目标中选择自己理想目标的原则。价值观可以通过人们的行为取向以及对事物的评价和态度反映出来，是世界观的核心部分，是支配人们外在行为的内部动力。它能支配和调节一切社会行为，涉及社会生活的各个领域。

价值观是指人们在认识世界和改造世界的过程中形成的关于价值关系的反映，是指导人们实践行为的根本价值观点和看法。这种价值关系反映的对象不是一般客体，而是客体属性和主体之间的关系。价值观渗透在一切社会意识之中，是通过各种社会意识形式表现出来的更深层次的带有一定倾向性的价值意识。

价值观是人们对社会存在的反映。人们的价值观念取决于所处的自然环境和社会环境，包括人的社会地位和物质生活条件。处于相同的自然环境和社会环境的人，容易产生基本相同的价值观念，处于不同的自然环境和社会环境的人，容易产生各不相同的价值观念。每一社会都有一些被人们普遍认可的价值标准，由此产生趋于一致的行为模式。

笔者认为价值观是人们对于世界或具体事物所具有的价值性质和能力所持有的观点的总和。价值观对人的行为具有导向作用，一个人如果判定一事物对自己的生存和发展具有正面的意义和价值就会采取行动努力保护这个事物，充分利用和挖掘这个事物的价值和潜力。相反，如果一个人判定一事物对自己的生存和发展具有负面的意义和价值，就会采取行动努力逃离这个事物，消除这个事物对自己的负面影响。

4. 价值观的特点

价值观是一种内心尺度，它凌驾于整个人性之上，支配着人的行为、态度、观察、信念、理解等，支配着人认识世界、明白事物对自己的意义和自我了解、自我定向、自我设计等；也为人自认为正当的行为提供充足的理由。价值观具有下列特点。

（1）价值观取决于人生观和世界观

一个人的价值观是从出生开始，在家庭和社会的影响下逐步形成的。一个人所处的社会生产方式及其所处的经济地位，对其价值观的形成具有决定性的影响。当然，报纸、杂志、广播、电视和网络等所宣传的观点以及老师、亲人、朋友和公众名人的观点与行为，对一个人的价值观也有不可忽视的影响。

（2）价值观是后天形成的，是通过社会化培养起来的

家庭、学校、团体等各种群体对个人价值观的形成起着关键的作用，其他社会环境也有重要影响。个人价值观是随着知识的增长和经验的积累而逐步建立起来的。

（3）价值观具有相对的稳定性和持久性

一个人的价值观一旦确立，就具有相对的稳定性，形成一定的价值取向和行为定式，是不容易改变的。但就社会和群体而言，由于人员的更替和环境的变化，社会或群体的价值观念是不断变化的。传统价值观会不断地受到新价值观的挑战，这种价值观念冲突的结果，总的趋势是前者逐步让位于后者。因而价值观念的变化是社会改革的前提，又是社会改革的必然结果。

（4）价值观不仅影响个人的行为，还影响着群体行为和整个组织行为

由于价值主体的定位不同，往往在个人的地位、利益、目的等方面会表现出不一性和多元性，这也从另一个角度说明了，价值观是支撑人们生活的精神支柱，它决定着人类行为的取向，决定着人们以什么样的心态和旨意去创造自己的新生活，它对于人们的生活具有根本性的指导意义。在同一客观条件下，对于同一事物，具有不同价值观的人就会产生不同的行为。在同一个单位中，有人注重工作成就，有人看重金钱报酬，有人重视地位权力，有人贪图轻松享受，这是因为他们的价值观不同。同一个规章制度，如果两个人的价值观相反，那么就会采取截然相反的行为，将对组织目标的实现起着完全不同的作用。

（二）价值体系、核心价值体系的内涵及功能

1. 价值体系的概念及特点

人们采取的行为通常不仅受单一价值观的影响，而且往往是不同范畴、不同层面多个价值观共同作用的结果。人们对不同事物的看法和评价在心目中的主次、轻重的排列次序，就是“价值体系”。

价值体系作为一种精神现象，是意识活动的产物，属于社会意识范畴。它的基本构成因素是价值观念，是建立在人类对生命价值追求的认识和理解上，这种认识和理解由于受一定社会历史阶段和人类对客观世界和自身认识的制约，反映出不同的精神内涵。由此可见，价值体系是决定人的行为的心理基础。同时，由于一定社会的意识活动是复杂多元的，因此，意识形态领域往往会呈现多元价值体系并存的态势。

2. 核心价值体系的定义、特点及功能

对于核心价值体系的概念，不同学者从不同的研究视角出发，给出了不同的定义。

田耿文认为，所谓核心价值体系，是指社会生活中在多种价值体系中居于统领、引导地位的社会价值体系，是一个国家全体国民或大多数社会成员共同认可、共同遵循、自觉践行的主流价值观念、价值追求，是一种社会制度长期普遍遵循的基本价值原则。每一个社会都有其赖以生存和发展的核心价值体系。①

吴潜涛认为，一个国家、一个民族、一个社会在长期共同的认识和实践活动中，必然要形成一定的价值观念体系，在这个体系中居核心地位、起主导和统领作用的就是核心价值体系。由于社会意识的相对独立性，必然将不同集团、阶级的利益要求内化为人的思想、情感等，导致价值观念也表现出多元倾向和多元分化，呈现出多元价值体系并存的态势。但是，无论价值体系分化到何种程度，总有一种对生产关系、政治制度占主导与核心地位的意识形态，这种价值体系就是这个社会的核心价值体系。②

由此可见，核心价值体系决定社会意识的性质和方向，影响人们的思想观念和价值取向，引领人们的思想行为。它能够有效地决定和制约其他非主导、非核心的社会价值体系作用的发挥，能够反映现实生活和社会发展的内在要求和统治阶级的根本利益，它是一个国家和社会的精神支柱，体现社会的本质

---

① 田耿文：《社会主义核心价值体系研究》，西南大学 2008 年硕士学位论文。

② 吴潜涛：《社会主义核心价值体系的科学内涵》，《道德与文明》2007 年第 1 期。

属性，能指导社会的奋斗目标和发展方向，能保障社会经济制度、政治制度、文化制度的稳定和发展。它不仅能驾驭经济、政治、文化和社会生活的各个方面，而且对社会成员的世界观、人生观、价值观产生深刻的影响。社会核心价值体系关系国家的繁荣昌盛，关系社会的和谐安定，每一个社会都有自己的核心价值体系，任何社会的存在和发展，都需要有一定的社会核心价值体系或主导价值体系的强力支撑。

任何社会的核心价值体系，都是在统治阶级主导下形成的。中国封建社会形成的以“三纲五常”为主要内容的核心价值体系，从精神上、观念上维护了两千多年的封建统治秩序，但却禁锢了人们的思想，阻碍了社会的发展进步。在西方国家，资产阶级在反封建斗争中以“自由、平等、博爱”为思想武器赢得了胜利，却在发展资本主义过程中不可避免地形成了以极端个人主义、拜金主义、享乐主义、实用主义为实质内容的核心价值体系。资本主义社会迷信金钱至上，贪图享乐、过度消费、为了个人利益可以不择手段。西方国家公开标榜的“自由、民主、人权”等价值观，掩盖不了资本主义核心价值体系的消极和没落。

核心价值体系是一定的社会系统得以有机运转、一定的社会秩序得以维持的基本逻辑体系。旧社会的解体往往以旧的落后的核心价值体系的瓦解为标志，新社会的诞生往往以新的先进的核心价值体系的形成为依托，社会的稳定和发展也往往以核心价值体系的确立和完善为支撑。核心价值体系不仅作用于经济、政治、文化和社会生活的各个方面，而且对每个社会成员的世界观、人生观、价值观等方面都具有导向功能，引导人们作出价值选择。社会的核心价值体系是引领人们的思想行为、社会的精神风尚和发展方向的旗帜和灵魂，是关系社会稳定与国家兴旺的决定性因素。

二　社会主义核心价值体系概念的提出

任何一种社会文明形态的发展，都要求社会成员具有与其经济基础相适应的价值观念、道德品质、社会心理和思维方式。如果一个社会缺乏广泛认同的共同价值标准，社会发展就会失去根基。当前，我国正处于改革发展的关键时期，各种思想文化相互激荡，人们思想活动的独立性、选择性、多变性、差异性增强，人们的价值取向日益多样化。面对新时期的新形势和新任务，只有立足国内现实、把握时代潮流，坚持用社会主义核心价值体系引领多样化的思想观念和社会思潮，才能为构建中国特色的社会主义提供有力的精神动力和智力支持，促进社会和谐的发展。

（一）社会主义核心价值体系的概念及要义

社会主义核心价值体系，是在社会主义体制下所形成的特定价值观念体系，在社会主义国家诸多价值体系中居于核心地位，起着统领、引导其他价值体系的作用，是社会主义国家的主流价值观念、价值追求。党的十六届六中全会正式提出了“社会主义核心价值体系”的伟大命题，并从四个方面概括了社会主义核心价值体系的内涵。

社会主义核心价值体系，是社会主义制度的内在精神的根本体现，是我们党在思想文化建设上的重大理论创新，是马克思主义中国化的重大创新成果，是全体人民应当共同认可、普遍遵循、自觉践行的主导价值观念和主导价值追求。社会主义核心价值体系集中体现了社会主义意识形态的本质要求，是现阶段我国广大人民群众所要树立的世界观、人生观、价值观和道德观的有机整体，它包括“马克思主义指导思想，中国特色社会主义共同理想，以爱国主义为核心的民族精神和以改革创新为核心的时代精神，社会主义荣辱观”四个方面。这四个方面层次清楚、定位明确、结构严谨，具有鲜明的政治性和导向性、民族感和时代感，反映了中国特色社会主义建设当前和今后一个很长时期全体社会成员必须遵循的思想追求、价值准则和行为规范，是我们党根据马克思主义的根本原则和基本原理，不断结合我国改革开放以来的实际，对解决社会主义思想价值观念问题的新创造，是从思想文化方面对中国特色社会主义所面临的现实问题做出的科学解释。它坚持了社会主义基本原则又有中国特色，总结了成功经验又有新的提升概括，反映了现实的迫切需要又是通过努力才能够实现的，是新的历史条件下促进和形成社会共识的精神航标。

在社会主义核心价值体系中，马克思主义指导思想居于最高层面或最高层次，是指对作为认识世界、改造世界强大思想武器的马克思主义的价值认同，从根本上说，是指对人类社会发展规律的价值认同。中国特色社会主义共同理想，是指对国家、民族追求的未来美好发展前景的价值认同。以爱国主义为核心的民族精神和以改革创新为核心的时代精神，是指对实现共同理想的动力之源的价值认同。社会主义荣辱观，指的是对公民思想行为选择标准的价值认同。这四个方面结合在一起，构成了一个逻辑严谨、层次分明、由高到低、由理论到实践、由思想到行为的社会主义核心价值体系的框架结构。①

① 龚晨：《社会主义核心价值体系研究述要》，《学习与研究》2007 年第 7 期。

（二）社会主义核心价值体系提出的时代背景

任何一种理论都是在一定的历史时代之下，适应着一定的形势和任务创立和发展起来的。今天，随着中国改革开放进程的不断加快以及经济全球化的不断深入，人们的价值观念的多样化趋势也越来越明显，新的形势对加强党的自身建设提出了新的要求。在此背景下，中国共产党适时地提出了建设社会主义核心价值体系的科学命题。了解社会主义核心价值体系的历史形成，有助于了解其内涵，有助于认识其功能，有助于谋求建设社会主义核心价值体系之对策。

1. 全球化浪潮对中国社会的冲击

（1）经济全球化是生产力发展的客观必然

伴随着经济的飞速发展，科学技术的不断进步，区域经济一体化、经济全球化的趋势更加明显。任何国家和地区，一旦融入世界经济体系，都必然深受来自世界市场的各种影响。随着中国的改革开放及社会主义市场经济体制的逐步建立和日趋完善，中国也不可避免地加入到这个体系当中。在这个经济体系内，各国之间的合作日益密切，相互渗透、相互依存，各个国家不同程度地分享着世界市场上生产要素自由流通而实现的资源最佳配置所带来的收益，同时也承担着全球经济一体化可能出现的风险。随着国际分工的日益深化，国际经济合作的日益扩大，各国文化也突破了国家和民族的界限，从相互对立和碰撞走向了相互渗透和融合。西方以个人主义为中心的企业文化吸收了东方以集体主义为中心的和谐文化，而东方国家的企业也借鉴了西方企业文化中鼓励竞争、鼓励实现自我价值的有益的理念。

随着经济全球化趋势的加快，妨碍资本、技术和产品跨国界流通的障碍不断地消除，继之而来的是不同文化、不同价值观、不同生活方式、不同信念的流入。有些在相互冲突和撞击中形成了新质——世界公认文化，有些则会改变本民族的生活方式、价值观念和文化特性。因此，在经济全球化进程中，任何国家都不能脱离国际大环境而独立掌握自己的发展轨迹。经济全球化是生产力发展的客观必然，是世界经济发展的客观历史潮流，它不是某个国家或者某类国家的政策选择，而是全球经济关系的变化趋势。

（2）经济全球化对中国意识形态领域产生较大影响

经济全球化必然会对参与其中的国家的经济、政治、文化、社会生活等各个领域产生重大影响。在经济全球化进程中，始终伴随着文化渗透、价值变迁、制度移植等现象。改革开放以来，中国经济的飞速发展成为中国社会保持稳定的根本原因，但同时，经济飞速发展也使中国产生了许多反映不同团体利益的意识形态。同时，也引发了社会成员价值观念、思维方式和价值取向出现多元化和多样化的趋势，对社会的主流意识形态产生冲击。另外，随着经济全球化进程和我国改革开放的不断深入，在经济全球化进程中占主导地位的发达国家，其意识形态和价值观念也会对我国产生深刻影响，同时马克思主义作为中国社会主义建设的指导思想也受到了极大的冲击。

（3）经济全球化加速了中国社会主义核心价值体系的形成

进入21世纪，全球化从经济领域扩展到政治、文化和社会领域，在促进了各国经济、政治和文化交流的同时，也使各国面临着不同文化的冲击和渗透。中国社会经历了由封闭到开放、由农业文明走向工业文明的过程，逐渐意识到我国必须要构建新的核心价值体系。在经济全球化和对外开放的背景下构建核心价值体系，既要立足于本民族的历史，以本民族的独特价值观为基础，又要以某种为各民族公认和接受的价值观为前提。既要在人类文化中发掘中华文化的个性，又要在中华文化中提炼人类文化的共性，在核心价值体系的建设中把民族性与全球性协调起来。对于中华民族文化，要随着时代的发展，与时俱进，增添新内容、新思想，培育新时代的民族精神，建立既顺应全球化的大趋势，又合乎自身国情的价值观念。对于外来文化，在尊重不同国家文化的基础上，求同存异，相互借鉴，取其精华，弃其糟粕。可见，构建社会主义核心价值体系既是中国传统文化发展的客观需要，也是中国应对西方文化及其价值观念冲击的必然选择。

2. 社会转型对价值观念的影响

社会转型是指社会整体系统从一种结构状态向另一种结构状态的过渡，它表现为社会系统全面的结构性的调整与转化。现阶段中国社会正处于全面转型时期，这一时期出现了一些新的情况：经济体制深刻变化，社会结构深刻变动，利益格局深刻调整，思想观念深刻变化，这“四个深刻”都影响着人们的价值取向。

进入21世纪，中国社会进入了转型的关键时期，在经济上顺应了世界经济发展的潮流，开始从传统社会向现代社会、从农业社会向工业社会、从封闭性社会向开放性社会的转轨。但在实现社会结构转型的同时，还要实现由计划经济体制向社会主义市场经济体制的转变，这是经济体制的转轨，需要进行一系列的体制性的改革和转变。社会结构转型和经济体制转轨同时进行，一方面会相互促进，另一方面也会相互制约，使得转变的过程中出现结构的冲突、体制的摩擦、多种利益矛盾、多种角色转换、多种价值取向的冲突交织在一起，增加了转型期的困难。随着改革向纵深发展，遇到了许多社会的热点、难点问题。如贫富差距扩大，国企改革艰难，国有资产流失，收入分配不均，各种消极腐败的现象时有发生。这些都给人们的价值取向带来消极的影响，给人们的价值观教育带来负面的作用。社会转型过程本身就是利益关系不断调整的过程，在打破原有的社会利益格局，给公众带来普遍利益的同时，也造成了他们之间的利益差距，在满足公众利益愿望的同时，又激发了其更大的利益的期望和利益的追求。在社会转型期，少数中青年人心理失衡、道德失范、行为失准、价值取向发生改变。随着社会发展的加速，外来思想文化的影响，传统的道德伦理与社会舆论已经不再对社会成员构成强有力的约束力量，社会分化的不断加速、社会异质性不断加强，使追求同一性和超稳定性的传统社会控制机制失去了基础。与此同时，带来的就是人们在价值取向中出现的多元化、价值观念的变化等。

在改革开放的今天，社会主义和共产主义的道德信念、人生观念、价值原则，既有重新调整、修正的问题，也有在新的历史条件下进一步发展、完善的问题。在这一过程中，原有的观念、原则必然受到怀疑，并使一些人产生它已过时和不再适用的想法。而且，改革开放的环境，西方的意识形态、价值观念不断涌入，也为人们提供了多种选择的可能。物化和异化，抹杀了人的精神追求，单纯追求物质，这样的人生观就是个人主义、享乐主义、消费主义、功利主义的。同时，我们在实际生活中没有旗帜鲜明地将正确的价值导向树立起来，没有给人们提供明确的价值评价标准和人生价值目标，在多元价值取向客观存在的条件下，人们势必会出现多元选择的困惑。建设社会主义核心价值体系，是在我国意识形态领域存在多种社会思潮的情况下进行的。因此搞好这项建设，应当加强对我国意识形态问题的研究。

3. 社会主义意识形态理论自身发展的要求

改革开放以来，我们党始终坚持把马克思主义基本原理同中国具体实际相结合，在建设中国特色社会主义的伟大实践中，先后创立了邓小平理论、“三个代表”重要思想和科学发展观等重大战略思想，其在意识形态领域的指导地位不断得到巩固。但我国意识形态领域也面临着许多新情况、新问题。从国际上看，世界社会主义运动出现严重曲折，并曾一度进入低潮，西方敌对势力加紧对我国实施“西化”、“分化”的政治图谋，渗透与反渗透的斗争都将是长期的。从国内来看，随着社会主义市场经济的发展和对外开放的扩大，社会的所有制形式、经济成分、利益关系、组织形式、分配方式和就业方式日益多样化，人们的思想观念、价值取向也日益多样化。这对我国社会主义意识形态将产生巨大的冲击。这就要求我们要不断加强社会主义核心价值体系建设，确立其在意识形态领域的指导地位，为全党和全国各族人民提供共同的理想和精神支柱。

4. 新时期加强党的建设的自身要求

首先，从国际形势来看，世界多极化和经济全球化的发展，科技进步的日新月异，发达国家与发展中国家差距进一步扩大等因素，使国际安全形势更加复杂多变。特别值得警惕的是，少数西方强国为了称霸世界，一方面积极扩军备战，企图用武力征服弱小国家；另一方面加强攻心战略，企图“和平演变”发展中国家。社会主义中国就是它们进行“和平演变”的主要目标。这就要求我们党必须加强自身建设，使党员干部立场坚定、拒腐防变，能经受住国际上的风云变幻和“和平演变”的严峻考验。其次，从国内形势来看，我国正处在伟大变革的关键时期。主要表现在两个方面：一是中华民族正处在发展新阶段，全党面临着能否全面实现小康社会，进而实现中华民族伟大复兴的艰巨任务。二是我国改革开放正处在完善社会主义市场经济体制的关键时期，共产党人面临着新的严峻考验。2009年，我国人均GDP已经超过3000美元，人民生活总体上达到了小康水平。但是，在推动经济社会协调发展和保持社会稳定方面，新的挑战也随之出现了，要争取“黄金发展时期”的机遇，必须从根本上解决好增强党的抵御风险能力，拒腐防变能力和提高党的领导水平，不断巩固党的阶级基础和扩大党的群众基础。从总体上看，我们的党员队伍和干部队伍的主流是好的。但是，也必须看到，有一部分党员干部的素质还不够高，先进性还不能发挥和体现，也有一部分人已经不合格或基本不合格，还有少数人问题相当严重甚至腐败变质。因此，在新时期、新阶段，我们党所处的国际国内环境更加错综复杂，无论从党的自身状况看，还是从所肩负的历史使命看，遇到的挑战都是严峻的。在这样一种情况下，我们党确立了社会主义核心价值体系，以社会主义核心价值体系为指导，加强党的自身建设，具有十分重要的现实意义和长远意义。

（三）社会主义核心价值体系提出的理论渊源

任何一种思想文化的产生，都有一定的历史渊源。社会主义核心价值体系，是在中华民族几千年创造的优秀文化成果、马克思主义一百多年来所创立的社会主义价值观、中国共产党几十年来创立的社会主义核心价值观基础上所形成的。因此，我们党提出建设社会主义核心价值体系，有着十分丰富而深刻的理论渊源。

1. 中华优秀传统文化的历史传承

社会主义核心价值体系的建构离不开对民族优秀文化传统的继承。长期以来，学术界从我国传统文化与社会主义核心价值体系的关系出发，挖掘两者的内在关联，用历史视角来探讨社会主义核心价值体系历史形成中的规律性问题，认为“中国传统文化是社会主义核心价值体系的重要源泉，社会主义核心价值体系是中国传统文化的升华和创新”[①]。

一个时代的社会意识，其产生和发展基于前人所积累的思想材料，是前人思想的一种延续或一种演变。作为社会意识范畴的社会主义核心价值体系也是如此。社会主义核心价值体系是在中华民族文化环境中发展起来的，植根于中国传统文化的沃土中。没有中国传统文化之根，就没有中华民族精神之源，社会主义核心价值体系也就无法建立。中国传统文化，一方面，为社会主义核心价值体系的形成提供了丰厚的文化基础、充分的文化养料和合理成分。另一方面，为社会主义核心价值体系的构建提供了思想文化基础，并为思想文化传统中一些经久不衰的精神的融入和贯穿做好了前期准备。因此，中国传统文化是社会主义核心价值体系重要的思想源泉。

关于社会主义核心价值体系是中国传统文化的升华和创新，学者们主要是从三个方面展开论述。首先，在马克思主义中国化的过程中，社会主义核心价值体系吸收、改造、融合了中国传统文化，形成了毛泽东思想、邓小平理论、“三个代表”重要思想以及新一届中央领导集体提出的科学发展观和构建社会主义和谐社会理论。如“群众路线”是在“敬德保民”、“民贵君轻”、“君舟民水”、“水可载舟，亦可覆舟”的民本思想基础上改造而成的。“构建社会主义和谐社会”、“建设社会主义和谐文化”的主张，吸收和改造了“贵和尚中”思想。其次，在民族精神和时代精神形成的过程中，吸收和借鉴了中国传统文化的

① 龚晨：《社会主义核心价值体系研究述要》，《学习与研究》2007年第7期。

优秀内容，对中国传统文化进行了综合创新。以改革创新为核心的时代精神，围绕改革创新这个核心，包含了解放思想、实事求是、知难而进、一往无前、艰苦奋斗、务求实效、淡泊名利、无私奉献等精神，这些精神是对中国传统文化的改造和创新。再次，社会主义道德建设过程中对传统文化的改造和创新。思想道德建设中的社会主义荣辱观，是在继承了“知耻”文化传统，吸收了“礼义廉耻，国之四维”、“先义而后利者荣，先利而后义者辱”等荣辱思想精华的基础上，而改造成为了易懂易记、朗朗上口的“八荣八耻”社会主义荣辱观。①

我们今天提出建设社会主义核心价值体系，并不是摒弃中华民族的传统文化，而是要以优秀传统文化为基础，结合新的时代要求，使中华民族的优秀传统文化与社会主义价值观有机结合起来，继续发挥鼓舞人民、凝聚力量的强大作用。因此，我们要以历史的眼光、用科学的态度、用可行的方法、充分挖掘和深刻认识中华民族传统文化在建设社会主义核心价值体系中的重大作用，以便传承中华美德，培育民族精神。

2. 对马克思主义价值观的继承和发展

马克思主义核心价值观可以归结为“实现人的自由、解放和全面发展”。这一点在马克思的《1844 年经济学哲学手稿》、马克思和恩格斯的《德意志意识形态》、1847 年恩格斯写的《共产主义信条草案》、《共产主义原理》以及 1948 年发表的马克思恩格斯合著的《共产党宣言》中都有相关的阐述。马克思主义核心价值观是社会主义核心价值体系的重要源泉，社会主义核心价值体系是对马克思主义核心价值观的继承与发展，是马克思主义核心价值观的升华和创新。

---

① 龚晨:《社会主义核心价值体系研究述要》,《学习与研究》2007 年第 7 期。

中国共产党在接受、传播及实践马克思主义的过程中，对马克思主义的理论精髓准确把握，科学运用，与中国实际紧密结合，既很好地继承，又与时俱进，形成了马克思主义中国化的伟大成果——毛泽东思想、邓小平理论、“三个代表”重要思想、科学发展观等重大战略思想，以及以胡锦涛同志为总书记的中央领导集体所提出的一系列理论成果，这些成果成为当今我们建设中国特色社会主义的指导思想。这些成果中所强调的“实现人的自由”、“实现人的全面发展”等观点充分体现了马克思主义的核心价值观。邓小平同志的社会主义本质论同马克思主义的核心价值观一脉相承，“三个代表”重要思想同样体现了这种核心价值观，科学发展观则更是强调了要以人为本，全面、协调、可持续发展，社会主义核心价值体系的提出，使这些相对抽象的价值观念变得愈加具体和系统。由此可以看出，马克思主义核心价值观是社会主义核心价值体系的思想根源，社会主义核心价值体系和马克思主义核心价值观一脉相承，是马克思主义发展的历史必然。

马克思主义指导思想是我们立党立国的根本指导方针，是社会主义意识形态的灵魂。中国共产党从成立开始，就始终把马克思主义确立为自己的指导思想。毛泽东同志指出：“我们的党从它一开始，就是一个以马克思列宁主义的理论为基础的党。”[①] 新中国成立以后，毛泽东同志把是否坚持马克思主义作为判断是“鲜花”还是“毒草”的基本标准之一。他强调：“领导我们事业的核心力量是中国共产党。指导我们思想的理论基础是马克思列宁主义。”[②] 改革开放以来，邓小平同志把马列

① 《毛泽东选集》第3卷，人民出版社，1991，第1093页。
② 《毛泽东文集》第6卷，人民出版社，1996，第350页。

主义、毛泽东思想作为必须坚持的四项基本原则之一，强调“老祖宗不能丢”。他还深刻指出：“把马克思主义的普遍真理同我国的具体实际结合起来，走自己的道路，建设有中国特色的社会主义，这就是我们总结长期历史经验得出的基本结论。”① 分别以毛泽东同志和邓小平同志为代表的中国共产党人，坚持把马克思主义与中国革命、建设的具体实践相结合，创立了毛泽东思想和邓小平理论，实现了马克思主义中国化的两次历史性飞跃。邓小平同志还把坚持马克思主义提到信仰的高度来强调，并指出：“对马克思主义的信仰，是中国革命胜利的一种精神动力”。在苏联解体、东欧剧变，国际共产主义运动处于低潮时，他向全世界宣称：“我坚信，世界上赞成马克思主义的人会多起来的，因为马克思主义是科学。”② 十三届四中全会以来，以江泽民同志为代表的党的第三代领导集体，在邓小平理论的基础上，进一步回答了什么是社会主义、怎样建设社会主义的问题，创造性地回答了建设什么样的党、怎样建设党的问题，提出了“三个代表”重要思想，丰富和发展了马克思主义的理论宝库。江泽民同志指出：“马克思主义是我们立党立国的根本指导思想，是全国各族人民团结奋斗的共同理论基础。”③ 在2000年召开的全国思想政治工作会议上，他提出：“加强和改进思想政治工作，最根本的是坚持和巩固马克思主义在我国意识形态领域的指导地位。”④

党的十六大以来，以胡锦涛同志为代表的新一届中央领导集体，坚持并发展了马克思主义，提出了科学发展观、社会主

① 《邓小平文选》第3卷，人民出版社，1993，第3页。

② 《邓小平文选》第3卷，人民出版社，1993，第382页。

③ 《江泽民文选》第3卷，人民出版社，2006，第282页。

④ 《江泽民文选》第3卷，人民出版社，2006，第86页。

义和谐社会等一系列重要的战略思想，创新并升华了马克思主义。胡锦涛总书记指出："推进社会主义先进文化建设，必须坚持和巩固马克思主义在意识形态领域的指导地位，用一元化指导思想引领多样化的社会思潮。"① 坚持用科学的理论武装全党、教育人民，着力回答干部群众关心的重大理论和实际问题，不断增强党的思想理论工作的说服力、创造力、感召力。要大力推进理论创新，认真实施马克思主义理论研究和建设工程，用马克思主义中国化的最新成果占领思想舆论阵地，指导新的实践。在十六届六中全会上，马克思主义指导思想被确定为社会主义核心价值体系的首要内容。

3. 对中国特色社会主义共同理想的认同与发展

理想是人们对美好未来的向往和追求，是人们奋斗的目标和精神支柱，也是激励人们奋发向上、不断进取的强大动力，是民族和个人的灵魂所系。胡锦涛总书记在全国加强和改进大学生思想政治教育工作会议上指出：理想信念，是一个政党治国理政的旗帜，是一个民族奋力前行的向导。一个人如果没有理想，就失去了前进的动力和方向。共同理想就是共同的价值追求、价值取向和价值目标。作为社会和政治理想，中国特色社会主义是我们党的奋斗纲领，是国家意识形态的核心，是中国人民共同的价值追求，是中华民族自觉选择的发展道路。

"共同理想"一直是新中国成立以来我们团结广大社会主义国家，发展各民族、党派之间关系的一个重要政策。改革开放以来，建设中国特色社会主义，已经成为现阶段全国各族人民共同理想的主要内容。《人民日报》评论员文章曾经在1980年3

---

① 胡锦涛：《中共中央关于构建社会主义和谐社会若干重大问题的决定》，2006年10月19日《人民日报》。

月提出："全国人民的共同理想就是要通过大家的艰苦奋斗，去建设一个社会主义现代化的强国。"[①] 邓小平同志也曾指出："有了共同的理想，也就有了铁的纪律。无论过去、现在和将来，这都是我们的真正优势。"[②] 在1986年9月党的十二届六中全会通过的《中共中央关于社会主义精神文明建设指导方针的决定》中，第一次明确提出现阶段各族人民的共同理想，该决议提出："建设有中国特色社会主义，把我国建设成为高度文明、高度民主的社会主义现代化国家，这就是现阶段我国各族人民的共同理想。""为实现这个共同理想，一切有利于建设四化、振兴中华、统一祖国的积极思想和精神，一切有利于民族团结、社会进步、人民幸福的积极思想和精神，一切用诚实劳动争取美好生活的积极思想和精神，都应当加以尊重、保护和发扬。"江泽民同志强调："巩固和发展全国人民的大团结，是建立在建设有中国特色社会主义的共同理想基础之上的。"1996年党的十四届六中全会，把"在全民族牢固树立建设有中国特色社会主义共同理想"，确定为今后十五年我国精神文明建设的最主要目标之一。党的十五大报告提出："在全社会形成共同理想和精神支柱，是中国特色社会主义文化建设的根本。"[③] 在党的"十六大"报告中，这一共同理想进一步明确为："我们要在本世纪头二十年，集中力量，全面建设惠及十几亿人口的更高水平的小康社会，使经济更加发展、民主更加健全、科教更加进步、文化更加繁荣、社会更加和谐、人民生活更加殷实。""经过这个阶段的建设，再继续奋斗几十年，到本世纪中叶基本实现现代

---

① 1980年3月23日《人民日报》。

② 《邓小平文选》第3卷，人民出版社，1993，第144页。

③ 《江泽民文选》第2卷，人民出版社，2006，第33页。

化，把我国建设成富强民主文明的社会主义国家。”① 以胡锦涛同志为总书记的党中央继续高度重视共同理想教育。他指出：“理想信念，是一个政党治国理政的旗帜，是一个民族奋力前行的向导”。到党的十六届六中全会，共同理想成为社会主义核心价值体系的重要内容，中国特色社会主义共同理想对推动社会主义和谐社会建设的作用也越来越得到重视。“和谐文化反映着人们对和谐社会的总体认识、基本理念和理想追求，中国特色社会主义共同理想本身就是和谐文化的重要内容。”② 在中国特色社会主义共同理想中，构建和谐社会的共同价值追求尤为重要，具体表现为：在人改造自然的活动中追求人与自然的和谐相处和生态文明；在经济活动中是在劳动本位的基础上追求效率、活力和全体人民群众的共同富裕以及物质文明；在政治活动中追求民主法治、公平正义和政治文明；在文化活动中是追求真、善、美及其统一的先进文化和精神文明；在社会活动中是追求诚信友爱、充满活力、安定有序、人与自然和谐相处的和谐社会。③ 改革开放以来，建设中国特色社会主义，逐渐成为现阶段全国各族人民共同理想的主要内容。中国特色社会主义共同理想，就是在中国共产党领导下，走中国特色的社会主义道路，实现中华民族的伟大复兴。

4. 对民族精神和时代精神认识的不断深化

以爱国主义为核心的民族精神和以改革创新为核心的时代精神，是中华民族生生不息、薪火相传的精神支撑，是当代中国人民不断创造崭新业绩的力量源泉。

---

① 《江泽民文选》第 3 卷，人民出版社，2006，第 543 页。

② 《突出主题　坚定中国特色社会主义共同理想——三论全面准确理解社会主义核心价值体系》，2006 年 12 月 23 日《人民日报》。

③ 参见《中共中央关于构建社会主义和谐社会若干重大问题的决定》。

（1）民族精神的薪火相传

民族精神是指在长期的历史发展和积淀中形成的民族意识、民族文化、民族信仰、民族宗教、民族习俗、民族性格、民族价值观念和民族价值追求等共同的特质，是指民族传统文化中维系、指导、协调、推动民族生存和发展的精粹思想，是一个民族生命力、创造力和凝聚力的集中体现，是一个民族赖以生存、经久不衰、同心同德、共同发展的核心和灵魂。

在五千多年的历史长河中，中华民族铸造了以爱国主义为核心的伟大民族精神。这种民族精神既蕴涵着整个民族对未来美好发展前景追求的价值认同，又表达和体现着中国最广大人民群众的根本利益和愿望。我们党在长期革命斗争和经济社会建设实践中所取得的辉煌成就证明，如果没有振奋的精神和高尚的品格，中华民族就不可能实现伟大的复兴。伟大的中华民族精神，深深植根于延绵数千年的优秀传统文化之中，始终是维系全国各族人民共同生活的精神纽带，支撑中华民族生存发展的精神支柱，推动中华民族走向繁荣的精神动力，是中华民族之魂。中华民族历经磨难而经久不衰，始终保持强大的生命力、创造力和凝聚力。中国共产党领导的革命、建设和改革开放，能够战胜种种艰难险阻，取得伟大胜利和辉煌成就，与我们伟大的民族精神是密不可分的。因此，我们党一贯高度重视弘扬和培育民族精神。

党中央历来十分重视加强爱国主义教育，振奋民族精神。毛泽东、邓小平、江泽民、胡锦涛等同志都结合新时期、新形势、新任务，反复强调要大力弘扬和培育民族精神。毛泽东同志在 1935 年谈到中华民族的抗日决心时，深刻指出：“我们中华民族有同自己的敌人血战到底的气概，有在自力更生的基础上光复旧物的决心，有自立于世界民族之林的能力。”[①] 新中国成立伊始，毛泽东就号召全党同志，一定要保持革命战争时期的那么一股劲，那么一股革命热情，那么一种拼命精神。建国之后，毛泽东同志曾多次指出：中华民族就是这样一个坚决战斗的民族。在革命战争时期，井冈山精神、长征精神、延安精神、红岩精神、西柏坡精神等是中华民族精神的典型表现。在社会主义建设时期，中华民族精神又有了新的表现。在建设国防、研制“两弹一星”的过程中，形成了热爱祖国、无私奉献，自力更生、艰苦奋斗，大力协同、勇于攀登的“两弹一星”精神。在改革开放时期，邓小平同志就强调：“绝不允许把我们学习资本主义社会的某些技术和某些管理的经验，变成了崇拜资本主义外国，受资本主义腐蚀，丧失社会主义中国的民族自豪感和民族自信心。”[②] 1983 年 7 月，中宣部等单位联合发出了《关于加强爱国主义宣传教育的意见》，1994 年 8 月，中共中央发出《关于印发〈爱国主义教育实施纲要〉的通知》，这两个文件都要求大力加强爱国主义教育、培育民族精神。十四届六中全会为了发扬民族精神，明确提出“在全社会发扬自尊、自信、自强的民族精神”。江泽民同志在 1996 年的纪念西安事变 60 周年大会、1998 年召开的全国抗洪救灾总结表彰大会、2001 年全国文联七大和作协六大上的讲话中，多次论述了民族精神问题。党的“十六大”报告全面概括了民族精神的内涵：“在五千多年的发展中，中华民族形成了以爱国主义为核心的团结统一、爱好和平、勤劳勇敢、自强不息的伟大民族精神。”[③] 在抗

---

① 《毛泽东选集》第 1 卷，人民出版社，1991，第 161 页。

② 《邓小平文选》第 2 卷，人民出版社，1994，第 262 页。

③ 《江泽民文选》第 3 卷，人民出版社，2006，第 559 页。

洪救灾的战斗中，形成了“万众一心、众志成城，不怕困难、顽强拼搏，坚韧不拔、敢于胜利”的伟大的抗洪精神；在发展国防和航天的事业中，我国航天科技工作者铸就了“特别能吃苦，特别能战斗，特别能攻关，特别能奉献”的载人航天精神。这些充分表明，弘扬和培育民族精神对于党和国家事业发展的极端重要性。以胡锦涛同志为总书记的党中央非常重视弘扬和培育民族精神。十六届六中全会上，以爱国主义为核心的民族精神被确立为社会主义核心价值体系基本内容之一。党的十七大中华民族精神被阐释为：是以爱国主义为核心，团结统一、爱好和平、勤劳勇敢、自强不息等作为具体体现的一种精神。它使得中华民族不仅创造了灿烂的文明，而且生生不息、连绵不绝，表现出强大的生命力。民族精神是一个民族的脊梁，是一个民族信心和力量的源泉。我国正处于全面建设小康社会、加快建设社会主义现代化的新阶段，非常需要大力弘扬和培育民族精神。全面建设小康社会就是要让中国特色社会主义的经济、政治和文化全面发展，而民族精神是民族文化的精华，集中体现了中国先进文化。因此，弘扬和培育民族精神，既是全面建设小康社会的重要内容，又是全面建设小康社会的精神动力和重要保证。民族精神是一种文化力量，深深地熔铸在民族的生命力、创造力和凝聚力之中。面对国际上日益激烈的综合国力竞争，面对国内社会主义建设的繁重任务，我们更加需要这种宝贵的民族精神。

（2）时代精神的发扬光大

时代精神是每一个时代特有的普遍精神实质，是一种超脱个人的共同的集体意识。时代精神是一个时代的人们在文明建设活动中体现出来的精神风貌和优良品格，是激励一个民族奋发图强、振兴国家的强大精神动力，也是精神文明建设的重要内容。根据一个国家、一个民族时代精神的内涵以及它在政治、经济、文化等建设中所发挥作用的大小，可以反映出这个国家的人民的觉悟和素质，成为衡量其文明进步的标准。

新民主主义革命时期和社会主义建设时期，以毛泽东同志为代表的中国共产党人在论述社会主义文艺问题时，就多次强调“时代精神”，要求社会主义文艺既继承优良传统，又体现时代精神。改革开放时期，时代精神成为党和人民经常使用的一个重要词汇，其内涵也得到不断的丰富和发展。邓小平同志在1980年就指出：在长期革命战争中我们党形成的“革命和拚命精神，严守纪律和自我牺牲精神，大公无私和先人后己精神，压倒一切敌人、压倒一切困难的精神，坚持革命乐观主义、排除万难去争取胜利的精神”①。搞社会主义建设，实现四个现代化，同样也需要大大发扬。在1992年南方谈话中，邓小平同志鼓励改革开放中要有“闯”的精神，“改革开放胆子要大一些，敢于试验。”② 江泽民同志在十四大报告中要求“全党大力提倡解放思想、改革创新的精神，尊重科学、真抓实干的精神，顾全大局、团结协作的精神，谦虚谨慎、崇尚先进的精神，艰苦奋斗、无私奉献的精神”。2001年10月，中共中央发出《公民道德建设实施纲要》，把新时期的时代精神总结为：“解放思想、实事求是，与时俱进、勇于创新，知难而进、一往无前，艰苦奋斗、务求实效，淡泊名利、无私奉献。”2004年8月，中共中央、国务院发出的《关于进一步加强和改进大学生思想政治教育的意见》中再次明确提出“把改革创新作为时代精神的核

---

① 《邓小平文选》第2卷，人民出版社，1994，第368页。

② 《邓小平文选》第3卷，人民出版社，1993，第372页。

心”。十六届四中全会指出：“加强理想信念教育，弘扬以爱国主义为核心的民族精神和以改革创新为核心的时代精神，弘扬集体主义、社会主义思想，使全体人民始终保持昂扬向上的精神状态。”十六届六中全会上，以改革创新为核心的时代精神与以爱国主义为核心的民族精神一起，被确立为社会主义核心价值体系的基本内容。

5. 对社会主义荣辱观所形成的共识

荣辱观是指社会对人们行为褒贬评价标准的根本看法和观点，也就是怎样看待荣誉和耻辱，以做什么样的事情为荣，以做什么样的事情为耻。在我国传统文化中，“知耻”一直是个人品德修养的重要内容。孟子云：“无羞恶之心，非人也。”朱熹解释道：“耻者，吾所固有羞恶之心也。存之则进于圣贤，失之则入于禽兽，故所系为甚大。”

社会主义荣辱观以社会主义道德观为基础，是对中华民族历久弥新的民族精神和传统美德的提炼和升华，具有很强的时代性和针对性。只有知荣辱，才能明是非、辨美丑。一旦荣辱不分，势必混淆是非、善恶、美丑的界限，不仅道德伦理的根基会动摇，就连整个社会风气也会受到严重影响。

中国共产党人历来重视正确的荣辱观念在革命、建设和改革中的重要作用。民主革命时期，毛泽东同志指出：共产党员无论何时何地都不应把个人利益放在第一位，而应以个人利益服从于民族的和人民群众的利益。改革开放时期，邓小平同志指出：“中国人民有自己的民族自尊心和自豪感，以热爱祖国、贡献全部力量建设社会主义祖国为最大光荣，以损害社会主义祖国利益、尊严和荣誉为最大耻辱。”① 新世纪新阶段，江泽民

① 《邓小平文选》第3卷，人民出版社，1993，第3页。

同志指出："领导干部必须讲学习、讲政治、讲正气，还必须讲修养、讲道德、讲廉耻。""要在全党全社会大力提倡高尚的社会主义思想道德和中华民族的优良传统，以艰苦奋斗、勤俭朴素为荣，以铺张浪费、奢侈挥霍为耻。"[①] 江泽民同志还强调，思想政治工作的一个重要任务，就是引导人们分清正确与谬误、文明与愚昧、真善美与假恶丑。胡锦涛总书记在2006年"两会"期间，明确提出了"八荣八耻"的思想。他指出，在我们的社会主义社会里，是非、善恶、美丑的界限绝对不能混淆，坚持什么、反对什么，倡导什么、抵制什么，都必须旗帜鲜明。要在全社会大力弘扬爱国主义、集体主义、社会主义思想，倡导社会主义基本道德规范，促进良好社会风气的形成和发展。要引导广大干部群众特别是青少年树立社会主义荣辱观。胡锦涛总书记提出的以"八荣八耻"为主要内容的社会主义荣辱观，继承和发展了我们党关于社会主义道德建设褒荣贬耻、扬荣抑耻的先进思想，继承了我国古代的"知耻"文化传统，同时又赋予了新的时代内涵，深化了我们党对社会主义道德建设规律的认识，成为社会主义核心价值体系的重要组成部分。十六届六中全会要求在青年中进行爱国主义和民族精神教育，"以贡献全部力量建设和保卫社会主义祖国为最大光荣，以损害国家利益、国家尊严为最大耻辱。"

三　社会主义核心价值体系的基本内容与基本特征

建设社会主义核心价值体系，必须科学认识其基本内涵、

① 江泽民：《论党的建设》，中央文献出版社，2001，第534、245页。

认真领会其精神实质、准确把握其内在真谛。

（一）社会主义核心价值体系的基本内容

党的十六届六中全会不仅提出了建设社会主义核心价值体系的重大任务，而且从四个方面概括了社会主义核心价值体系的内涵，即马克思主义指导思想、中国特色社会主义共同理想、以爱国主义为核心的民族精神和以改革创新为核心的时代精神、社会主义荣辱观，这四个方面相互联系、相互贯通，各具功能、各有侧重。马克思主义在社会主义核心价值体系中处于统领地位，是社会主义意识形态的灵魂，是我们党和国家的根本指导思想，应当成为我们认识世界、改造世界的强大思想武器，成为全体共产党员的坚定信仰。建设中国特色社会主义是全社会的共同理想，反映了全体中国人民的根本利益和共同愿望，揭示了民族振兴、国家富强、人民幸福、社会和谐的必由之路，应当成为当代中国发展进步的伟大旗帜，成为全体人民团结奋进的崇高追求。以爱国主义为核心的民族精神和以改革创新为核心的时代精神是中华民族生生不息、薪火相传的精神支撑，是中国人民开拓进取、创造崭新业绩的力量源泉，应当成为每一个中华儿女必须具备的精神状态和必须展现的精神风貌。社会主义荣辱观为全体社会成员判断行为得失、作出道德选择提供了价值标准，体现了中华民族传统美德、优秀革命道德与时代精神的完美融合，应当成为全体社会成员普遍遵守的基本行为规范。这四个方面把党的主张、国家意志和人民意愿统一起来，把政治与伦理、理想与现实结合起来，是一个结构完备、逻辑缜密的科学体系。

1. 马克思主义指导思想是社会主义核心价值体系的灵魂

在社会主义核心价值体系中，马克思主义指导思想在社会主义核心价值体系中居于核心地位，是人们认识世界和改造世界的理论基础和行动指南。

我们必须要坚持马克思主义的指导地位毫不动摇。因为马克思主义是关于自然界、人类社会和人类思维发展普遍规律的科学，是关于工人阶级、劳动人民和全人类解放的科学，是关于建设社会主义和实现共产主义的科学。无产阶级革命家，伟大导师马克思、恩格斯是根据无产阶级革命斗争的需要，对无产阶级革命斗争的经验进行了科学总结，批判地继承了人类历史上一切先进思想文化的优秀成果，创立了无产阶级革命斗争的科学理论，即马克思主义。马克思主义是一个严谨的科学理论体系，它包括马克思主义哲学、马克思主义政治经济学和科学社会主义三个组成部分。

马克思主义哲学由辩证唯物主义和历史唯物主义两个部分组成，它深化了对共产党执政规律、对社会主义建设规律、对人类社会发展规律的普遍认识，是无产阶级及其政党的科学的世界观和方法论，是整个马克思主义理论体系的理论基础。马克思主义政治经济学是研究资本主义社会和共产主义社会生产关系本质及其规律的科学。它阐明了剩余价值学说，揭示了资本主义剥削的秘密，阐述了资本主义生产方式的本质以及产生、发展和灭亡的必然规律，全面系统地论证了无产阶级与资产阶级之间矛盾和斗争的经济根源，阐明了共产主义代替资本主义的历史必然性。科学社会主义是以马克思主义哲学和政治经济学为理论依据的，它指明了无产阶级解放运动的条件和发展规律，指明了无产阶级建立消灭剥削的社会主义社会，并最终实现“按需分配”的共产主义社会的正确道路，为无产阶级解放斗争提供了科学理论和依据。

中华人民共和国作为世界上最大的社会主义国家，始终坚持中国共产党的领导地位，始终把马克思主义作为我们党的根本指导思想和行动指南，这足以证明了马克思主义在中国特色社会主义意识形态中的地位和作用。毛泽东同志曾经指出“我们的党从它一开始，就是一个以马克思列宁主义的理论为基础的党”。“领导我们事业的核心力量是中国共产党，指导我们思想的理论基础是马克思列宁主义。”邓小平同志曾经总结道：“把马克思主义的普遍真理同我国的具体实际结合起来，走自己的道路，建设有中国特色的社会主义，这就是我们总结长期历史经验得出的基本结论。”江泽民同志也曾指出：“马克思主义是我们立党立国的根本指导思想，是全国各族人民团结奋斗的共同理论基础。”

中国新民主主义革命和社会主义建设的实践也充分证明，马克思主义是社会主义意识形态的灵魂。毛泽东思想、邓小平理论和“三个代表”重要思想以及科学发展观等重大战略思想是马克思主义基本原理与中国具体实际相结合的产物，是马克思主义中国化的最新成果。在当代中国，坚持马克思主义的指导地位，就是要把马克思主义、毛泽东思想、邓小平理论和“三个代表”重要思想作为党和国家长期坚持的指导思想，坚持以科学发展观统领经济社会发展全局，坚持用发展着的马克思主义指导改革开放和现代化建设实践。中国的历史发展进程，以具体生动的实践和无可争辩的事实，充分证明了马克思主义理论的科学性与正确性。苏联解体、东欧剧变，一个重要原因就是放弃了马克思主义的指导地位。正反两方面的经验教训告诉我们，能否坚持、巩固和发展马克思主义的指导地位，是关系我们党和国家事业的生死存亡和兴衰成败的重大问题。

只有坚持以马克思列宁主义、毛泽东思想、邓小平理论和

“三个代表”重要思想为指导，才能凝聚全国人民的力量，形成全国人民统一的精神动力，创造中国革命、建设和改革开放的辉煌成就。这是构建社会主义和谐社会的理论基础，也是当代中国主流意识形态的核心所在。如果动摇了马克思主义的指导地位，就会动摇中国特色社会主义的理论根基，动摇全党全国人民团结统一的思想基础，导致人们思想的混乱乃至社会的动荡不安。因此，只有坚持马克思主义指导思想，才能有效引领和整合多样化的社会思潮，在尊重差异中扩大社会认同，在包容多样中形成思想共识，团结不同社会阶层、不同认识水平的人们共同进步。紧紧把握住这一点，就把握了社会主义核心价值体系的灵魂。

2. 中国特色社会主义共同理想是社会主义核心价值体系的主题

理想，是人们对美好未来的向往和追求，是一个国家和民族奋勇向前的精神动力，也是中华民族和社会主义社会的灵魂所在。中国共产党在领导人民建设社会主义的过程中，经过艰辛探索，找到了中国特色社会主义的正确道路和共同理想，即在中国共产党领导下，走中国特色社会主义道路，实现中华民族的伟大复兴。中国特色社会主义共同理想，经过实践检验，被证明是中华民族摆脱贫穷落后，走向经济繁荣、政治民主、文化先进、社会和谐，实现中华民族的伟大复兴的重要精神支柱。历史同时也充分证明了，坚持中国共产党的领导，走中国特色社会主义道路，是人民的选择，只要坚持走这条道路，就能实现中华民族的伟大复兴。特别是改革开放的三十多年以来，我国社会主义制度不断地自我完善和发展，综合国力大幅度提升，人民生活水平总体上实现了从温饱到小康的历史性跨越，都极大地坚定了全国各族人民对实现共产主义这个共同理想的信念，激励着我们为了中国特色社会主义的光明前途和中华民族的伟大复兴而继续团结奋斗。

中国特色社会主义共同理想符合我国社会主义初级阶段生产力和生产关系、经济基础和上层建筑发展的客观要求，它紧密地把国家的发展、民族的振兴与个人的幸福，把各个阶层、各个群体的共同愿望有机结合在一起，体现了我国工人、农民、知识分子和其他劳动者、建设者及爱国者的共同意愿和利益。只有形成共同的理想，才能更好地促进政党关系、民族关系、宗教关系、阶级关系、海内外同胞关系的和谐和发展，才能巩固全国各族人民的大团结，巩固海内外中华儿女的大团结，在社会和谐中推进中国特色社会主义事业。

建设中国特色社会主义是全社会的共同理想，反映了全体中国人民的根本利益和共同愿望，揭示了民族振兴、国家富强、人民幸福、社会和谐的必由之路，应当成为当代中国发展进步的伟大旗帜，成为全体人民团结奋进的崇高追求。中国特色社会主义的共同理想对于人民群众具有极大的吸引力和感召力。在当代中国，只有走中国特色社会主义道路，才能实现国家的富强和人民的幸福，也才能把各党派、各团体、各阶层、各民族团结和凝聚起来。只有坚定建设中国特色社会主义的共同理想信念，才能使之转化为巨大的精神动力。

3. 以爱国主义为核心的民族精神和以改革创新为核心的时代精神是社会主义核心价值体系的精髓

江泽民同志认为："一个民族，一个国家，如果没有自己的精神支柱，就等于没有灵魂，就会失去凝聚力和生产力。"① 民族精神是一个民族在长期的共同生活和共同的社会实践基础上

① 《江泽民文选》第2卷，人民出版社，2006，第230~231页。

形成和发展的，被民族大多数成员所认可和接受的思想品格和价值取向，是一个民族心理特征、文化传统等方面的集中反映。在我国五千年的历史发展中，中华民族优秀儿女在创造历史的进程中，孕育和形成了以爱国主义为核心的勤劳勇敢、团结统一、爱好和平、自强不息的伟大民族精神，这就明确地揭示了中华民族精神的内涵，即我们要团结统一，就是为了要实现统一的理想和目标，凝聚全民族的智慧和力量，顾全大局，精诚合作；我们要热爱和平，就是在与其他民族的交往和相处中，友好相处，平等友善，求同存异，共同维护世界和平；我们要勤劳勇敢，就是在改造客观世界的实践中表现出不惧艰难困苦的精神，中华民族正是依靠这种精神，才缔造了古老的中华文明，创造了一个又一个奇迹；我们要自强不息，就是要具有独立自主、奋发图强和不断进取的精神。总之，这些民族精神，是中国人民继往开来、走向富强、构建和谐社会的精神动力，同时，也是中华民族生生不息、经久不衰的力量之源。①

时代精神强调的是在一定时代为最广大人民群众在思想观念上认同，在实践上践行的一种文化潮流。是一个社会最新的精神风貌和气质的综合表现。它体现一个时代中，一个国家和社会的大多数人所向往、所希望、所信奉的东西，体现了大多数人的精神状态、思想观念、风俗习惯、行为规范、民族气质和价值追求。在当代社会中，改革创新就代表着时代精神的核心。其中，改革是当今时代最重要的主题，它注重解放思想、与时俱进、锐意改革，研究新情况，解决新问题。创新是当今时代的本质特征，创新强调开拓创造，要求不断地进行制度创新、体制创新、科技创新、理论创新、文化创新以及其他各方

---

① 《社会主义核心价值体系教育读本》，中央文献出版社，2007，第123页。

面的创新。可以说，正是因为在改革开放时期，进行的全面改革和创新，中国社会的生产力发生了历史性变化，取得了举世震惊的辉煌成就。事实证明，只有坚持改革创新，才能摒除一切传统、保守、不合时宜的观念、做法，破除教条主义、本本主义、主观主义和形而上学的错误，保证中国特色社会主义事业不断地开拓前进。

从上面的论述中，我们可以看出：民族精神和时代精神是相辅相成，密不可分的。民族精神是一定社会的时代精神的基础和源泉，时代精神是民族精神在不同历史时期的体现和延续，二者统一于改革开放和社会主义现代化建设的伟大实践中。①

4. 社会主义荣辱观是社会主义核心价值体系的基础

荣辱观，是人们对于荣誉和耻辱两个范畴进行评价的根本看法和理解，是世界观、人生观、价值观的重要内容。只有明辨荣辱范畴，掌握褒贬尺度，人们才能形成正确的价值判断和行为准则。社会主义荣辱观就是号召广大人民群众在社会主义思想指导下，分清什么是光荣，什么是耻辱。胡锦涛同志在2006年3月把社会主义荣辱观的主要内容总结为“八荣八耻”，把其作为国家公民遵守基本思想道德规范的准则：第一，以热爱祖国为荣、以危害祖国为耻。热爱祖国，是人类的一种最古老的感情，它是人们对国家安危和发展逐渐形成的一种极其深厚的感情，成千上万个爱国志士为了祖国的尊严和荣誉抛头颅、洒热血，以至于在《中华人民共和国宪法》中把热爱祖国规范到公民的义务之中，来引导人们以热爱祖国、报效人民为最大光荣，以损害国家利益为最大耻辱。第二，以服务人民为荣、以背离人民为耻。全心全意为人民服务，是中国共产党的根本

① 《社会主义核心价值体系教育读本》，中央文献出版社，2007，第125页。

宗旨。每个公民不论社会分工如何、能力大小，都能够在本职岗位，通过不同形式做到服务人民，提倡为人民为社会多做好事，反对背离人民的拜金主义和极端个人主义。第三，以崇尚科学为荣、以愚昧无知为耻。我们是社会主义国家，我们必须坚持学习马克思主义科学理论。崇尚科学就是把马克思主义科学理论作为我们党的指导思想，以科学发展观统领社会的全面发展，努力建设创新型国家，深入实施科教兴国战略。第四，以辛勤劳动为荣、以好逸恶劳为耻。热爱劳动，是中华民族的传统美德，劳动者是最光荣的，因而要最受社会尊重，而厌恶劳动则是耻辱的。广大人民群众要立志做一个崇尚辛勤劳动的人，把自己的辛勤劳动贡献于建设中国特色社会主义的伟大事业中。第五，以团结互助为荣、以损人利己为耻。团结互助同样是中华民族的光荣传统，是人类社会生存和社会发展最基本的精神支柱。当今社会，我们要提倡“以团结互助为荣”的风气，杜绝只讲竞争、不讲合作，只顾自己，不顾他人的行为的发生。第六，以诚实守信为荣、以见利忘义为耻。诚实守信，是做人的基本要求，也是每个公民的道德责任和道德信念，只有诚实守信，才能保证人与人之间正常交往，社会生活才能稳定，经济秩序才能得以保持和发展，社会才能更加和谐。第七，以遵纪守法为荣、以违法乱纪为耻。自觉遵守国家的宪法和法律，是每个公民的基本义务，也是保证社会有序发展的重要前提。广大人民群众一定要牢固树立以遵纪守法为荣、以违法乱纪为耻的意识，自觉遵纪守法。第八，以艰苦奋斗为荣、以骄奢淫逸为耻。中华民族历来以艰苦奋斗著称于世，精卫填海、愚公移山等古代寓言，都表达着艰苦奋斗的精神，只有通过艰苦奋斗，才能创造宝贵的物质财富和精神财富。以“八荣八耻”为主要内容的社会主义荣辱观，把中华民族的传统美德同社会主义新时代的道德要求紧密结合起来，为当今社会生活中确定价值取向和做出道德判断提供了基本准则。[①]

（二）社会主义核心价值体系的本质

社会主义核心价值体系作为社会主义所特有的系统价值观，是立足于社会主义经济基础之上的价值认同系统，它涉及经济、政治、文化、思想等社会生活的方方面面，反映了社会主义先进生产方式的要求、经济社会发展方向，代表了人民的根本利益和社会主义先进文化前进方向，集中体现了社会主义意识形态的本质属性。

1. 完整系统地解决了社会主义意识形态所必须解决的各种基本问题

社会主义核心价值体系鲜明回答了在新的历史条件下，社会主义意识形态建设以什么样的精神风貌、遵循什么样的行为准则、朝着什么目标前进的重大问题。任何一个社会的阶级、政党、国家都有自己的意识形态，任何社会意识形态都有自己的核心价值体系。这种社会核心价值体系不同于一般的社会意识与社会意识形态的地方在于，它是一个阶级、政党、国家对自身根本利益和要求的深刻认识，是对自身发展道路和目标任务的高度概括，是对自身理想信念和行为规范的集中表达。它们所要回答和解决的是思想旗帜、发展道路、精神风貌、理想目标、行为规范等基本问题。这些问题就是社会意识形态的本质问题，也是反映一个社会核心价值的建构体系问题。社会主义核心价值体系作为社会主义意识形态的本质体现，全面系统地回答了这些基本问题。它的四个方面基本内容鲜明地强调必

---

① 《社会主义核心价值体系教育读本》，中央文献出版社，2007，第157页。

须代表无产阶级和广大人民的根本利益和要求，坚持以马克思主义为指导思想，走中国特色社会主义道路，以民族精神和时代精神为精神动力和精神风貌，为实现富强、民主、文明、和谐的目标而共同奋斗，并以此为根本的价值准则，树立社会主义的荣辱观，来作为人们行为选择的道德规范和价值标准。社会主义核心价值体系关于社会主义主导价值思想、共同价值理想、核心价值精神、基本价值标准的全面系统的表达，从整体上为坚持中国特色社会主义道路提供了理论根基，为坚持中国特色社会主义理论体系提供了思想基石。[①]

2. 价值理念体现了人民的根本利益和意愿

社会主义核心价值体系把党的主张、国家意志和人民意愿统一起来，把政治与伦理、理想与现实、思想与行为结合起来，体现了系统的价值理念和鲜明的社会主义性质的统一，是一个结构完整、逻辑缜密的科学体系。社会主义核心价值体系是对以公有制为主体、多种所有制经济共同发展的经济关系在价值观念上的自觉把握，是人民当家作主的社会主义国家意志的价值表达。马克思主义是关于工人阶级、劳动人民和全人类解放的科学，以马克思主义武装起来的中国共产党从来没有自己的私利，始终坚持以人民的利益为最高利益，始终坚持“为人民服务”的根本宗旨。社会主义的国家意志始终坚持从群众中来、到群众中去的根本原则，做到权为民所用、利为民所谋、情为民所系。这表明，社会主义核心价值体系作为党的主张、国家的意志与人民的根本利益和意愿是高度一致的。正是这种高度的一致性决定了社会主义核心价值体系系统的价值理念和鲜明

① 唐凯麟：《社会主义核心价值体系是在实践中不断完善的科学体系》，2008年9月24日《光明日报》。

的社会主义性质的统一，决定了它能够把政治与伦理、理想与现实、思想与行为有机地结合起来。①

（三）社会主义核心价值体系的鲜明特征

社会主义核心价值体系，是我们党汲取人类思想精华、适应时代发展需要创造性提出的，是马克思主义价值观与中国传统价值观的有机统一，具有非常鲜明的科学性、民族性、时代性和开放性，拥有广泛而深厚的历史基础和现实基础。社会主义核心价值体系以科学的世界观和方法论为指导，坚持马克思主义的基本原则，反映马克思主义中国化的最新成果，蕴涵着以人为本、科学发展的内在要求，包含着和谐的精神、和谐的理念，真正能够引领当代中国发展进步。社会主义核心价值体系具有民族性，它源于中华民族的优秀传统文化，积淀着中华民族最深层的精神追求和行为准则，符合民族心理、反映民族特性，具有广泛的民众基础。社会主义核心价值体系具有时代性，它植根于当代中国特色社会主义的伟大实践，体现时代潮流、富有时代气息，反映着人类发展进步的要求。社会主义核心价值体系具有开放性，它具有与时俱进的品格和开放包容的气度，充分吸收世界各国优秀的思想文化成果，具有改革创新精神，随着实践发展而不断丰富和完善。我们讲马克思主义指导地位，强调的是坚持和发展的统一，用发展着的马克思主义指导新的实践；我们讲共同理想，强调的是把先进性要求和广泛性要求结合起来，引导全体人民为实现全面建设小康社会宏伟目标而奋斗；我们讲民族精神、时代精神和社会主义荣辱观，强调的是发扬传统与立

---

① 唐凯麟：《社会主义核心价值体系是在实践中不断完善的科学体系》，2008年9月24日《光明日报》。

足当代的统一，适应社会主义市场经济的深入发展，不断用反映时代进步要求的思想观念来丰富和充实。

（四）社会主义核心价值体系的现实目标

核心价值体系既是目标、精神和理念的价值认同，同时也蕴涵着对现实、具体的目标和方向的追求。建设社会主义核心价值体系的目标取向，主要是通过寻求和探索多元化的社会思潮之间的共识，力求凝聚社会发展的合力，从而促进社会健康、和谐发展。事实上，社会主义核心价值体系作为社会主义意识形态的主体，它的内容无疑是多元化的，其形成过程也将是长期、艰巨的。其中，执政党当前的主张、路线和政策的最终目标和宗旨只有一个，就是让全体社会主体自觉地理解、认同和掌握。社会主义核心价值体系的现实和主要目标就是团结动员全党全国各族人民为建设富强、民主、文明、和谐的社会主义现代化国家而奋斗。“富强、民主、文明、和谐”这八个字，凝结了中国特色社会主义的本质，体现了社会主义核心价值体系的灵魂。富强是中华民族梦寐以求的美好愿望。近代以来，为改变国家积贫积弱的悲惨状况，无数仁人志士苦苦寻求救国救民之路，直到伟大的中国共产党成立以后，把马克思主义基本原理同中国具体实际相结合，才赢得了民族独立、人民解放，建立了新中国，巩固了社会主义制度，开创了中国特色社会主义道路，为国家的富强、民族的振兴提供了切实可行的途径。民主是中国共产党人崇高的价值追求，也是社会主义的重要内容。我们党历来十分重视实现和发展人民民主，在革命战争年代就高高举起民主的旗帜，新中国成立以后为实现人民当家作主、建设社会主义法治国家进行了不懈努力。我们一直认为，民主不是资本主义所特有的专利，社会主义应该也能够发展民主，而且能创造出比资本主义更高层次的民主。文明是一个社会进步的重要标志，也是中国特色社会主义的重要特征。中华民族曾经创造了五千年辉煌灿烂的文明，为人类的发展进步作出了巨大贡献。在当代中国人民的伟大奋斗中，必将迎来社会主义文化的大发展和大繁荣，中华民族将以更加文明、更加进步的形象屹立于世界民族之林。和谐是中国传统文化的精髓，也是中国特色社会主义的本质属性。改革开放和经济全球化给我们带来了前所未有的机遇和挑战，要把中国特色社会主义稳步推向前进，必须把构建社会主义和谐社会摆在重要位置，维护社会公平正义，努力形成全体人民各尽所能、各得其所而又和谐相处的生动局面。总之，富强、民主、文明、和谐是我们整个国家、全党和全国各族人民共同奋斗的伟大目标，坚持马克思主义指导思想，树立中国特色社会主义共同理想，弘扬民族精神和时代精神，践行社会主义荣辱观，都是为了实现这个目标。

（五）社会主义核心价值体系的实践要求

推进社会主义核心价值体系建设必须把握其实践要求，着眼于巩固党执政的思想基础，着眼于增强国家和民族的凝聚力，着眼于维护社会的和谐稳定，着眼于促进人的全面发展，充分发挥引领和整合功能，更好地为实践服务，为现实服务。“掌握思想领导是掌握一切领导的第一位”，在革命、建设、改革的各个时期，我们党之所以能把全国亿万人民群众凝聚起来，就是因为有一套科学的思想理论和先进的价值理念。在党的历史地位和执政环境发生深刻变化的新形势下，推进社会主义核心价值体系建设，一定要致力于引导人们增强对党的理论和路线方针政策的理解和认同，坚定对中国共产党领导、社会主义制度、改革开放事业的信念和信心，更好地动员全党全国各族人民坚持以邓小平理论和“三个代表”重要思想为指导，深入贯彻落实科学发展观，为完成党的执政使命而不懈奋斗。共同的理想信念和价值追求，是一个国家、一个民族凝聚力量的源泉。我国是拥有 13 亿人口、众多民族融合的发展中大国，要推进社会主义核心价值体系建设，一定要致力于增强民族的自尊心、自信心和自豪感，引导人们把个人的理想和追求融入国家发展、民族振兴之中去，努力把全体人民的思想意志统一起来，把全民族的智慧力量凝聚起来。社会的和谐稳定既需要科学有效的社会管理，也需要浸润心灵的精神感召。在社会矛盾交织、各类问题多发的复杂情况下，推进社会主义核心价值体系建设，一定要致力于形成共同的精神纽带和良好的人际关系，用和谐的理念、和谐的思维处理思想认识上的问题，最大限度地增加和谐因素，减少不和谐因素，保持社会的安定有序。促进人的全面发展是社会主义的本质要求，也是社会主义核心价值体系建设的重要任务。在发展社会主义市场经济的条件下，推进社会主义核心价值体系建设，一定要致力于提升全民族的思想道德素质和科学文化素质，大力加强社会公德、职业道德、家庭美德、个人品德建设，在全社会形成良好的道德风尚，培养有理想、有道德、有文化、有纪律的社会主义建设者。①

四　建设社会主义核心价值体系的重要意义

社会主义核心价值体系的建立能够为社会凝聚共同的理想

① 刘云山：《深入推进社会主义核心价值体系建设　巩固全党全国人民团结奋斗的共同思想基础》，中国共产党新闻网 2008 年 5 月 4 日。

信念。特别是在社会转型时期，在价值观多元化乃至相互冲突的情况下，坚持用社会主义核心价值体系教育和引导群众，最大限度地形成社会思想共识，更加彰显了社会主义核心价值体系的重大理论和实践意义。

（一）理论意义

1. 社会主义核心价值体系是现阶段中国特色社会主义理论体系的成果

在新世纪新阶段，我国进入了全面建设中国特色社会主义事业和构建社会主义和谐社会的新时期，在这历史阶段我们党首次提出了“社会主义核心价值体系”的概念，同时从四个方面明确了社会主义核心价值体系的基本内容。面对当前世界各种思潮相互碰撞，中国共产党作为一个居于核心领导地位的马克思主义执政党，就是要把社会主义价值观念中基本的、核心的内容进一步明确地提炼出来，同时将我们党所倡导的基本理论、思想观念和价值取向系统地整合在一起，为广大人民群众指明了社会主义思想道德建设的方针和行为选择的标准，以此来适应世情、国情的新变化，确保社会经济制度、政治制度、文化制度等的稳定和发展。提出建设社会主义核心价值体系，是对中国共产党价值观的新概括、新发展，是对马克思主义价值理论的继承、丰富和发展，是建设社会主义和谐文化的基石，它再一次从思想上精神上向世人展现了社会主义中国的鲜明旗帜。

2. 社会主义核心价值体系是和谐文化建设的理论基础

《中共中央关于构建社会主义和谐社会若干重大问题的决定》明确地提出，构建社会主义和谐社会必须建设和谐文化。我们所谈论和涉及的和谐文化，是渊源于中华民族五千年文明史的文化，是植根于中国革命和改革的实践，是同中国先进文化的前进方向、中国先进社会生产力发展要求、中国最广大人民群众根本利益相统一的。因而，现阶段我们所要建设的社会主义和谐文化，必须是以社会主义核心价值体系为根本、为基础的。一方面，社会主义核心价值体系，是在传承中华民族优秀文化的基础上，不断汲取世界各国文明的精华，并且紧密结合中国革命和改革的实践不断丰富和发展，以此确保中国特色社会主义文化的发展方向。另一方面，社会主义核心价值体系是人类优秀文明发展的经验成果，具有很强包容性和整合能力。只有善于抓住和利用社会主义核心价值体系这个特征，才能在全社会形成共同的理想、奋斗目标和努力方向，进而增强社会共同体的凝聚力和感召力。我们要认识到，由于经济全球化的飞速发展，我国市场经济中多种经济成分的呈现，人们的价值观已经从一元化转变为多元化。同时，西方敌对势力一刻也没有停止对我国的主流文化进行渗透、“西化”和“分化”，因此，只有坚持社会主义核心价值体系，尊重差异，包容多样，最大限度地形成社会思想共识，才能极大地增强民族凝聚力，形成全社会的良好道德风尚，营造全社会和谐的人际关系和舆论氛围，塑造全社会的和谐心态。

（二）现实意义

1. 社会主义核心价值体系是对当前世界时代潮流发展趋势的科学认识

建设社会主义核心价值体系，是对当前世界时代潮流发展趋势的科学认识。综观当今国际环境，世界多极化逐渐加深，不同文化相互交融，各国综合国力竞争非常激烈，意识形态领域也是错综复杂。特别是以美国为首的西方资本主义国家妄图通过各种各样的方式把资本主义国家的意识形态、价值观念和生活方式灌输到人们的头脑中，麻痹人们的神经，摧毁人们的意志。马克思和恩格斯早在19世纪中叶的《共产党宣言》中就断言："资产阶级，由于一切生产工具的迅速改进，由于交通的极其便利，把一切民族甚至最野蛮的民族都卷到文明中来了。""它迫使一切民族——如果它们不想灭亡的话——采用资产阶级的生产方式。""资产阶级，由于开拓了世界市场，使一切国家的生产和消费都成为世界性的了。""物质的生产是如此，精神的生产也是如此。"最终"使未开化和半开化的国家从属于文明的国家，使农民的民族从属于资产阶级的民族，使东方从属于西方"。[①] 面对目前风云激荡的国际环境，我们必须立足国内现实，把握时代脉搏，汲取人类文明的优秀成果，坚定不移地走中国特色社会主义的发展道路。社会主义核心价值体系，正是以其科学的内涵和鲜明的社会主义特征，有效应对各种风险和挑战，维护我国的意识形态安全，实现中华民族的伟大复兴。

2. 社会主义核心价值体系是社会和谐、有序发展的必然要求

建设社会主义核心价值体系，是社会和谐、有序发展的必然要求。当前，我国社会主义改革和发展进入了关键时期，经济体制深刻变革，社会结构深刻变动，利益格局深刻调整，生活方式深刻变化，在给我国发展带来黄金期的同时也带来矛盾的凸显期，包括贫富分化、入学就业、看病就医、社会保障、环境保护、收入分配差距扩大、腐败现象和非法收益等一些关系人们切身利益的问题亟待解决，这一切给人们的价值观念和思想意识带来极大的冲击，难免会有人对中国共产党执政产生怀疑，甚至会动摇社会主义和共产主义信念。社会主义核心价

① 《马克思恩格斯选集》，人民出版社，1995，第276～277页。

值体系的提出，正是我们党积极主动正视矛盾，减少不和谐因素，增加和谐因素的重要战略举措，对于加强社会团结和睦，形成建设和谐社会的合力，至关重要。

3. 社会主义核心价值体系再次向世人展示了我们党的精神风貌

改革开放以来，我们党带领人民成功探索出一条具有中国特色的社会主义道路，并在经济、政治、文化等方面建立了一系列较为成熟的制度和体制。在这些制度和体制并存的同时，必然产生一种能够掌控和引导社会群体思想行为的主流意识形态。特别是随着改革开放和社会主义市场经济的进一步发展，人们的思维活动愈加多样，人们价值取向也错综复杂，在这种情况下，对于社会主义核心价值体系内容作出清晰地界定也越加迫切。可以说，社会主义核心价值体系就是一面旗帜，一座风向标，当我们党鲜明地亮出这面旗帜，指明方向，就是要告诉人们，不论社会思想观念如何多变，不论人们价值取向发生怎样转变，我国社会主义核心价值体系是坚定不移的。

4. 社会主义核心价值体系是巩固全党全国人民团结奋斗的共同思想基础的需要

一个共同的思想基础，是一个国家和民族经久不衰、安定团结必不可少的精神纽带。中华民族是一个历史悠久、由多民族统一组成的大家庭，中华民族在千百年的发展过程中没有分裂和解体，依然屹立在世界的东方，主要依赖于中华儿女的共同理想信念、共同精神支柱和统一意志。我们党历代的领导集体一贯重视共同思想基础建设，引领全党各族人民取得文化和价值的认同，不断增强全民族的向心力、凝聚力和感召力。尤其是国际局势发生深刻变化的今天，在社会思想观念和人们价值取向日益多样的情况下，根本的、原则的东西有些时候却容易被自觉或不自觉地疏忽、淡化，就更需要对共同思想基础建设作出科学的概括和清晰的界定。可以说，社会主义核心价值体系的提出，为全党全国各族人民奠定了共同的思想基础。①

5. 社会主义核心价值体系有利于引导全社会在道德规范和文明风尚上共同进步

社会主义思想道德隶属于社会主义上层建筑的范畴，是社会主义经济基础和社会生活的集中反映，是与社会历史发展密不可分的。当前，我国还处于社会主义初级阶段，全社会的思想道德必然要与以公有制为主体、多种所有制经济共同发展的基本经济制度和以按劳分配为主体、多种分配方式并存的分配制度相适应。这就要求我们，在思想道德建设上务必要从实际出发，既要鼓励先进，又要照顾多数，把先进性要求同广泛性要求结合起来，对不同层次的人们提出不同程度的要求。社会主义核心价值体系的提出，就集中回答了如何用先进的思想道德来引领人们在思想道德上不断提升的问题。社会主义核心价值体系既体现了思想道德建设上的先进性要求，又体现了思想道德建设上的广泛性要求；既坚持了先进文化的前进方向，又符合不同层次群众的思想状况；既体现了一致的意愿和追求，又涵盖了不同的群体和阶层的需求。②

6. 社会主义核心价值体系是增强民族凝聚力、提高国家竞争力的迫切需要

提出建设社会主义核心价值体系，是增强民族凝聚力、提高国家竞争力的迫切需要。当今世界，各国经济既相互融合又相互竞争，不同文化既相互借鉴又相互冲击。经济全球化的不

---

① 《社会主义核心价值体系教育读本》，中央文献出版社，2007，第42页。
② 《社会主义核心价值体系教育读本》，中央文献出版社，2007，第44页。

断深入，挑战着国家主权的内涵，冲击着人们的国家观念、民族认同感。国家之间的竞争，既表现为经济、科技、军事等硬实力的竞争，同时也越来越反映软实力之间的较量。在软实力竞争中，最重要的就是核心价值体系的构建，它直接反映着民族的凝聚力和国家的核心竞争力。面对全球化竞争时代的来临，建设社会主义核心价值体系的提出，有利于进一步增强人民的自信心和自豪感，提高国家的核心竞争力，在全球一体化的生存平台上捍卫国家的利益和民族的荣誉。

7. 社会主义核心价值体系有利于实现中国共产党由革命党向执政党的历史转变

建设社会主义核心价值体系，有利于提高党的执政能力，实现中国共产党由革命党向执政党的历史转变。作为社会主义伟大事业领导核心的中国共产党，它的首要任务就是长期加强各阶层之间的交流与合作，以此来维护社会的和谐、安定，营造社会的公平与正义的氛围。事实证明，中国共产党始终把广大人民群众的经济利益作为党一切工作的出发点和落脚点，满足最广大人民群众的利益要求。特别是在十届全国人大第二次会议中，明确将公民私有财产不受侵犯的原则纳入宪法，首次肯定私有财产的合法地位。私有财产从否定，到支持，直至到承认其合理性的过程中，我们不难发现中国共产党的执政理念在不断更新，执政能力在不断提高，逐步实现中国共产党由革命党向执政党的历史性转变。可以说，社会主义核心价值体系的提出，不仅仅反映和代表最广大人民根本利益，更重要的是用实际行动诠释“立党为公、执政为民”，处处体现“以人为本”的宗旨，大大提升了中国共产党在人民群众中的形象，不断增强中华民族的亲和力、感召力和凝聚力，有利于实现中国共产党执政理念和执政能力的飞跃。

第三章

用社会主义核心价值体系引领多元化社会思潮的必要性及可行性

社会思潮是一定时期内对社会生活产生重要影响的思想倾向，在某种意义上是社会气候的“晴雨表”。必须及时了解思想理论领域的各种倾向性问题，认真分析各类社会思潮的本质特征、主要内容、表现形式、现实影响、形成根源，采取有针对性的措施，引导其沿着健康的轨道前进，朝着积极的方向发展。

我国正处于改革发展的关键阶段，社会思想意识空前活跃。我们要密切关注社会思潮，不断提高用社会主义核心价值体系引领社会思潮的能力和水平，巩固全党全国各族人民团结奋斗的共同思想基础。

建设社会主义核心价值体系，用社会主义核心价值体系引领多样化社会思潮，是以胡锦涛同志为总书记的党中央总结改革开放以来文化建设的经验所做出的战略决策。伴随着经济全球化以及我国经济体制变革、社会结构变动、利益格局调整和思想观念转变，我国社会思想活动的独立性、选择性、多样性、差异性明显增强，在价值观念和价值取向上日益呈现出多样化态势。正是针对这种形势，党的十六届六中全会《中共中央关于构建社会主义和谐社会若干重大问题的决定》指出，“坚持以社会主义核心价值体系引领社会思潮，尊重差异，包容多样，最大限度地形成社会思想共识”。党的十七大报告进一步提出，“建设社会主义核心价值体系，增强社会主义意识形态的吸引力和凝聚力”，“积极探索用社会主义核心价值体系引领社会思潮的有效途径，主动做好意识形态工作，既尊重差异、包容多样，又有力抵制各种错误和腐朽思想的影响”。因此，社会主义核心价值体系引领社会思潮的过程，也是社会主义核心价值体系建构及自身不断丰富、发展、完善的过程。

一 引领的必要性

（一）构建和谐社会的客观要求

党中央适应我国社会的深刻变化，提出了构建社会主义和谐社会的命题。党的十六届六中全会《决定》指出，建设和谐文化是构建社会主义和谐社会的重要任务，而社会主义核心价值体系是建设和谐文化的根本，以社会主义核心价值体系引领社会思潮，是和谐文化建设的一项重要任务。构建社会主义和谐社会，必然要求确立社会主义核心价值体系在当代中国的主导价值观地位，巩固社会和谐的思想道德基础，增强社会主义主流意识形态对多样化社会思潮的引领作用。

1. 经济社会生活和人们价值取向多样化的条件下的必然选择

一个社会的形成、发展和壮大，必定有一个核心价值观作为引领和支持。从人类文明发展进程的角度看，任何一种社会文明形态的发展，都内在地要求社会不同阶层、不同成员遵循统治阶级的阶级属性，形成与其经济基础相适应的价值观念、道德品质、社会心理和思维方式。每一个社会都有一个主导思想引领人们的价值判断和价值选择。如果一个社会缺乏广泛认同的共同价值标准，其发展就会失去根基。社会主义核心价值体系是社会主义社会的主导价值观，是推动经济社会发展的精神动力，代表着社会的发展方向，反映着时代的基本特征，引导着整个社会的价值取向。自改革开放以来，我国的价值观体系越来越呈现多元化的发展趋势，同时，传统的以集体主义为核心的社会主义主导价值观日渐削弱。价值观多元化和主导价值观的弱化导致社会价值观的冲突，影响了共同的思想基础的形成。因此，建立起适应时代要求的新的社会主义主导价值观是构建社会主义和谐社会的一项重要任务。这对于构建社会主义和谐社会既有积极影响，也有消极影响。一方面，价值观的多元化是社会主义社会中人的主体意识成熟的标志，对于发挥人的主动性、积极性和创造性，构建充满活力的社会主义和谐社会有着积极的作用。但另一方面由于传统的社会主义主导价值观的弱化，多元化价值观缺乏有效的整合，难以在价值观念上达成共识，形成全党全国各族人民共同奋斗的思想基础，这对于形成公平正义、诚信友爱、安定有序的社会主义和谐社会造成严峻的挑战。因而，我们迫切需要立足国内现实、把握时代潮流，巩固马克思主义在意识形态领域的指导地位，以社会主义核心价值体系引导社会风气、教育广大人民，整合和引领多样化的社会思潮，以确保我国社会主义意识形态主导地位，确保中国特色社会主义建设沿着正确方向前进。

2. 全社会达成思想共识的需要

坚持以社会主义核心价值体系引领社会思潮，对于我们构建社会主义和谐社会，在全社会达成思想共识，形成全民族奋发向上的精神力量和团结和谐的精神纽带具有重要意义。马克思、恩格斯曾经指出："意识在任何时候都只能是被意识到了的存在，而人们的存在就是他们的现实生活过程。"① 历史事实告诉我们，作为一个拥有13亿人口的世界大国，如果没有一个让全国人民共同奋斗的目标，那么人们就会迷失前进的方向，在社会中充满矛盾和冲突。中国共产党正是吸取这一经验，在建设富强、民主、文明、和谐的社会主义现代化国家的同时，更加注重在全党全国各族人民的潜意识中灌输共同的理想信念、共同的价值取向、共同的指导思想和共同的道德规范，以此来有效地统一和整合人们的思想、凝聚广大人民群众的智慧和力量，这些思想和信念的灌输主要来源于社会主义核心价值体系的构建。

3. 建设社会主义和谐文化的需要

社会主义核心价值体系是建设和谐文化的根本。社会主义核心价值体系是社会主义制度的内在精神和生命之魂，它决定着社会主义的发展模式、制度体制和目标任务，在所有社会主义价值目标中处于统摄和支配的地位。没有社会主义核心价值体系的引领和主导，构建和谐社会、建设和谐文化就会迷失方向。只有深刻认识和正确把握社会主义核心价值体系，才能保证社会主义的正确方向，才能抓住社会主义价值需要、价值创造和价值实现的关键，才能在文化建设和意识形态建设中突出重点、抓住根本。现在，我们正处在一个思想大活跃、观念大碰撞、文化大交融的时代，先进文化、有益文化、落后文化和腐朽文化并存，正确思想和错误思想、主流意识形态和非主流

① 《马克思恩格斯选集》第1卷，人民出版社，1995，第72页。

意识形态相互交织。要在这样的条件下发展先进文化、建设和谐文化，必须努力构建具有广泛感召力的社会主义核心价值体系，用以引领和整合多样化的思想意识和社会思潮，使先进文化得到发展，健康文化得到支持，落后文化得到改造，腐朽文化得到抵制，实现文化自身的和谐。特别是我国作为发展中国家，将长期面对国外敌对势力传播其意识形态、进行文化扩张和思想渗透的压力。只有努力构建具有强大号召力、创造力、影响力，具有广泛的适用性和包容性的社会主义核心价值体系，才能引领和整合多样化的思想观念和社会思潮。在尊重差异、包容多样的基础上保持全社会共同的理想信念和道德规范，实现思想文化建设上先进性与广泛性的统一，形成全民族奋发向上的精神力量和团结和睦的精神纽带，打牢全党全国各族人民团结奋斗的思想文化根基。

4. 加强社会建设的需要

构建社会主义和谐社会的提出，标志着中国特色社会主义事业的总体布局，已经从建设社会主义物质文明、政治文明、精神文明的三位一体，扩展为社会主义经济建设、政治建设、文化建设、社会建设的四位一体。这种变化，反映了我们党对中国特色社会主义事业发展规律的新认识，也反映了我们党对执政规律、执政能力、执政方略、执政方式的新认识。社会建设，主要是动员社会力量、整合社会资源、发展社会事业、完善社会功能，构建全体人民各尽所能、各得其所、和谐相处的社会环境，形成与社会主义经济、政治、文化秩序相协调的社会秩序。

建设社会主义核心价值体系，是加强社会建设的需要。经过三十年的改革开放，我国社会经济成分、组织形式、就业方式、分配方式和利益关系发生了很大变化，新经济组织和社会组织不断涌现，催生了大量的新的利益主体和利益群体，形成利益分配格局的多元化。在社会协调机制还不完善、社会公平保障体系还不健全的情况下，社会关系失衡，尤其是利益分配的失衡，就不可避免地导致种种社会矛盾的生成、扩大、显现乃至激化，不可避免地形成多元化的社会思潮。这就需要我们在社会建设中，以社会主义核心价值体系为指导，创新社会管理机制，平衡不同的利益关系、不断化解社会矛盾，积极调动各方面积极性，增强全民族的凝聚力和向心力，促进全社会健康和谐地发展。

（二）增强中华民族凝聚力的客观需要

社会主义核心价值体系是社会主义意识形态的本质体现。历史经验表明，任何一个国家要把全社会的意志和力量凝聚起来，都必须有一套与经济基础、政治制度相适应的核心价值体系。中国共产党人正是吸取这一经验，在建设富强、民主、文明、和谐的社会主义现代化国家的同时，更加注重构建社会主义核心价值体系。当今世界，各种思想文化相互吸引又相互排斥，既有渗透又有抵制，面对西方发达资本主义国家文化渗透的严峻挑战，特别是西方敌对势力对我国实施“西化”和“分化”的图谋，我们将长期面对世界霸权主义的种种压力。同时，我们还要看到，在市场经济迅猛发展的条件下，一些错误的思想甚至反马克思主义的思想也在滋长和蔓延，享乐主义、拜金主义、实用主义、极端个人主义等还很严重，个别人是非混淆、黑白不分，马克思主义的指导地位受到一些负面因素的影响，严重扰乱了人们的思想，造成了社会混乱，苏联解体就是一个惨痛的教训。因此，我们要把社会主义核心价值体系引领社会思潮，作为提升我国先进文化软实力竞争的首要任务，坚定不移地用马克思主义中国化最新成果武装全党、教育人民，用中国特色社会主义共同理想调动广大人民群众的积极性，用以爱国主义为核心的民族精神和以改革创新为核心的时代精神激励人民，用社会主义荣辱观引领人们的道德规范和行为准则，不断增强人们对中国共产党领导和社会主义制度的拥护和信赖。同时，要切实把社会主义核心价值体系融入国民教育和精神文明建设的全过程，融入经济、政治、文化、社会建设的各个领域，为社会各个阶层的人民群众广泛接受和认可，使之内化为全体社会成员的一种社会心理、思维方式和处事态度的价值理念，使之成为全体社会成员普遍理解接受、自觉遵守奉行的价值取向，使之成为全民族奋发向上的精神力量和团结和睦的精神纽带。此外，我们还要积极探索用社会主义核心价值体系引领社会思潮的有效路径，主动做好意识形态工作，既尊重差异、包容多样，寻求全社会的思想共识，有力抵制各种错误和腐朽思想的影响。坚持不懈地用马克思主义中国化最新成果武装全党、教育人民，用中国特色社会主义共同理想凝聚力量，用以爱国主义为核心的民族精神和以改革创新为核心的时代精神鼓舞斗志，用社会主义荣辱观引领社会风尚，不断增强人们对中国共产党领导、社会主义制度、改革开放事业、全面建设小康社会目标的信念和信心。

（三）确保我国社会主义前进方向的客观需要

1. 是巩固和发展中国特色社会主义事业政治基础的需要

建设社会主义核心价值体系，是巩固和发展中国特色社会主义事业政治基础的需要。党的十七大报告明确指出：社会主义核心价值体系是社会主义意识形态的本质体现。社会主义核心价值体系涉及经济、政治、文化、思想等社会生活的各个方面，集中体现了社会主义社会的性质和方向，体现了当代我国人民团结奋斗的精神追求，是中国特色社会主义思想道德建设的思想理论基础。

建设社会主义核心价值体系，是我们党深刻总结历史经验、科学分析新阶段新形势提出的一项重大任务。社会主义核心价值体系，是社会主义制度的内在精神和生命之魂，是社会主义意识形态大厦的基石，是社会主义文化建设的根本。建设社会主义核心价值体系，用社会主义核心价值体系的基本内容教育广大人民群众，坚定对中国特色社会主义的信念，引领和整合多样化的思想观念和社会思潮，进一步增强党员、干部和群众贯彻执行党的基本路线、基本纲领和基本经验的自觉性和坚定性，提高全民族的凝聚力和向心力，为中国特色社会主义事业的顺利发展奠定广泛而牢固的政治基础。

2. 是确保我国社会主义意识形态主导地位的需要

用社会主义核心价值体系引领社会思潮是确保我国社会主义意识形态主导地位的需要。社会主义核心价值体系作为我国社会主义意识形态的具体体现，具有其他价值体系不可替代的主导性和影响力，是我们党引领社会思潮的精神旗帜。社会思潮的差异性和多样化是一种客观存在，但尊重差异绝不是放任自流、任其发展，包容多样，也绝不是放弃主导。

伴随着我国的改革开放，由于市场经济的负面作用以及腐朽落后思想的侵蚀，在国内某些领域和阶层中滋生不利于发展的社会思潮，与此同时，西方国家的各种社会思想不断地潮水般涌入国门，对我国的主流意识形态产生严重冲击。我们迫切需要立足国内现实、把握时代潮流，巩固马克思主义在意识形态领域的指导地位，以社会主义核心价值体系引导社会风气、教育广大人民，整合和引领多样化的社会思潮，以确保我国社会主义意识形态主导地位，确保中国特色社会主义建设沿着正确方向前进。

（四）全面推进党的建设新的伟大工程的现实需要

党领导的中国特色社会主义伟大事业，要靠党的建设新的伟大工程来保证。我们党作为领导中国特色社会主义伟大事业的马克思主义政党，要始终保持蓬勃生机和旺盛活力，始终成为中国特色社会主义事业的坚强领导核心，始终站在时代前列，团结和带领全国人民不断开创事业发展新局面，党的建设必须与时俱进，永葆先进性。要通过社会主义核心价值体系的建设，进一步加强党的执政能力建设和先进性建设，进一步提高党的理论创新和实践创新的能力和水平，进一步提高党员干部的思想政治素质和道德修养，进一步密切党同人民群众的关系，进一步增强党组织的创造力、凝聚力、战斗力，充分发挥基层党组织凝聚人心、推动发展、促进和谐的作用，进一步统一全党的思想和意志，凝聚全党的智慧和力量，实现和维护党内和谐，为中国特色社会主义建设提供坚强有力的政治保证和组织保证。

当今世界正在发生广泛而深刻的变化，当代中国正在发生广泛而深刻的变革。我们必须全面贯彻党的十七大精神，把党的执政能力建设和先进性建设作为主线。坚持党要管党、从严治党，贯彻为民、务实、清廉的要求，以坚定理想信念为重点加强思想建设，以造就高素质党员、干部队伍为重点加强组织建设，以保持党同人民群众的血肉联系为重点加强作风建设，以健全民主集中制为重点加强制度建设，以完善惩治和预防腐败体系为重点加强反腐倡廉建设，使党始终成为立党为公、执政为民，求真务实、改革创新，艰苦奋斗、清正廉洁，富有活力、团结和谐的马克思主义执政党，始终成为领导中国特色社会主义事业的坚强领导核心。因此，不断发展变化的世情、国情、党情，使建设社会主义核心价值体系成为全面推进党的建设新的伟大工程的现实需要。

二　引领的可行性

核心价值观的产生具有主观选择的倾向。核心价值观必须首先同各种社会思潮、价值观念发生直接的交流和碰撞，能够很大程度上考验核心价值观是否具有理论上的先进性和实践上的必然性。社会主义核心价值体系是中国共产党依据人类社会发展的规律和我国历史传统、改革实践提出来的，以先进的理论为基础，并在实践上具有可操作性，能够有效地引领我国当代多元化的社会思潮。

（一）马克思主义是有效引领的理论保证

马克思主义是迄今为止世界上最科学、最严密的理论体系，主要体现在以下三个特征。

首先，具有科学性。马克思主义的创始人马克思和恩格斯批判地吸收了黑格尔哲学体系中的“合理内核”和费尔巴哈唯物主义哲学的“基本内核”，依据自然科学的广泛材料，考察当时工人运动的实践活动，揭示了事物发展规律的唯物史观的实质；以其非凡的智慧缔造了辩证唯物主义和历史唯物主义，并深入阐释了对立统一规律、质量互变规律和否定之否定规律，确立了社会实践是检验真理的唯一标准；揭示了生产力和生产关系、经济基础和上层建筑的决定作用和反作用，指明了人民群众创造历史的决定性作用和个别历史人物对历史发展的重大作用，从而进一步创造了阶级、政党、国家等一系列关于人类经济社会发展的科学理论的论断，正是马克思主义的科学理论品质为我们提供了正确的世界观和方法论。

其次，具有实践性。建党九十年来，中国共产党始终坚持把马克思主义基本原理同中国具体实际相结合，不断取得马克思主义中国化的最新理论成果，领导中国革命、建设和发展不断走向胜利。新中国成立以来，以毛泽东同志为主要代表的中国共产党人，把马克思列宁主义的普遍真理同中国革命的具体实践结合起来，形成了毛泽东思想，这是中国共产党集体智慧的结晶，并且把实事求是、群众路线和独立自主作为毛泽东思想活的灵魂。党的十一届三中全会以来，以邓小平同志为主要代表的中国共产党人，把马克思列宁主义的基本真理同当代中国实践和时代特征相结合，形成了邓小平理论。随着新世纪的到来，以江泽民同志为主要代表的中国共产党人根据世情、国情和党情的新变化，提出了“三个代表”重要思想，这是马克思主义在中国发展的又一重大成果。党的十六大以来，以胡锦涛同志为主要代表的中国共产党人，提出了以人为本、全面协调可持续的科学发展观，是马克思主义中国化的最新成果。大量事实说明，只有坚持马克思主义基本原理同中国实际相结合，才能取得新民主主义革命、社会主义革命和社会主义建设的伟大成就。

最后，具有与时俱进的理论品质。马克思主义是历史和发展的学说，具有与时俱进的理论特征。马克思主义是在分析和总结世界无产阶级革命实践的基础上产生的，随着世界无产阶级革命实践的不断发展，马克思主义不断地总结新的实践经验，在理论上不断创新，可以说，马克思主义是随着形势的发展、实践的深化而丰富、完善和发展的理论，这充分说明了我们不能把马克思和恩格斯的理论看作一成不变或者神圣不可侵犯的东西，应该用发展的眼光看待马克思主义，应该用马克思主义最新的理论成果指导中国新的实践，这也是我们党朝气蓬勃的源泉所在，是我们国家和民族兴旺发达、经久不衰的奥秘所在。

因此，正是因为马克思主义科学性、实践性、与时俱进等特征的高度统一，才能通过理论的分析和判断，探究到社会思潮的社会根源和认识论根源，肯定其合理性内容，将其纳入更加宽广的思想视野和理论框架之中；才能加强对社会思潮的深入探究，坚持具体问题具体分析，研究社会思潮的基本特征、本质内容、表现形式、演变规律及其社会作用等，才能划清不同社会思潮中思想认识问题、学术问题和政治问题的界限，坚持用不同的办法解决不同的问题。总之，马克思主义是社会主义核心价值体系能够有效引领社会思潮的理论保证。

（二）统一的思想基础和行为准则是有效引领的政治保证

从现实来看，社会主义核心价值体系有效引领社会思潮是可能的，也是可行的，有着充分的思想基础和行为准则。

1. 中国特色社会主义共同理想体现政治思想的凝聚和导向功能

纵观我国历史发展的过程，无论在革命战争年代，还是在和平建设和改革开放时期，每取得一场战役的胜利，不仅仅是因为国家综合实力的壮大，更主要的是依赖于广大人民同心同德、万众一心、团结起来为实现共同的目标而奋斗。当前，我们党在广大人民思想认识呈现多元化的背景下，所倡导的在中国共产党领导下，走中国特色社会主义道路，实现中华民族的伟大复兴的共同理想，是全国各族人民的精神支柱，是中华民族凝聚力和生命力的源泉。只有这个共同理想，才能不断激励人民、动员人民、鼓舞人民、启发人民，给人民带来克服和战胜各种困难的勇气，为人民解决新情况、新问题提供动力。正是因为我们党在不同时期所倡导的共同理想，才能把党在社会主义初级阶段的目标和任务、国家的发展、民族的兴衰与个人的幸福紧密联系在一起，把各个阶层、各个群体的共同理想有机结合在一起，把全国各族人民的精神凝聚起来，不断赢得广大人民群众的拥护，深得广大人民群众的认同，使人民群众自觉地把个人的追求与奋斗融入开创中国特色社会主义事业的伟大实践中去。

2. 自强不息的民族精神鼓舞着炎黄子孙奋发图强

以爱国主义为核心的民族精神是中华民族几千年来凝结起来的，是中华儿女对自己祖国最原始、最深厚、最纯洁和最神圣的感情。这种感情根深蒂固地深植于人民群众的心灵深处，蕴藏着国家和民族的自尊心和自豪感，这种精神由衷地使每一个爱国人士对自己民族的勤劳勇敢和辉煌成就感到光荣，由此催动我们对之继承、发扬光大，激励着亿万群众和无数英雄豪杰为祖国和民族的自强与发展前仆后继。在近代，在帝国主义列强铁蹄的践踏下，一大批仁人志士积极探索救国救民之路。抗日战争爆发，在国家安危、民族存亡的关键时期，中国共产党带领人民群众展开了艰苦卓绝的斗争。在现代，苏联解体、东欧剧变，西方敌对势力采取霸权主义、强权政治，金融风暴席卷全球，面对这样巨大的压力和挑战，中国共产党号召全国人民以爱国主义精神为感召力，继续谱写光辉灿烂的篇章。正是这种自强不息的民族精神，以其强大的凝聚力和整合力，一直鼓舞着炎黄子孙不断奋发图强。

3. 改革创新是国家发展和民族进步的动力源泉

改革创新是对于一个国家和民族的重要意义之所在，它是国家发展和民族进步的动力源泉。俗语曰："穷则思，思则变，变则通，通则久。"回顾历史的发展，处处留下改革创新的足迹，如战国时期的商鞅变法，把贫穷落后的秦国彻底地改变为政治、经济和军事强大的封建国家，为秦始皇统一中国奠定了坚实的基础。令世界瞩目的改革开放，它使我国综合国力大幅度跃升，人民的生活水平实现了历史性的跨越。近些年，我们能够在激烈的国际竞争中站稳脚跟，能够经受住金融风暴和自然灾害的一次又一次的严峻考验，就是因为我们党通过改革创新，找到了中国特色社会主义发展道路。历史也在不断警示我们，不思进取，不改革创新、因循守旧，我们就会被动挨打，就会被历史淘汰，中国的改革成果也再一次雄辩地证明了，改革创新是中国走向繁荣富强的必由之路，是中国特色社会主义发展前进的成功之路。只有锐意改革、创新进取的精神，才能使人们求得责任感和使命感，使其解放思想，大胆开拓创新，为推动中国社会的前进而拼搏。①

4. 社会主义荣辱观是社会主义基本道德规范和社会风尚

社会主义荣辱观所包含的"八荣八耻"蕴涵着爱国主义等社会主义基本道德规范以及新世纪新阶段社会公民的风尚规范。它的每一个"荣"都与国家的前途和人民的幸福息息相关，它的每一个"耻"都关系到社会的安危和个人的命运。其次，社会主义荣辱观是对中华民族传统美德的继承和发扬，具有浓厚的民族主义情缘，具有鲜明的民族特色。古语云，"人而无耻非人也。"这种荣辱得失的判断已经在中华儿女的血脉中根深蒂固，成为全体公民认同的伦理价值标准。另外，社会主义荣辱

① 《社会主义核心价值体系教育读本》，中央文献出版社，2007，第133、145页。

观是社会文明程度的重要体现，具有鲜明的时代性。在目前经济社会形态转型阶段，价值观念呈现出多样化的趋势，难免会出现各种各样的与社会主义意识形态相违背的腐朽落后思想文化，甚至有的人颠倒黑白，不分荣辱，这给社会主义精神文明建设带来了严峻的挑战。如果这些问题得不到及时有效地解决，势必给正常的经济和社会秩序带来动荡，损害改革发展稳定的局面。因此，在发展社会主义市场经济的过程中，要牢固树立社会主义荣辱观，引导人们树立正确的世界观、人生观、价值观，不断提升道德情操，提高全民族的思想道德素质，有力地抵制各种腐朽思想的迷惑和侵蚀，形成良好的社会风尚体系，为社会的全面进步提供强大的精神动力。

（三）人民群众是社会主义核心价值体系有效引领社会思潮的主体

历史唯物主义认为，人民群众是物质财富的创造者，也是精神财富的创造者。社会主义核心价值体系所蕴涵的四个方面的内容，不仅仅反映和代表最广大人民根本利益，更重要的是实现人的全面发展的需要，用实际行动诠释“立党为公、执政为民”，处处凸现“以人为本”的宗旨。

社会主义核心价值体系就是通过向广大人民群众灌输积极向上的价值理念和行为准则，最终达到自我教育、自我提高、自我完善的境界，真正把社会主义核心价值体系渗透到人民群众的日常现实生活，进入人们的内心世界深处，被理解、接受，对人们的思想行为真正具有支配力、统治力和影响力，形成每一个社会成员自觉践行社会主义核心价值体系的生动局面。

可以说，社会主义核心价值体系是把党的主张、国家意志和人民意愿统一起来，把政治与伦理、理想与现实、思想与行为结合起来，体现了系统的价值理念和鲜明的社会主义性质的统一，是一个结构完整、逻辑缜密的科学体系，是人民当家作主的社会主义国家意志的价值表达。因而，我们说人民群众是社会主义核心价值体系有效引领社会思潮的主体，它为社会主义核心价值体系引领社会思潮提供了深厚的社会生活土壤和广泛而坚实的群众基础。

第四章

用社会主义核心价值体系引领社会思潮的原则

用社会主义核心价值体系引领社会思潮是一项崭新的时代课题和艰巨任务，必须把握引领的原则。

一　历史与现实相统一的原则

用社会主义核心价值体系引领社会思潮应当坚持历史与现实相统一的原则，科学地继承和发展马克思主义意识形态的基本理论，总结历史经验，处理好现实问题，发现和掌握社会主义意识形态体系形成和发展所必须遵循的基本规律，探寻用社会主义核心价值体系引领社会思潮的有效方法和途径。

（一）从历史经验中总结规律

回顾马克思主义发展的历史，总结马克思主义经典作家、国外社会主义国家对待和处理各种社会思潮的历史经验，尤其是总结中国共产党建党90年来在各个历史时期对待和处理各种社会思潮的历史经验，对于我们用社会主义核心价值体系引领当代社会思潮有着重要的参考价值。

纵观新时期我国主流意识形态的发展历程，可以清晰地划分为三个发展阶段。

第一个阶段是，20世纪70年代末，我国进入改革开放新时期，在以邓小平同志为核心的党的第二代中央领导集体的领导下，中国共产党人解放思想，实事求是，努力把马克思主义基本原理同新的实际和时代特征结合起来，集中全党全国人民的智慧，继承和发展毛泽东思想，创立了邓小平理论。抓住了什么是社会主义、怎样建设社会主义这个根本问题，深刻揭示社会主义的本质，系统回答了中国社会主义建设的一系列基本问题，把对社会主义的认识提高到新的水平。邓小平理论是马克思主义在中国发展的新阶段，是开创和引领中国特色社会主义和意识形态建设事业不断前进的旗帜，从而使中国社会主义沿着正确方向前进。

第二个阶段是，进入20世纪90年代以后，国际国内发生严重政治风波，世界社会主义出现严重曲折，我国社会主义事业的发展面临新的巨大困难和压力，我们党面临着又一个重大历史关头。以江泽民同志为核心的党的第三代中央领导集体紧紧依靠全党全国人民，坚持十一届三中全会以来的路线方针政策，团结带领全党全国人民捍卫和发展了中国特色社会主义伟大事业。我们一方面从容应对一系列关系我国主权和安全的国际突发事件，排除各种干扰，保证改革开放和现代化建设的航船始终沿着正确方向破浪前进。另一方面，以江泽民同志为主要代表的中国共产党人，高举邓小平理论伟大旗帜，以马克思主义的巨大政治勇气和理论勇气推进理论创新，集中全党全国人民的智慧，用一系列紧密联系、相互贯通的新思想、新观点和新论断，进一步回答了什么是社会主义、怎样建设社会主义的问题，创造性地回答了在新的历史条件下建设什么样的党、怎样建设党的问题，在批判国内外各种错误思潮观念中创立并推进了“三个代表”重要思想。“三个代表”重要思想是同马克思列宁主义、毛泽东思想和邓小平理论既一脉相承又与时俱进的科学体系，是马克思主义在中国发展的新成果，是中国社会主义意识形态的新发展。

第三个阶段是，党的十六大以来，以胡锦涛总书记为首的新一届中央领导集体，继续将马克思主义基本原理与中国具体实践相结合，不断开辟马克思主义理论发展的新境界，进一步创造性地提出了科学发展观与构建社会主义和谐社会等新思想。使我们党在总结半个多世纪的执政经验和改革开放30多年社会主义实践经验的基础上，在十六届三中全会上明确提出要坚持“以人为本，树立全面、协调、可持续发展的科学发展观，不断促进经济社会和人的全面发展”。为贯彻和落实科学发展观，在十六届四中全会上提出要不断加强和提高党的执政能力，十六届六中全会又进一步明确了要构建社会主义和谐社会的战略任务。科学发展观既坚持了马列主义、毛泽东思想、邓小平理论和“三个代表”重要思想中关于发展的科学理论，又总结了国外发展和30多年我国改革开放的实践经验，从而进一步回答了当代中国为何发展、怎样发展等重大实践问题，是我们党在中国特色社会主义发展指导思想上的又一次历史性突破。科学发展观首次把坚持以人为本和经济社会全面、协调、可持续发展有机统一起来，注重经济发展与人的发展、经济发展与社会发展、经济发展与政治发展、经济发展与文化发展以及人与自然的和谐统一，实现了对人类传统发展观的历史性超越。科学发展观与邓小平理论和“三个代表”重要思想既与时俱进又一脉相承，更具有现实针对性和实践指导性，是统领新阶段的改革开放以及党和国家事业发展全局的重大战略思想。

新时期我国主流意识形态这三个发展阶段之间既有区别又有内在联系，这不仅是意识形态变化的主导主体的连续性，而且是意识形态变化的理论前提的连续性。特别是科学发展观是马克思主义中国化的最新理论成果，初步形成了我国社会主义意识形态理论新体系，是马克思主义意识形态理论在当代中国的新发展。认真研究和总结这些理论成果形成和发展所必须遵循的基本规律，对我们探寻用社会主义核心价值体系引领社会思潮的方法和途径有着重要的指导意义。

（二）从现实生活中探索途径

意识形态领域历来是敌对势力与我们激烈争夺的重要阵地。历史经验表明，社会主义意识形态就是在同国内外两条战线的各种反动和错误思潮谬论进行交锋和斗争的过程中发展壮大的，在改革开放和全球化背景下更是如此，我们在继续坚持以国内战线为主的同时，绝不能忽视国际意识形态领域的交锋，要注意两条战线的呼应和配合。

1. 国内意识形态斗争始终存在

在新时期 30 余年的社会主义意识形态建设中，我们在国内开展了同“左”的和“右”的各种错误思想观念的斗争。改革开放初期，针对国内出现的一些怀疑、否定和歪曲社会主义和党的路线方针的思潮和现象，我们开展了反对“两个凡是”、反对精神污染和反对资产阶级自由化的斗争，进行了人道主义和异化问题的大讨论。进入 90 年代，随着社会主义市场经济体制改革的深入和参与全球化进程的加快，又开展了反对在发展市场经济中滋长的拜金主义、享乐主义和极端个人主义等腐朽思想以及与“法轮功”的斗争。进入 21 世纪，我国改革开放进入攻坚阶段，在前进发展中的一些新矛盾和问题也凸显出来，于是一段时间以来在一些领域出现了质疑当前的改革、怀疑党的基本路线、歪曲对外开放的“杂音”和“噪音”，甚至出现了关于新自由主义和民主社会主义等错误的言论和思潮，这都干扰和影响着改革开放的深入和社会主义和谐社会的建设。因此，在意识形态和思想文化战线必须划清马克思主义和非马克思主义、马克思主义与反马克思主义的界限，坚决反对搞所谓“非意识形态化”。

2. 西方敌对势力的渗透一刻没有停止

在新一轮经济全球化浪潮中，国际意识形态交锋和斗争出现了许多新情况，西方敌对势力表面上似乎放松了对社会主义的渗透，但事实上想进一步遏制和彻底扼杀社会主义的图谋和伎俩并没有改变，只不过变换了手段和方式，具有更大的隐蔽性、迷惑性和欺骗性。特别是苏东剧变后，我国作为世界上最大的社会主义国家，正在不断发展、日益富强。西方敌对势力不愿看到一个强大、统一和繁荣的中国，他们开始把意识形态渗透的重点转移到中国，用各种手段和方式对我国实施“西化”、“分化”的政治战略。同时，鼓吹指导思想多元化。歪曲中国人民革命和建设奋斗的历史，夸大党内存在的腐败现象，甚至造谣诬蔑，企图推翻中国共产党的领导，颠覆社会主义政权。诬蔑社会主义是“20 世纪的怪物”，企图使我国放弃社会主义制度，接受西方的那一套政治模式。经济上宣扬“私有化”，宣扬资产阶级经济学说，鼓吹自由经济，攻击社会主义公有制，否定国有企业的主导作用，极力夸大国有企业存在的问题，主张全盘私有化，妄图从根本上颠覆中国，极力推销西方的文化、价值观念和生活方式，进行思想文化的扩张和渗透。此外，还大肆宣扬领土分治化，竭力为民族分裂分子呐喊助威，拓展其“国际生存空间”。

3. 不断加强和改进意识形态工作

自改革开放初期，我们就开始注意加强精神文明建设，并以此来推动社会主义意识形态的发展和巩固。一方面认识到了社会主义精神文明建设的长期性和重要性，高度重视精神文明工作。如1986年和1996年党中央专门研究了精神文明建设工作，先后制定了《关于社会主义精神文明建设指导方针的决议》和《关于加强社会主义精神文明建设的决定》，使精神文明工作有了正确的路线和方针。另一方面，突出了“精神文明重在建设”、“贴近实际、贴近生活、贴近群众”以及“创新内容、创新形式、创新手段”等原则方针，并注重运用各种有效形式搞好精神文明的创建工作，特别是注重理想信念教育和思想道德建设，探索出了不少精神文明建设的新模式，有力地推动了社会主义现代化建设的进程，使得社会主义意识形态建设的基础更加牢固。不断加强思想政治工作的宣传是精神文明建设的重要内容，也是推进意识形态建设的重要载体。掌握舆论宣传阵地，加强宣传和思想政治工作是新时期我国意识形态建设的成功经验。江泽民同志指出：“人民群众的理想信念、精神状态和人心所向，最终决定建设有中国特色社会主义事业的成败……越是发展经济，越是改革开放，越要重视思想政治工作。”① 我们应当认真总结改革开放30年来，特别是十七大以来，我们在宣传思想工作中、在中国特色社会主义先进文化建设中，在对待和处理各种社会思潮中的新鲜经验，并把这些具体经验加以梳理、提炼、概括和上升，从中归纳出解决社会思潮的有效措施，并注意用社会主义核心价值体系来引领多样化的社会思潮。

① 《江泽民文选》第3卷，人民出版社，2006，第74页。

二 理论与实践相结合的原则

社会主义核心价值体系作为理论创新的重大成果，是我们党根据时代特征和我国社会主义现代化建设的伟大实践科学地总结概括出来的，它必然要回到实践当中去，伴随着我国社会主义建设的伟大实践得到发展完善。社会主义核心价值体系在实践中发挥作用的过程，也是它自身不断发展完善的过程。

（一）在实践中不断发展完善社会主义核心价值体系

社会主义核心价值体系具有在实践中不断发展完善的实践性品格。马克思在《关于费尔巴哈的提纲》中说道：“哲学家们只是用不同的方式解释世界，问题在于改变世界。”① 马克思主义哲学将认识世界和改造世界作为己任，不仅要改造客观世界，而且要改造主观世界。建设社会主义核心价值体系也是一样，在实践中总结规律，不断发展和完善。

1. 只有在实践中社会主义核心价值体系才能真正实现其价值意义

价值是在实践中生成的，也只有在实践中才能实现其价值意义，社会主义核心价值体系也是如此。巩固马克思主义指导地位，就是要坚持不懈地用马克思主义中国化的最新理论成果武装全党、教育人民。树立中国特色社会主义共同理想，就是要引导和激励人们积极投身于建设中国特色社会主义的伟大实践，在实践中不断朝着这一伟大目标前进，把理想转变为现实

---

① 《马克思恩格斯选集》第1卷，人民出版社，1995，第57页。

的实践过程，就是共同理想自身不断完善的发展过程。民族精神与时代精神都是实践的产物，重在践行，贵在实践，只有在实践中才能得到锤炼和升华，伴随着中国社会主义革命、建设、改革各个历史时期的伟大实践，中国的民族精神和时代精神不断地发展、与时俱进。社会主义荣辱观也是如此，产生于建设中国特色社会主义的伟大实践，同时也只有在实践中才能真正发挥作用，体现其自身价值。

2. 只有在实践中社会主义核心价值体系才能不断发展和完善

在实践中不断发展完善社会主义核心价值体系，是由建设中国特色社会主义的长期性和艰巨性决定的。当今世界正在发生广泛而深刻的变化，当代中国正在发生广泛而深刻的变革。世界多极化、经济全球化和科学技术革命的迅猛发展，使我们面临着新机遇和新挑战。我国还处在社会主义初级阶段，面临着工业化、信息化、城镇化、市场化、国际化深入发展的新形势、新任务。建设中国特色社会主义、实现现代化必然是一个长期的历史过程。这一方面昭示我们必须加强社会主义核心价值体系建设；另一方面也昭示我们必须自觉地用社会实践的新成果、新经验、新思想来丰富完善社会主义核心价值体系。这样才能使社会主义核心价值体系建设真正融入发展社会主义市场经济的过程中，融入发展社会主义民主政治的过程中，融入发展社会主义先进文化的过程中，融入人民群众为全面建设小康社会而奋斗的伟大实践过程中。①

① 唐凯麟:《社会主义核心价值体系是在实践中不断完善的科学体系》，2008年9月24日《光明日报》。

（二）用社会主义核心价值体系规范引领人民群众的价值观念

社会主义核心价值体系，应当成为熔铸在亿万人民群众思想和行动中的价值观念、价值取向和价值标准。中华民族前进发展的价值追求和价值目标，判断各种是非善恶的价值标准和价值选择，驱动整个社会的价值取向和价值标杆，都集中体现在建设中国特色社会主义伟大事业中。它只有通过实践，尤其是给人民群众带来实际利益，才能被广大人民群众真正接受。同时，还要通过长期、反复的实践锻炼和培养，才能逐步变为广大人民群众内心的道德律令和行为准则，最后，它还要在人民群众的实践中体现出来，成为亿万人民群众自觉的实践行为。离开了实践，社会主义核心价值体系就会是无本之木、无源之水。[①]

随着改革开放和社会主义市场经济的进一步发展，人们思想的独立性、选择性、多变性和差异性不断增强。特别是在以公有制经济为主体、多种所有制经济共同发展的条件下，必然会产生反映不同利益主体需求的不同思想观念和价值取向。我们要正确面对这种趋势，以社会主义核心价值体系引领多样化的价值观念。要在实践中不断增强社会主义核心价值体系的吸引力和感召力，最主要的是让人民群众在践行的过程中获得实实在在的实惠、利益和幸福，使人民群众在内心深处认同社会主义核心价值体系，信奉社会主义核心价值体系，将社会主义核心价值体系转化为自己的自觉信念、价值追求和道德规范，

① 北京市邓小平理论和“三个代表”重要思想研究中心：《努力建设社会主义核心价值体系》，2007 年 8 月 21 日《光明日报》。

落实到自己的日常行为之中。

（三）把社会主义核心价值体系融入日常工作生活之中

社会主义核心价值体系只有融入和渗透到人们日常工作生活的方方面面，才能转化为大众的愿望需要和自觉行动，才能真正落到实处。一种价值体系要真正发挥作用，必须融入社会生活，让人们在实践中感知它、领悟它。离开了生活，离开了实践，再好的价值体系只能是“空中楼阁”。推进社会主义核心价值体系建设，要同人们日常生活紧密地联系起来，在落细、落实上下工夫。要按照社会主义核心价值体系的基本要求，健全各行各业的规章制度，完善市民公约、乡规民约、学生守则等行为准则，使核心价值体系成为人们日常工作、生活中应当遵守的基本行为规范。要有计划、有目的地建立和规范一些礼仪制度，充分利用重大节日和仪式等契机，传播主流价值理念，增强人们的认同感。充分发挥文明城市、文明村镇、文明行业、文明社区、文明单位的示范作用。要把社会主义核心价值体系的要求融入各种精神文明创建活动之中，吸引群众广泛参与，推动人们在为家庭谋幸福、为他人送温暖、为社会作贡献的过程中提升精神境界、培育文明风尚。总之，要利用各种时机和场合，搭建弘扬核心价值体系的平台，形成有利于核心价值体系建设的生活情景和社会氛围。① 通过培育、选树、宣传来自群众身边符合社会主义核心价值体系要求的各方面先进典型，要把社会主义核心价值体系的要求融入先进典型的示范和引领作

---

① 赵晶：《深入推进社会主义核心价值体系建设　巩固全党全国人民团结奋斗的共同思想基础》，中国共产党新闻网2008年12月19日。

用中，使人们“学有榜样”，引领人们根据身边实实在在的模范的人和事去选择、塑造自己的生活，从而使社会主义核心价值体系的要求具体实在、可感可亲、可信可行。

三　走群众路线的原则

建设社会主义核心价值体系，既是一个从上至下由党和政府倡导和创建的过程，又是一个由广大人民群众共同参与、身体力行的过程。因此，用社会主义核心价值体系引领社会思潮必须坚持走群众路线的原则。

（一）培养忠实践行社会主义核心价值体系的拥护者

建设社会主义核心价值体系，既是促进社会全面进步的需要，也是实现个人全面发展的需要。社会主义核心价值体系只有得到亿万民众的拥护，才可能成为国家主流意识形态；只有通过实践给人民群众带来实际利益，才能被广大人民群众真正接受；只有通过长期、反复的实践锻炼和养成，才能逐步变为广大人民群众内心的道德律令和行为准则，成为人民群众自觉的实践行为。因此，应当坚持以人为本，不断加强社会主义核心价值体系建设，培养忠实践行社会主义核心价值体系的亿万民众。

1. 尊重人民群众的主体地位

人民群众是历史的创造者，是社会发展的决定力量。人民群众不仅是社会物质财富的创造者，也是社会精神财富的创造者，建设社会主义核心价值体系，离不开人民群众的自觉活动。社会主义核心价值体系发展的最深刻根源，蕴藏于广大人民群众的生活和实践之中。离开了人民群众的生活和实践，忽视了人民群众的主体地位，社会主义核心价值体系建设就会成为无源之水、无本之木。因此，应从思想上和实践上突出人民群众在建设社会主义核心价值体系中的主体地位，充分发挥人民群众的主体作用，调动人民群众的积极性、主动性和创造性，促使他们更加自觉、更加主动地推动社会主义核心价值体系建设。

人民群众中蕴藏着深厚的文化创造源泉，蕴藏着高昂的文化创造热情。建设社会主义核心价值体系，就要尊重人民群众的首创精神，积极培育建设主体的创新意识。在推进社会主义核心价值体系建设的过程中，要善于发现人民群众中蕴藏的积极向上的思想和精神，充分重视人民群众的社会实践对于社会主义核心价值体系发展和创新的价值和意义。在全社会营造浓厚的创新氛围，增强人民群众推进创新的积极性和主动性，挖掘人民群众的创造潜能，拓宽人民群众参与社会主义核心价值体系建设的渠道。广大理论工作者应根据社会主义核心价值体系建设的新要求，不断总结群众实践的新经验，并使其转化为新的理论成果，以便更好地指导人们发挥主体作用，推动社会主义核心价值体系建设向纵深发展。

2. 有针对性地解决群众的思想疑虑和困惑

在社会主义核心价值体系建设中应坚持把教育人、引导人、鼓舞人与尊重人、理解人、关心人结合起来，把人文关怀送到社会的每个角落，辐射到社会生活的方方面面，使人民群众充分感受到社会主义大家庭的温暖，感受到生活在其中的幸福，进而自觉地进行社会主义核心价值体系建设。要适应人民群众的习惯和心理特点，根据不同对象，有针对性地开展工作，解决人民群众的思想疑虑和困惑。要多用典型模范、交流疏导、说服教育、民主讨论的方式，有针对性地解决人民群众的思想疑虑和困惑，把工作做到人民群众的心坎上，为人们认知、认同、接受、践行社会主义核心价值体系打好坚实的思想基础。要正确把握各阶层群众的思想动态和愿望要求，从群众的关注点和兴奋点入手，把理论上的阐述变为实践上的行动，在与群众的交流互动中引起共鸣，在潜移默化中感染群众。要关注民生、倾听民意，切实解决群众最关心、最直接、最现实的利益问题，让人们在共享改革发展成果的过程中理解和认同党的主张、自觉接受社会主义核心价值体系。

3. 打牢社会主义核心价值体系的群众基础

要营造良好的社会氛围，为人民群众更好地实践社会主义核心价值体系创造条件。首先，要牢牢把握正确的社会舆论导向，提高社会主义核心价值体系的针对性和指导性。坚持正确的舆论导向，进一步加大对外宣传力度，对于统一干部群众思想，凝聚力量，振奋精神至关重要。各级党组织和新闻宣传部门要采取各种宣传手段，围绕中心，服务大局，充分发挥好舆论引导的强大作用，大力弘扬符合时代发展特征、体现社会进步要求的思想道德和价值观念，形成积极向上、团结和谐的主流舆论，不断增强正面宣传的影响力，积极营造奋发向上的良好社会氛围，为经济社会发展鼓劲造势。要坚持以党报党刊、电台、电视台为主，有效管理整合互联网、手机短信、讲座讲坛等多种宣传资源，倡导文明办网、文明上网，努力适应新形势，提高舆论引导的水平和质量。其次，要坚持开展好各种形式的群众性道德实践活动，宣传推行爱国、敬业、诚信、友善等道德规范，培育社会公德、职业道德、家庭美德，树立知荣辱、讲正气、促和谐的社会风尚，形成男女平等、尊老爱幼、扶贫济困、礼让宽容的人际关系，塑造自尊自信、理性平和、积极向上的社会心态，进而强化社会主义价值理念，打牢社会主义核心价值体系的群众基础。

坚持把社会主义核心价值体系融入国民教育和精神文明建设全过程、贯穿现代化建设各方面，把社会主义核心价值体系的基本要求渗透到市民公约、乡规民约、职业规范、学生守则等具体行为准则之中；坚持用马克思主义中国化的最新成果武装全党、教育人民，用共同理想和荣辱观凝聚力量，用民族精神和时代精神激发活力；加强马克思主义理论研究和建设，增强党的思想理论工作的创造力、说服力和感召力，实现新的历史条件下推动社会主义核心价值体系建设的时代使命。

（二）不断增强社会主义核心价值体系对社会思潮引领的亲和力

在以社会主义核心价值体系引领社会思潮中，要统一思想，尊重差异，不断增强社会主义核心价值体系对社会思潮引领的亲和力。加强社会主义核心价值体系建设，就要不断增强社会主义意识形态的吸引力和凝聚力，不断增强社会主义核心价值体系对社会思潮引领的亲和力。社会主义核心价值体系是社会主义意识形态的本质体现。要巩固马克思主义指导地位，坚持不懈地用马克思主义中国化最新成果武装全党、教育人民，用中国特色社会主义共同理想凝聚力量，用以爱国主义为核心的民族精神和以改革创新为核心的时代精神鼓舞斗志，用社会主义荣辱观引领风尚，巩固全党全国各族人民团结奋斗的共同思想基础。对核心价值体系来说，它要有效地引领变化多端的社会思潮，最大限度地形成社会思想共识，首先必须不断增强自身的说服力和感召力。从这点出发，第一位的是要积极推进作为核心价值体系之灵魂的马克思主义的理论创新，不断增创用科学理论武装人的优势。要以马克思主义为指导，在新的实践基础上不断做出新的理论概括，为核心价值体系引领社会思潮提供强有力的理论支持。要按照贴近生活、贴近实际、贴近群众的原则，不断加强和改进社会主义核心价值体系建设，使主流意识形态的理想因素与现实内容以及人民群众的利益需求有机地统一起来，通过科学而有力的舆论导向、文化辐射、政策激励、制度安排等，既统一思想又尊重差异，既引导民众又服务民众，不断增强核心价值体系对社会思潮进行引领的亲和力。

四 与时俱进的原则

用发展的眼光看待问题，用发展的办法解决问题，这是我国改革开放和现代化建设的一条重要经验，也是加强社会主义核心价值体系建设的必然要求。社会主义核心价值体系四个方面的基本内容，相互联系、相互贯通、有机统一，共同构成一个完整的价值体系。这个价值体系应该是相对稳定的，要长期起作用，但又不是一成不变的，必定要随着社会主义的发展、时代的发展和人们社会实践的发展而不断发展。

（一）处理好继承与创新的关系

要处理好继承与创新的关系，与时俱进地建设社会主义核心价值体系。马克思主义理论“是发展着的理论，而不是必须背得烂熟并机械地加以重复的教条"[①]。建设社会主义核心价值体系也是一样，一定要与时俱进，处理好继承与发展的关系，在继承的基础上创新，在继承和创新的基础上发展。在社会主义核心价值体系的理论建设上，一方面要具有开放性，能够与历史与现实中的不同文化展开交流，挖掘汲取中华民族的优秀人文精神和丰富的文化积淀，学习借鉴国外的文化精品和文明成就，吸纳人类创造的一切有益的思想文化成果，扬弃地继承。另一方面，对建设中国特色社会主义伟大实践中不断遇到的新形势、新情况、新问题，要积极进行新思考、新概括、新创造，不断汲取新的精神滋养，始终做到与时俱进。要坚持丰富和发展社会主义核心价值体系，不断提高其吸引力和感召力。社会主义核心价值体系只有随着实践的变化而不断地创新发展，才能始终保持生机和活力，增强自己的生命力，才能更好地掌握对现实生活的发言权，发挥对其他价值取向的统摄和引领作用。

（二）处理好坚持与发展的关系

要处理好坚持与发展的关系，努力在实践中不断发展与完善社会主义核心价值体系。就社会主义核心价值体系本身而言，它的活力和生命力正在于有着不断发展完善的价值空间。社会主义核心价值体系是我们党科学地总结我国意识形态建设的经验，适应思想文化领域的新变化而提出的价值原则，它具有高度的概括性。推进社会主义核心价值体系建设的一个重要任务，就是把原则变为实践，做好"坚持"工作，解决好"融入"和"引领"问题。

---

① 《马克思恩格斯选集》第4卷，人民出版社，1995，第681页。

在实践中加强社会主义核心价值体系建设，要着力解决好两方面的问题。首先是要切实把社会主义核心价值体系融入国民教育和精神文明建设全过程，转化为人民的自觉要求。其次是要积极探索用社会主义核心价值体系引领社会思潮的有效途径。对于这两个重大实践问题的解决不仅需要在普及性、操作性、机制性层面上进行改革创新，而且社会主义核心价值体系本身必须与时俱进，随着实践的发展而不断发展完善。

第五章

用社会主义核心价值体系引领社会思潮的着力点

用社会主义核心价值体系引领社会思潮是我们党提出的一个崭新命题，是一项宏大的系统工程，必须找准着力点。所谓着力点，是指我们在运用社会主义核心价值体系引领社会思潮进程中必须集中力量，重点做好的领域或方面。这些领域或方面的工作开展得好，可以有效地增强引领的效果。反之，就会影响和阻碍引领的效果。

一　坚持社会主义核心价值体系的主导地位

用社会主义核心价值体系引领多样的社会思潮，必须坚决维护社会主义核心价值体系的主导地位，牢牢把握住意识形态领域的主动权，充分利用各种社会思潮对社会发展和人民生活有益的一面，批判剔除损害社会发展和人民生活糟粕的一面，使多样化的社会思潮有利于社会和谐与科学发展、有利于人民不断增长的物质文化生活需求的满足，促进社会的全面进步和人的全面发展。要用社会主义核心价值体系将多样化的社会思潮引导和带领到中国特色社会主义事业发展上来，引导和带领到实现社会和谐与科学发展上来，引导和带领到实现国家富强和民族振兴的伟大事业上来。

（一）社会主义核心价值体系是社会主义意识形态的本质体现

马克思主义认为，“任何一个时代的统治思想始终都不过是统治阶级的思想。”① 社会主义核心价值体系是社会主义意识形态的本质体现，它反映着当代中国工人阶级和最广大人民的根本利益和要求，指向富强民主文明和谐的社会主义现代化强国目标，代表当代中国社会主义先进文化的前进方向。用社会主义核心价值体系引领社会思潮，就是在当代中国的社会意识形态中坚持社会主义意识形态的统治地位，强化其在巩固和发展中国特色社会主义政治经济形态中的特殊功能和作用。这一点，任何时候任何情况下都不应含糊。

（二）社会主义核心价值体系是我们党引领社会思潮的精神旗帜

社会主义核心价值体系作为处于主导地位的意识形态，具有其他价值体系无法比拟的影响力和凝聚力，是我们党在社会意识形态领域的一面精神旗帜。我们必须承认，在当前的社会中，社会思潮的多元化趋势确实客观存在，但这并不意味着要放任自流、任其发展，更不是放弃主导的地位。面对这种形式，我们不能听之任之，务必在坚持尊重差异、包容多样的基础上，

① 《马克思恩格斯选集》第1卷，人民出版社，1995，第292页。

用正确、积极、先进的思想引领社会、教育人民，才能充分挖掘和鼓励不同阶层、群体中所蕴涵的积极向上的思想精神，才能有效引导、带动较低层次的价值观念向较高层次转化，才能既不断巩固社会主义核心价值体系的主导地位，又在总体上保持不同利益群体和社会成员之间相互交流、相互合作，使社会健康有序和谐地向前发展。

（三）必须坚持社会主义核心价值体系的主导地位

在社会主义核心价值体系对社会思潮的引领中，尊重包容多样与坚持核心价值体系主导地位并不是对立的。一方面，多样社会思潮绝不能损害核心价值体系的主导地位，更不能损害社会主义制度和共产党的执政地位。否则，多种思潮共存的状态就会演变成损害主流意识形态的政治斗争，损害中国特色社会主义事业的发展。另一方面，社会主义核心价值体系应当巩固自己的主导地位，引领整合多样化社会思潮。在文化问题上，提倡“和而不同”，坚持马克思主义的指导地位，提倡各种文化的互补和融合；在意识形态层面，采取“不破不立”的态度，提倡积极的思想斗争，对错误思潮应当进行理性的批判；在群众性的思想意识层面上，采取思想疏导方式，以理服人，以情动人，进行多种形式的说服教育工作；在学术问题上，提倡“百花齐放，百家争鸣”。

二　坚持“三个统一”

用社会主义核心价值体系引领社会思潮，一定要坚持“三个统一”，即坚持弘扬主旋律与提倡多样性的统一，坚持先进性和层次性的统一，坚持整合性和开放性的统一。

（一）坚持弘扬主旋律与提倡多样性的统一

在我国意识形态中，马克思主义居于核心地位，它是我们立党立国的根本指导思想，是社会主义意识形态的旗帜和灵魂。当然除了马克思主义这个核心思想体系外，还有其他的思想形态存在。思想形态的多样性与人们的认知水平、世界观的变化、审美情趣、个人价值的实现程度相关。这种多样性既符合人们对现实不同的生存感悟，又可以满足人们多层次的精神归宿。尽管不同的思想形态、价值观念之间存在矛盾，但要彻底铲除它们中的腐朽成分还需要一定的时间。毫无疑问，这些东西也将和马克思主义长期并存。在这种情况下，我们就必须坚持弘扬主旋律与提倡多样性的统一。首先要坚持马克思主义的核心地位，不断提高人们的思想认识水平。同时也要尊重差异，包容多样。只有坚持弘扬主旋律和提倡多样性的统一，才能最大限度地形成思想共识。坚持马克思主义的主导性，要坚持和采取正确的原则、方法。马克思主义的主导性不只是靠行政命令来实现的，还需要必要的行政手段，但更主要的是通过教育的途径来实现。主导性和多样性的统一是互为前提的。我们不能以主导性排斥多样性，也不能以多样性替代或置换主导性，在社会主义初级阶段，不讲主导性，就会没有主心骨，使人容易失去方向。而只讲多样性，社会就没有坚实的核心价值体系，就不能形成凝聚全社会的精神力量。我们要用主导性去影响和带动多样性，用多样性去培植和激励主导性，注意平衡，把握方向，掌握主动。

在提倡思想文化多样化的同时，必须旗帜鲜明地弘扬主旋律。思想文化上的多样化，决不意味着在全社会的指导思想上可以搞多元化。所谓多元化，是指在意识形态和文化领域中具有多个服务于不同阶级、阶层的政治、法律和道德规范，它们平行地影响着人们的精神生活，决定着社会的精神面貌。我们提倡的多样化，则是指在一种意识形态和主流文化的指导下，多种价值取向、思想观念、文化形式百花齐放，同时存在。多样化不能离开一元化，不能缺少主旋律，如果在多样文化中缺少一个主心骨，那就只能是无序的、混乱的多样化，最终必将导致文化建设的变质和转向。当前，经济全球化和信息网络化飞速发展，世界各种社会思潮相互激荡，各种思想文化交织并存，西方敌对势力处心积虑地利用各种方式来搞意识形态渗透，在这样的情况下，更需要我们毫不动摇地坚持马克思主义的指导地位，坚持用“三个代表”重要思想引领社会主义文化建设，坚持发展面向现代化、面向世界、面向未来的，民族的科学的大众的社会主义文化。只有这样，才能更好地引导人们分清是非、美丑、善恶的界限，树立起社会主义的理想信念和道德风尚，才能既保持思想文化建设的蓬勃生机，又保持正确的发展方向。

在文化建设中弘扬主旋律，提倡多样化，就是要大力发展先进文化，努力改造落后文化，坚决抵制腐朽文化。一是坚定不移地坚持马克思主义的指导地位，用“三个代表”重要思想引领社会主义文化建设。二是努力建立与社会主义市场经济相适应、与社会主义法律规范相协调、与中华民族传统美德相承接的思想道德标准，引导人们树立中国特色社会主义的共同理想和正确的世界观、人生观、价值观，培养和健全以为人民服务为核心、以爱国主义集体主义为原则、以弘扬和培育民族精神为着眼点、覆盖社会公德、职业道德和家庭美德的思想道德新体系。三是积极发展各项文化事业和文化产业，积极利用市场繁荣大众文化生活，实现市场经济与思想文化建设的同步发展。四是激浊扬清、扶正祛邪，对于那些带有崇洋、庸俗、迷信、色情、暴力和邪教等内容的不良文化，要坚决反对和禁止。五是积极学习和借鉴全人类的一切优秀文化成果，扬长避短，发挥优势，增强中华民族的凝聚力和民族文化在全世界的竞争力。

（二）坚持先进性和层次性的统一

在现阶段，必须立足于社会实际，从全体社会成员的现实道德水准出发，把先进性要求和层次性要求结合起来，同时照顾到部分社会成员的思想觉悟和认识能力，不搞一刀切。具体而言，就是要在提倡社会主义、共产主义的同时，也要推行适用于普通劳动者、爱国者的思想道德。在全体人民中广泛进行爱国主义和艰苦创业的精神教育，提倡为人民服务和集体主义精神，大力提倡社会公德、职业道德和家庭美德。同时，也要肯定和提倡一切有利于社会主义生产力发展、有利于社会全面进步的思想道德观念。当然，因受教育程度的不同、工作环境的不同、生活方式的不同，必然存在着不同的思想意识，只要不对社会造成危害，就应该允许它们的存在，由此才能做到先进性和层次性的统一。

（三）坚持整合性和开放性的统一

意识形态的整合就是观念认同，将社会上不同的思想意识尽量协同一致，减少思想矛盾，化解观念冲突。意识形态的开放是将执政党的意识形态呈现给外界，广开言路，接受积极的理论补益和主张。意识形态一旦形成以后，并不是固定不变，而是要随着实践的发展和执政环境的变化，对意识形态中失去合理性的观点和论证方法适时更新。

任何一个社会除了有占主流的观念体系之外，还有各种零散的观念，这些零散的观念有进步的，也有落后的，有的对主流意识形态有帮助，有的则有危害。进行意识形态的整合，其目的就是将落后的观念提升改造为进步的观念，将有害的思想转化为有益的思想。比如，在我国当前的社会文化发展水平上，既有先进文化，也有落后文化；既有健康文化，也有腐朽文化；既有主流文化，也有边缘文化；既有严肃文化，也有娱乐文化。人们的素质不同，消费观念不同，文化品位各异，对文化市场的需求也不同，不可能做到整齐划一。只向市场提供一种水准的文化，虽然便于管理，但却无法满足人们多样化开放性的文化消费需求。因而文化市场上的百花齐放是必然存在。即便如此，对待各种层次的文化需要不同的指导原则：先进文化要建设，健康文化要发展，娱乐文化要保留，落后文化要改造，边缘文化要提升，腐朽文化要消除。在意识形态领域中也是如此。没有整合，在面临各种思想意识时，就不能将分散而相近的健康向上的思想意识统合起来，转化为一种占主导地位的核心价值体系，国家意识形态就难以起到最大限度形成社会思想共识的作用。没有开放，意识形态就没有比较和鉴别，不能及时反馈意识形态的生存环境，在面对各种理论、思潮的激荡时，主流意识形态敏锐性就会降低，显得措手不及，没有反应能力。

加强意识形态的整合性和开放性的统一，有助于承认人们的思想变动，主动寻找思想变化背后的深刻原因。同时开放地接受一切有益的思想，为观念整合找到能够为各方接受的理论中轴线，这样就使意识形态的整合能够顺利进行。只有坚持意识形态整合性和开放性的统一，才能有效整合社会上分散的思想力量，统率社会的观念形态，销蚀对立情绪，强化为共同理想而奋斗的坚定信念，巩固执政党的思想政治基础。

三　贯彻尊重差异、包容多样的方针

党的十六届六中全会《决定》提出了“坚持以社会主义核心价值体系引领社会思潮，尊重差异、包容多样，最大限度地形成社会思想共识”的原则，“尊重差异、包容多样”成为用社会主义核心价值体系引领社会思潮的着力点。

（一）尊重差异、包容多样

坚持以社会主义核心价值体系引领社会思潮，必须积极贯彻尊重差异、包容多样的方针。这是因为不同的“色彩”会构成最美的图画，不同的“音调”会产生最美的和谐。我们党明确提出要“尊重差异、包容多样”，这是我们党基于对人类社会思想文化发展历史经验的科学总结而确立的重要方针。它标志着中国共产党人对思想文化建设规律的认识和把握达到了一个新的境界。认真贯彻这一重要方针，对于坚持以社会主义核心价值体系引领社会思潮，是非常必要的。

坚持以社会主义核心价值体系引领社会思潮，是我们党基于对中国特色社会主义事业自觉作出的一个重大判断。“坚持以社会主义核心价值体系引领社会思潮，尊重差异、包容多样，最大限度地形成社会思想共识”的原则，赋予了社会主义核心价值体系的品性，标志着中国共产党人对社会主义核心价值规律的认识和运用达到了一个新的境界。

1. 尊重差异、包容多样是引领的题中应有之义

尊重差异、包容多样，是坚持以社会主义核心价值体系引领社会思潮的题中应有之义。中国近现代历史的经验教训表明，一个国家和民族如果一贯闭关自守，排斥和否定外来文明，那么这个国家和民族就不能谋求发展。相反，一个国家和民族如果一味放任自流，任凭各种思想文化泛滥，必然造成思想上的混乱，乃至危害国家和民族的安危。那么应该如何对待文化的差异性和多样性呢？马克思主义哲学认为，现实世界是包含着差异性和多样性的统一。无论过去、现在和将来，社会思潮呈现差异性和多样性，都是或必将是一种客观存在。我们党提出以社会主义核心价值体系引领社会思潮，这种“引领”本身就蕴涵着尊重其差异性，包容其多样性。从根本上讲，把尊重差异、包容多样作为以社会主义核心价值体系引领社会思潮的重要内涵，体现了一种必然性的文化自觉。确立和贯彻尊重差异、包容多样的方针，是把马克思主义哲学关于多样性统一的基本原理，创造性地应用于以社会主义核心价值体系引领社会思潮的具体实践所必然要得出的科学结论。长期以来，我们党在意识形态领域把坚持马克思主义的指导地位与实行“百花齐放、百家争鸣”的方针有机结合起来，就充分体现了这种多样性统一的思想。在新的形势下，党中央把尊重差异、包容多样寓于以社会主义核心价值体系引领社会思潮的原则之中，表明了我们党在思想文化建设上认识更加自觉，视野更加开阔，胸怀更加博大，境界更加高远。[①] 我们党更要以其博大宽阔的胸怀博采民族优秀文化之长，广集发达资本主义国家文明成果之精华，把社会主义核心价值体系对社会思潮的引领作用，建立在尊重差异、包容多样的基础之上。

---

① 章传家、张理海：《坚持以社会主义核心价值体系引领社会思潮》，2007 年 2 月 2 日《光明日报》。

2. 尊重差异、包容多样是引领的重要前提条件

尊重差异、包容多样，是坚持以社会主义核心价值体系引领社会思潮的重要前提条件。海纳百川，有容乃大。善于包容，是先进思想文化的特质，也是先进思想文化发挥主导作用、走向兴旺发达的必由之路。按照马克思主义哲学关于多样性统一的基本原理，统一性始终是以多样性为基础的。先进思想文化越要在思想文化的统一性中唱好主角，就越要尊重差异性、包容多样性。今天，我们坚持以社会主义核心价值体系引领社会思潮，目的是要通过善意“引领”，将充满差异性和多样性的社会思潮按照社会主义核心价值体系指引的方向，更好地统一起来，不断巩固和发展社会主义的思想文化高地。从人类历史的大视角来看，社会思想文化的繁荣进步，也始终离不开尊重差异、包容多样。“百家争鸣”，乃有战国的文化繁荣。“独尊儒术”，便有刘汉以后的文化衰颓。大唐对异域文化的兼收并蓄，遂有盛唐文明辉耀千古。清朝在外来文明前的闭关自守，终致近代中国的积贫积弱。历史经验教训表明，对于多种多样的社会思潮，放任自流不行，一味堵塞行不通。唯一正确的办法，就是尊重差异、包容多样，积极地加以“引领”。在尊重差异中扩大社会认同，在包容多样中增进思想共识，是思想文化发展的一个重要法则。

3. 努力营造尊重差异、包容多样的社会人文环境

在坚持社会主义核心价值体系主导地位的前提下，努力营造尊重差异、包容多样的社会人文环境毫无疑问，就必须以和谐的思维方式，在整个社会营造有利于贯彻这一方针的人文环境。当然，这种人文环境并不是无原则的，它的一个政治前提，就是必须坚持社会主义核心价值体系的主导地位。在我国，社会主义核心价值体系反映着国家的性质、社会的本质，以及全体人民的奋斗目标和努力方向。只有坚持社会主义核心价值体系的主导地位，才能使全社会获得广泛而深刻的价值认同，使人们超越民族、血缘、语言、习惯、地域等差异而形成共同的归属感，不断增进社会共同体的团结和谐。我们所要建设的和谐社会，无疑要成为一个尊重差异、包容多样的宽容社会。但任何社会的宽容都是有限度的，决不会也不能宽容到可以容忍其“底线”原则被随意突破。在当代中国，坚持社会主义核心价值体系的主导地位，就是一个“底线”原则。如果这一原则被突破了，我国意识形态领域乃至整个社会就会陷入严重混乱，更谈不上形成尊重差异、包容多样的社会人文环境。因此，我们任何时候都要坚守“底线”原则不动摇。与此同时，也要切实把和谐理念贯彻于营造尊重差异、包容多样这样一种社会人文环境的全过程。要树立和强化差异互补、多样共生的意识，摒弃见异思斗、非己必伐的思维定式。要倡导人们敢于表达自己的意见，善于倾听别人的声音；理解自身的世界，欣赏他人的生活；争取自己的利益，尊重别人的权利。要把尊重差异、包容多样作为一种文化品格融入和谐文化建设，使之内化为人们的一种社会心理、思维方式和处事态度。①

（二）最大限度地形成社会思想共识

以社会主义核心价值体系引领社会思潮，是有明确的目标取向的。这个目标取向，就是“最大限度地形成社会思想共识”。在我们这样一个多民族的社会主义国家，有了社会思想共识，才能按照建设中国特色社会主义共同理想的要求，不断巩

① 章传家、张理海：《坚持以社会主义核心价值体系引领社会思潮》，2007年2月2日《光明日报》。

固和发展安定团结的政治局面，愈益凝聚起推动社会发展的强大力量。但是，由于社会思潮的多样性和多变性，社会思想共识的形成将始终是一个动态过程。这就要求我们在以社会主义核心价值体系引领社会思潮的过程中，牢牢抓住最大限度地形成社会思想共识这个目标取向不放。

1. 找准引领的着力点

要最大限度地形成社会思想共识，就要从全局上找准以社会主义核心价值体系引领社会思潮的着力点。唯物辩证法认为，多样化社会思潮作为“引领”的目标是一个矛盾冲突的复合体，既有主要矛盾和次要矛盾之分，也有矛盾主要方面和矛盾次要方面之分，不能也不应当相提并论。这就要求我们认真分析研究不同社会思潮的本质内容、表现形式、社会影响以及产生的根源，善于抓住重要因素和中心环节，在兼顾大多数社会思潮的同时，要把那些具有影响力和代表性的社会思潮作为重点对象来加以“引领”。特别要关注那些已成为热点问题的社会思潮作为工作的聚集点，下大力气求得突破性进展，采取行之有效的措施加大引领的力度，切实把引领社会思潮同解决人民群众最关心、最直接、最现实的利益问题结合起来，不断巩固形成社会思想共识的群众基础，把引领社会思潮的工作抓得更有成效。

2. 全方位拓展引领的领域和渠道

要最大限度地形成社会思想共识，全方位地拓展以社会主义核心价值体系引领社会思潮的领域和渠道。事实证明用核心价值体系引领社会思潮是一项复杂、全面、社会性的系统工程，必须多方面、多渠道、多路径地展开。只有这样，才能把最大限度地形成社会思想共识的要求落到实处。在以核心价值体系引领社会思潮的过程中，要本着“党委领导、政府负责、社会协同、公共参与”的方针原则，充分发挥各级党委和政府的表率作用，发挥工会、共青团、妇联等人民团体的桥梁作用，发挥行业组织、社会中介组织、民众自治组织的辅助作用。要把社会主义核心价值体系融入国民教育和精神文明建设的全过程，为引领社会思潮、形成社会思想共识营造浓郁的学术环境和社会氛围。要通过学校、社区、新闻出版、广播影视、文学艺术、社会科学等各种途径，把社会主义核心价值体系引领社会思潮的工作渗透到社会生活的各个方面、各个部位和各个环节。要把社会主义核心价值体系的基本要求渗透到市民公约、乡规民约、职业规范、学生守则等具体行为准则之中。要根据人们接受信息途径的新变化，努力探索用核心价值体系引领社会思潮的新思路、新方法、新模式。要建立健全思想文化层面的社会沟通和协商机制，把引领社会思潮的工作纳入民主化、规范化和经常化的工作轨道。要充分利用大众传媒，广泛宣传以核心价值体系引领社会思潮的生动实践和先进典型，倡导和激励人们争做“引领”工作的热心人。

3. 不断增强引领所必需的说服力和感召力

要最大限度地形成社会思想共识，就要不断增强社会主义核心价值体系引领社会思潮所必需的说服力和感召力。对核心价值体系而言，它要有效地引领变化多端的社会思潮，达到最大限度地形成社会思想共识，必须使自身的说服力和感召力不断增强。从这点出发，第一位的是要积极推进作为核心价值体系之灵魂的马克思主义的理论创新，不断增创用科学理论武装人的优势。要以马克思主义为指导，在新的实践基础上不断作出新的理论概括，为核心价值体系引领社会思潮提供强有力的理论支持。要按照贴近生活、贴近实际、贴近群众的原则，不断加强和改进社会主义核心价值体系建设，使主流意识形态的理想因素与现实内容以及人民群众的利益需求有机地统一起来，通过科学而有力的舆论导向、文化辐射、政策激励、制度安排等，既统一思想又尊重差异，既引导民众又服务民众，不断增强核心价值体系对社会思潮进行引领的亲和力。要把体现党的主张与反映人民群众的心声统一起来，把思想性与艺术性统一起来，采取灵活多样的表现形式，做到在唱响主旋律时不妨多吸取些民间话语，在显示权威大气时不妨多些平民风格，在张扬严肃基调时不妨加入些幽默因素，力求在令人轻松愉悦的语境和氛围中，更好地发挥社会主义核心价值体系对社会思潮的引领作用的说服力和感召力。

四　提高引领能力

要实现社会主义核心价值体系对多元化社会思潮的有效引领，就必须加强引领能力建设，不断提高引领能力。在加强引领能力建设中，除了加强引领队伍的建设之外，还应该加强对社会思潮的研究，提高对社会思潮的预判及应对能力。

（一）加强研究，提高对社会思潮的预判及应对能力

社会思潮是对社会变迁的一种观念反映，同时它的流行和传播在特定的时期对特定的群体具有促发特定行为倾向的作用。社会思潮的总体态势是衡量社会肌体和谐与否的重要指标。而社会思潮的紊乱无序，说明社会肌体出现病状；社会思潮的健康发展，则标志着社会肌体的健全与和谐。提高引领能力，就要加强对社会思潮的研究，在对社会思潮的预判及应对上下工夫，具体分析当代中国社会思潮的结构、层次、类型和趋势，正确判断当代中国社会思潮的性质，掌握当代中国社会思潮的本质和发展规律，只有这样才能牢牢把握引领社会思潮的主动权。

1. 加强对多元化社会思潮的研究

新时期社会思潮呈现出了多元化和多变的趋势。多种多样的社会思潮不断涌现，正确的社会思潮与错误的社会思潮相互冲突，积极的社会思潮与消极的社会思潮相互交织，它们共同构成了社会主义多元化思潮格局。同时，各种社会思潮随着社会政治和经济的变化而不断改变其形式和性质，因而呈现出变化多端、性质复杂等特点。在新的历史条件下，加强社会主义意识形态建设必须注意对社会思潮的研究与引导。我国经济体制变革、社会结构变动、利益格局调整对思想文化领域提出了严峻的挑战，多样化的社会思潮使人们的价值观念变得混乱和迷茫，特别是新自由主义、实用主义、民主社会主义等有害思潮，容易对我国社会生活产生比较大的影响，要超前预测、深入研究、加强有效疏导。

2. 积极应对各类社会思潮

引领当代中国社会思潮必须对它做出及时有力的正面回应。当代中国社会思潮总体上是健康、积极、向上的，但也存在着种种不和谐的社会思潮。必须在马克思主义指导下认真研究和主动回应当代社会思潮，对它的性质做出正确判断，运用科学方法对它进行认真研究，在研究当代社会思潮中创新马克思主义理论，不断用理论建设的最新成果引领当代社会思潮。只有科学地分析和研究当代中国社会思潮，切实加强引领能力建设，提高引领的水平和效果，才能实现社会主义核心价值体系对当代社会思潮的有效引领，化解非主流社会思潮的消极作用，战胜各种错误思潮的挑战，增强社会主义意识形态的吸引力和凝聚力。

用社会主义核心价值体系引领社会思潮，在态度上要高度重视社会思潮在社会系统中的功能作用，注意评估社会思潮的基本走势，正确研判社会思潮的性质，认真对待社会思潮的流变，敢于正视社会思潮反映出的社会问题。在我国改革发展的关键时期既有正确的、进步的、积极的、向上的社会思潮，也有错误的、落后的、消极的、保守的社会思潮。因此，要加强对各种社会思潮的有效疏导，根据各种思潮的不同性质采取不同的措施，引导其沿着健康的轨道前进、向着积极的方向发展。对于正确的、进步的、积极的、向上的社会思潮，要积极宣传大力倡导；而对于错误的、落后的、消极的、保守的社会思潮，一定要积极出击，绝不能敷衍塞责，被动应付，更不能熟视无睹，听之任之。尤其是对那些产生较大影响，在客观上严峻地挑战了社会主义主流意识形态、严重干扰了当代中国社会思潮主旋律的错误社会思潮，更要坚决抵制，并作为重点专题而详加透视论析。尽管这些错误思潮的表现形式不尽相同，产生的原因和背景也不尽相同，表面上是意识形态领域里的问题，但它们在易于被西方反华反共势力所利用，削弱和破坏我国的社会主义制度这一点上都是相同的。如果不加警惕，不加抵制，而任其滋生蔓延，必然会冲击到我国的政治、经济、文化等各个领域，必然会给中国共产党的领导地位、马克思主义的指导地位、整个社会主义上层建筑和经济基础带来极大的冲击和破坏。因此，一定要认清错误思想的本质和危害，防止它们在我国自由泛滥，形成“气候”。我们党必须利用执政优势，提高在意识形态领域方面的执政能力，通过贯彻“双百”方针，保持马克思主义在意识形态领域的指导地位。有了这个前提，并经过长期坚持不懈的努力，就能在全社会建设好社会主义核心价值体系，凝聚党心民心，推进社会主义思想道德建设。

（二）加强建设，提高引领的实效性

提高引领能力必须抓好引领的根本——加强社会主义核心

价值体系自身的建设，不断提高引领的实效性。

1. 推进理论武装工作

首先，积极推进马克思主义的理论普及与创新。大力实施马克思主义理论研究和建设工程，应当尽快形成全面反映马克思主义中国化最新成果的学科体系和教育体系，从总体上加大用党的创新理论统领意识形态阵地的力度。要以马克思主义为指导，在新的实践基础上不断作出新的理论概括，为核心价值体系引领社会思潮提供强有力的理论支持。

其次，深入研究社会主义核心价值体系的内容。社会主义核心价值体系涉及经济、政治、文化、社会等领域，这就要求必须深入群众、深入生活开展调查研究，掌握不同阶层、不同群体的不同思想追求和价值追求，研究与建设社会主义核心价值体系相配套的政策法律体系建设。同时，深入研究中国传统文化的积极因素，充分借鉴和吸收国外在价值体系建设上的有益做法，从中提炼出符合国情、为广大群众所愿意接受的内容。

再次，必须加强宣传教育，争取广大干部群众支持和参与。建设社会主义核心价值体系，关系广大干部群众的切身利益，需要动员广大干部群众支持和参与。这就要求我们要发挥国情国策教育的作用，增强思想宣传工作的说服力、感召力，让广大干部群众了解为何要建设社会主义核心价值体系，建设的内容是什么，如何建设，这项任务与他们有何利害关系，等等。通过宣传教育，让广大的干部群众知情并认可这项任务的重要性，这是动员和引导他们参与和支持这项工作的前提。同时，还要以形式多样的活动为载体，让干部群众在活动中自然而然地融为建设社会主义核心价值体系的力量。如把和谐社区、和谐家庭等和谐创建活动同群众性精神文明创建活动结合起来，使人人都是促进良好道德和良好社会风尚形成的力量。

最后，积极推动当代中国马克思主义大众化。随着教育的普及特别是信息网络文化日新月异的发展，人民群众的知识层次、理论水准、判断能力普遍提高。这就要求我们顺应时势，推动当代中国马克思主义大众化，不断提高理论的说服力和感召力。

2. 深入回答重大理论和实际问题

要将研究重心前移，深入回答重大理论和实际问题，创新理论的话语体系，不断赋予马克思主义鲜明的实践特色、民族特色和时代特色。要在和社会思潮的互动中，重点开拓马克思主义理论建设的若干新领域、新主题、新论述。要不断深化社会主义核心价值体系理论的研究，重建马克思主义的自由、平等、公平和正义理论，正确认识并深入研究马克思主义的民主观，认真梳理马克思主义关于人道主义以及人的终极关怀的探索，重新认识马克思主义关于社会阶级、社会冲突的理论和社会解放、社会和谐的理想，建设和创新马克思主义的文化观、传统观和民族观，发掘整理马克思主义关于现代化、世界历史、人类文明和全球化的论述。

3. 把引领同解决人民群众的利益问题结合起来

在引领过程中，注意巩固社会主义意识形态领域占据主导地位的思潮，发挥其引领的效应，把引领同解决人民群众最关心、最直接、最现实的利益问题结合起来。每个时期发展的阶段，都要把那些已成为社会焦点问题的社会思潮作为工作的重点和方向，采取有力措施加大统领和引导的力度，使之朝着有利于形成社会思想共识的方向健康发展。要把引领社会思潮同解决人民群众最关心、最直接、最现实的利益问题结合起来，不断夯实形成社会思想共识的群众基础。

第六章

用社会主义核心价值体系引领社会思潮的有效途径

构建社会主义和谐社会，必然要求确立社会主义核心价值体系在当代中国的主导价值观地位，巩固社会和谐的思想道德基础，增强对多样化社会思潮的引领作用。坚持以社会主义核心价值体系引领社会思潮，必须明确引领的原则，大力宣传普及社会主义核心价值体系，科学地认识社会思潮，贴近实际、贴近生活、贴近群众，着力解决好普及性、操作性、机制性问题。通过卓有成效的教育引导、舆论宣传、文化熏陶、实践养成、制度保障等，努力从价值观的层次消除隔阂、化解矛盾，扩大社会思想共识，使社会主义核心价值体系内化为人们的价值观念，外化为人们的自觉行动，把全民族的智慧和力量凝聚到构建社会主义和谐社会的伟大事业中来。

一　推进理论创新，保持社会主义核心价值体系的先进性

社会主义核心价值体系是社会主义制度的内在精神和生命

之魂。因此，要强化理论武装工作，着力提高社会主义核心价值体系的思想认识。我国社会主义核心价值体系的基本内容有四个方面，即马克思主义指导思想、中国特色社会主义共同理想、以爱国主义为核心的民族精神和以改革创新为核心的时代精神、社会主义荣辱观。建设这一体系，具有极强的现实针对性和重大实践意义。要将社会主义核心价值体系作为理论学习的重点，进一步深化理论武装工作。要通过中心组学习、党员学习、专家讲座等形式，深刻学习领会社会主义核心价值体系的基本内容和深刻内涵，使广大干部和群众更加坚持马克思主义的指导地位不动摇，坚持用发展着的马克思主义指导实践，并牢牢掌握意识形态领域的指导权、主动权、话语权，从而有效提升广大党员干部理论学习、调查研究、科学决策等能力。要调动各方力量，认真开展社会主义核心价值体系的理论研讨工作。要将社会主义核心价值体系列入理论研讨、理论论坛的重点课题，通过理论征文、理论研讨和理论论坛等形式，扩大理论研究的参与面，同时突出社科联的理论研究龙头作用，发挥理论研究人员的积极性，引导他们多深入基层调研，促进理论领域多出成果，出好成果，保持社会主义核心价值体系的先进性。

（一）不断深化对核心价值体系的理论研究

加强社会主义核心价值体系建设，首先要不断学习、研究、总结、归纳社会主义核心价值体系的内容，发挥理论在核心价值体系中的核心地位，并运用理论等载体和手段，广泛地开展社会主义核心价值体系宣传活动，用科学理论指导社会主义核心价值体系建设。

1. 深入研究社会主义核心价值体系的内涵和外延

既要深入研究社会主义核心价值体系的理论结构和实践要

求，还要深入研究国外在价值体系建设上的有益做法，同时，也要充分借鉴和吸收我国传统文化中有利于社会主义核心体系建设的、符合国情的、为广大群众所乐意接受的内容。

2. 丰富和深化社会主义核心价值体系的理论底蕴

理论主张不仅需要继续经受实践的长期和反复的检验，而且需要随着时代的发展而不断与时俱进、丰富和发展。所以，对于社会主义核心价值体系的理论底蕴，我们必须进行深入的研究，进一步发挥对于实践的指导作用，更加深入地转化为广大人民群众的内心信念和价值观念。

3. 要发挥理论对社会主义核心价值体系的支撑和引领作用

建设社会主义核心价值体系，必须充分发挥理论的指导作用，坚持不懈地用创新的科学理论武装全党、教育群众、指导实践。既尊重差异、包容多样，又掌握中国化马克思主义在思想领域的主导权、主动权，避免和防止错误思潮的泛滥。

（二）不断推进核心价值体系的理论创新

建设社会主义核心价值体系，根本的是不断推进理论创新。社会要发展，必须紧跟时代潮流，不断创新发展理念，任何一个理论体系都具有其时代的局限性，只有不断创新，不断在实践的基础上产生自己的理论成果，才能够真正实现科学发展。要用一种开放的视野俯瞰世界发展形势，充分吸收国外的发展理念。中国特色社会主义正是在开放心态下发展起来的先进的社会制度，社会主义核心价值体系也必然是在开放视野下发展起来的先进文化。只有不断改革和创新，才能够科学转变发展方式，实现社会主义思想文化的大繁荣大发展。

理论创新应该既具有继承性又具有创造性，没有对原有理论和文化的继承，理论创新就会成为无源之水，没有在继承的基础上进行创新，就会故步自封。社会主义核心价值体系不但有所继承，而且创造性地把历史上、国内外的思想文化中的精华进行了综合和再创造，从而使得中华民族在世界上的地位得到了空前的巩固和提高。

1. 社会主义核心价值体系必须解决好“一元”与“多元”的关系

就是要解决好社会主义核心价值体系与其他社会思潮之间的关系问题。这就要求我们必须进一步巩固马克思主义在思想文化领域内的指导地位，发挥马克思主义对社会思潮的引领作用，主动做好意识形态工作，有力抵制各种错误思潮和腐朽思想的消极影响，从而引领社会主义文化健康发展。但同时又要以开放的心态，遵循“尊重差异、包容多样”的原则，积极吸收其他思想文化中的精华，不断丰富社会主义核心价值体系的内涵和外延。

2. 加强人文与社会科学领域的研究工作

社会主义核心价值体系具有很强的理论性，是对社会主义文化和意识形态的科学诠释和系统总结，但它确实应该面向实践活动。为了能够更好地将理论与实际联系，把理论有效地应用于实践活动之中，必须加强人文社会科学领域的科学研究工作。人文社会科学领域的研究就是意识形态领域的“科学实验”，它能够在理论和实践之间起到桥梁的作用。所以我们应该大力“推进马克思主义理论研究和建设工程”，以便能够“深入回答重大理论和实际问题”。此外，我们还应该“繁荣发展哲学社会科学，推进学科体系、学术观点、科研方法创新”，让哲学和社会科学研究领域成为中国特色社会主义事业发展的思想库。

3. 通过制度创新推动社会主义文化的繁荣

要想马克思主义与中国具体实践密切结合，在继承中华文化的基础上，不断产生马克思主义中国化的新成果，并使其与“当代社会相适应、与现代文明相协调”，保持民族性，体现现代性，就必须有制度上的保障和创新。只有这样，才能解放和发展生产力，才能够使社会主义文化贴近实际、贴近生活、贴近群众，才能够使社会主义核心价值体系乐意为广大人民群众所接受，才能够使中华民族具有高度的凝聚力和创造力，才能够把社会主义核心价值体系融入社会主义文化建设的各个方面。

4. 理论联系实际，在实践中创新发展

建设社会主义核心价值体系，关键在于用实践精神和创新意识使这个体系的科学内容为广大群众普遍接受、真正认同、自觉践行。当前在改革和发展的过程中有许多重大现实问题需要理论的分析和支持，亟须以发展着的马克思主义为指导，以马克思主义的立场、观点和方法从哲学、经济学、社会学、伦理学、心理学等多种学科的角度，深入开展高质量的研究和探讨，力争取得有深度、有价值的研究成果，为解决实际问题提供决策和参考，切实使社会主义核心价值体系尽快融入社会生活、走进群众心灵。

5. 加强理论创新队伍的建设

社会主义核心价值体系的丰富和发展，离不开马克思主义研究队伍，离不开广大的理论工作者。理论工作者有更多与群众接触的机会，能够符合实际地了解到人民群众中存在的各种疑惑，通过实际调查、组织座谈会等形式，可以掌握和回答干部和群众普遍关心的重大理论和实际问题，因而，理论工作者在理论创新上更有发言权和说服力。因此，加强马克思主义理论工作者的培训和建设，是必不可少的。目前，一些切实可行的措施和方法相继出台，2004 年 1 月，《中共中央关于进一步繁荣发展哲学社会科学的意见》中决定实施“马克思主义基础研究和建设工程”，以加强对毛泽东思想、邓小平理论和“三个代表”重要思想这三大马克思主义中国化理论的研究，是一项培养马克思主义理论人才工程。同时，教育部以及各省市都开展了关于马克思主义理论人才的培养计划和工程，旨在造就一批政治坚定、理论功底扎实、勇于创新的马克思主义理论工作者，进而不断涌现出优秀的理论研究成果，创造出更多符合国情，贴近民众生活，为广大群众所乐意接受的马克思主义中国化最新成果，使马克思主义中国化最新成果更加具有科学性，更加具有说服力和感召力。

二　大力开展社会主义核心价值体系宣传普及活动

党的十七大报告指出，要切实把社会主义核心价值体系融入国民教育和精神文明建设全过程，为广大社会成员所感知、所认同、所接受、所掌握，将其转化为人民的自觉追求。正确价值观的确立，良好社会风尚的形成，离不开广泛的宣传和普及，要用社会主义核心价值体系引领社会思潮，就要加强思想宣传阵地的建设和管理。对社会主义核心价值体系的宣传普及，要始终坚持团结稳定鼓劲、以正面宣传为主，大力弘扬先进的思想、健康的情操和高尚的道德，使有利于国家富强、民族振兴、社会和谐、人民幸福的思想和行为成为时代最强音。

（一）提高理论的吸引力

首先，把理论体系转化为普通大众易懂的精髓。对普通大众不能只讲理论体系，而应把理论体系转化成群众容易接受、通俗易懂的精髓，提高理论的吸引力。运用通俗理论读物和电视理论专题片等形式，用群众的语言、群众身边的鲜活事例，回答理论和实践难题，在娓娓道来中把道理讲清楚、说明白，同时要更多地用历史说话、用事实说话，增强理论对民众的吸引力。

其次，要不断增强党的思想理论工作的说服力和战斗力，用马克思主义和社会主义意识形态去占领一切思想文化阵地。要坚持弘扬主旋律，对错误的思想政治观点和言论，对否定四项基本原则的挑战和攻击，必须坚持原则，敢抓敢管，理直气壮地予以批驳和抵制，绝不能不闻不问、听之任之。要加强宣传舆论阵地的管理，不允许为错误的思想观念提供传播渠道。工作中要注意区分思想认识问题、学术问题和政治问题的界限，具体问题具体分析，既要坚持政治原则和政治方向，又要避免影响经济建设这个中心、影响改革发展稳定的大局。

（二）营造浓厚的舆论氛围

胡锦涛总书记强调要“讴歌真善美，鞭挞假恶丑”，而要做到这一点，一定要有阵地。要很好地运用现代传媒，多借助电视、互联网、手机短信、多媒体等平台，把社会主义核心价值体系的内容和要求通俗化、大众化，充分运用各种手段加大宣传力度，营造浓厚的舆论氛围，为群众开辟表达诉求和感受的渠道，使群众在平等交流中受到教育和影响，使社会主义核心价值体系转化为社会的群体意识。

要采取各种宣传形式，有效普及社会主义核心价值体系理念。通过组织宣讲团巡回宣讲社会主义核心价值体系的基本内容和深刻内涵；通过学习及时将社会主义核心价值体系列入干部培训、干部教育的重点内容；通过举办理论骨干培训班等形式，进一步提高党员干部的理论修养。同时，要充分利用理论联系点的阵地作用，通过论坛、研讨会、座谈会、知识竞赛等形式，引导广大干群自觉融入社会主义核心价值体系理论的学习中去，从而进一步推动社会主义核心价值体系的普及工作。

要努力生产健康有益的文化产品，弘扬社会主义核心价值体系。文化产品要通过交换才能到达消费者手中，它具有意识形态的属性，人们对它的取舍在很大程度上取决于他们的思想文化素质和艺术欣赏趣味。文化产品绝不能商品化，绝不能完全听任市场去摆布。文化产品要“与时代同步，与人民同心”，要“弘扬主旋律，发展多样化”。

（三）把理论宣传和解决实际问题相结合

理论宣传必须克服从理论到理论，从观点到观点，从说法到说法的问题，应坚持以人为本，把解决最广大人民群众的根本问题作为引领社会思潮的关键和基础，在坚持以经济建设为中心的同时更加重视社会和谐建设，维护社会公平正义，保障人民在经济、政治、文化、社会的有效权利。通过切实处理和解决好就业、住房、医疗、教育等与群众利益密切相关的问题，使人们感受到党和政府的关心，不断夯实形成社会思想共识的群众基础。要善于通过典型事例的剖析，说明道理，传播思想。宣传普及社会主义核心价值体系，一定要深入研究和回答改革发展中的重大现实问题，切实研究和回答干部群众关心的热点难点问题，充分发挥理论指导实践、回应时代课题的作用。坚持把理论学习宣传同研究推动社会重大现实问题的解决结合起来，同解决关系国计民生的现实矛盾结合起来，同指导实际工作结合起来，从而使理论成果更好地转化为各级党委政府的决策思路，转化为干部群众的自觉行动。

（四）突出模范的典型作用

各行各业的先进代表，都是社会主义核心价值体系的忠实实施者，从不同的角度和方面体现出社会主义核心价值观的本质要求。我们应该记住张海迪、孔繁森、袁隆平、方永刚、蒋敏等先进典型和道德模范，也应该记住在抗洪、“非典”、抗击自然灾害等斗争中涌现出来的英雄群体。他们都以自己坚定的理想信念、崇高的精神境界和高尚的道德情操，为我们诠释了社会主义核心价值体系的精髓，为广大人民群众树立起践行社会主义核心价值体系的楷模。通过广泛宣传和突出各行各业、各条战线先进模范的典型，使社会主义核心价值体系变得更具体、更生动，更容易为人民群众所认同、所接受，引导人民群众自觉把社会主义核心价值体系的要求融入日常的工作、学习和生活之中，使广大人民群众成为马克思主义的坚定信仰者、中国特色社会主义共同理想的引领者、民族精神和时代精神的弘扬者以及社会主义荣辱观的践行者。[①] 此外，还要借助现代化传播平台，广泛地宣传模范作用，让先进模范的形象深入民心，深入生活，成为人们向往和学习的楷模。

（五）制定完善的政策和制度

完善的政治制度对于普及和宣传社会主义核心价值体系，具有强大的保障作用。应注重把社会主义核心价值体系的要求固化为具体的、可操作的政策和制度，在政策制度制定和贯彻执行中充分体现社会主义核心价值导向，人民群众必然从政策的推行和发展的成果中强化对社会主义核心价值体系的认知与

---

① 《社会主义核心价值体系学习读本》，学习出版社，2009，第64页。

认同，从而更加坚定对马克思主义的信念、走中国特色社会主义道路的信心。

三　加强领导，形成合力，为“引领”提供组织保障

现代社会关系是多种多样、错综复杂的，特别是在社会转型时期，各种社会要素处于不断的变化和重组之中，社会关系更为复杂和多样化。加强社会主义核心体系建设，用社会主义核心价值体系引领社会思潮，必须加强党的领导，整合好各种错综复杂的社会关系，在全社会形成合力，为引领提供有力的组织保障。

（一）党的领导是“引领”成功与否的关键

中国共产党是建设中国特色社会主义事业的领导力量，对于这一事业的成败具有举足轻重的决定性作用。一个政党能否充分发挥其领导作用，主要取决于其理论、路线、纲领的正确与成熟程度，执政能力的好坏强弱，以及它同广大人民群众的关系如何。

1. 保持党的先进性

马克思主义是我们党和国家领导广大人民群众的指导思想，马克思主义中国化的理论成果——毛泽东思想、邓小平理论和“三个代表”重要思想，是我们党带领我国人民认识世界、改造世界和创造幸福生活的强大思想武器，也是全党全国人民团结奋斗的共同精神纽带。改革开放30多年来，我国经济社会发展出现了历史上少有的蓬勃生机和繁荣局面。但与此同时，时代转换、社会转型以及市场经济的双重影响，使我国的意识形态面临着经济社会生活多样化所带来的价值观多样化的冲击，不

少人出现困惑、迷茫，甚至某种程度的信仰缺失、道德沦丧的现象。一些人主张以自我为中心，崇尚及时行乐，其世界观、人生观、价值观发生严重扭曲。甚至国际上各种思想文化相互激荡，也给人们的精神生活带来深刻影响。在这种情况下，能否以马克思主义为指导、用社会主义的核心价值体系引领各种社会思潮，正确地对待西方的文化影响，执政党的先进性和坚定性就成为生死攸关的关键。因此党员，特别是党的领导干部要有坚定的马克思主义信仰和共产主义信念，要牢记党“全心全意为人民服务”的宗旨，保持同广大群众特别是工农基本群众的血肉联系。如果自己对马克思主义和共产主义都半信半疑，甚至是根本不信或假信，忘记了自己是人民的“公仆”，而一心只想为自己谋取好处、当官做老爷，失去了人民的信任和支持，那就很危险了。[①] 要注重发挥领导干部的表率作用，领导干部要带头提高自我修养的自觉性和责任感，解决自身思想和品质中的消极因素，不断形成一种使领导干部表率化的制度，规范和促使领导干部讲党性、重品行、作表率，成为实践社会主义核心价值体系的模范，社会主义荣辱观的自觉实践者、社会和谐的积极促进者。

2. 加强党的建设

在中国特色社会主义建设的伟大事业中，我们党始终非常重视加强自身建设。“把建设有中国特色社会主义宏伟事业不断推向前进，关键在党，关键在人”是邓小平同志多年来反复强调的一个重要思想。江泽民同志指出：“中央要求领导干部要有

---

① 王振华：《意识形态问题是事关党和国家命运与前途的大事》，《社科党建》2007 年第 3 期。

忧患意识，要忧党忧国忧民。首先要忧党。"[①]"如果长期执政以后我们的干部丧失了当年夺取政权和建设初期那样一种蓬勃朝气，那样一种昂扬锐气，那样一种浩然正气，而变得明哲保身，事不关己、高高挂起，形式主义、官僚主义严重，以至滥用权力，使党和人民的利益受到损害，那么，我们最后必然失去最广大人民的拥护和支持。"[②] 胡锦涛总书记更是提出："面对新的形势和任务，我们要从全局的高度进一步提高对加强和改进党的建设重要性的认识，认真贯彻'三个代表'重要思想，与时俱进，扎实工作，全面推进党的建设新的伟大工程"。[③] 这些领导人的讲话体现了鲜明的时代特点，既有很强的现实针对性，又具有长远教育意义。

用社会主义核心价值体系引领社会思潮的历史任务面前，各级党委要按照中央的要求，从全局的高度加强对党建设重要性的认识，认真贯彻"三个代表"重要思想，与时俱进，扎实工作，全面推进党的建设的伟大工程。坚持不懈地用马克思主义武装全党，推动广大党员干部用马克思主义中国化最新成果指导客观世界和主观世界的改造，提高运用科学理论分析和解决实际问题的能力。要加强意识形态工作，增强各级党组织及党员领导干部的政治意识、政权意识、责任意识，增强政治敏锐性和政治鉴别力。经常分析意识形态领域的形势，及时掌握思想理论动向和社会舆情动态，及时发现倾向性、突变性问题，不断研究和探索做好意识形态工作的有效途径和办法，善于用改革创新的思路和办法破解意识形态领域中不断出现的新情况、

① 《江泽民文选》第3卷，人民出版社，2006，第324页。

② 《江泽民文选》第3卷，人民出版社，2006，第419～420页。

③ 胡锦涛：《中共中央关于加强和改进新形势下党的建设若干重大问题的决定》，2009年9月29日《人民日报》。

新问题，不断提高做好新形势下意识形态工作的能力。此外，还要重视选拔培养文化宣传领域的领导干部，抓好领导班子建设，确保文化宣传领域的领导权牢牢掌握在忠诚于党和人民的人手里，对意识形态领域出现的问题，敢于负责、及时处理，从政治上和组织上为社会主义核心价值体系引领社会思潮提供根本保证。

（二）注重发挥领导干部的表率作用

党的各级领导干部是构建社会主义和谐社会的领导力量，其言行对其他社会成员有着很强的示范作用，很大程度上影响着人民群众对核心价值体系的认同。在社会主义核心价值体系建设中，各级领导干部要带头学习和践行社会主义核心价值体系，用自己的模范行为和高尚人格感召群众、带动群众。各级领导干部要通过加强学习、加强修养、提升素质、牢记宗旨，发挥表率作用，应以自身的良好形象和过硬的素质带领和推动本地区本部门各项工作，为社会主义核心价值体系有效引领社会思潮作出应有的贡献。

1. 做理论学习的表率

理论是人的灵魂，没有理论的头脑，就等于没有灵魂。恩格斯指出：一个民族要站在世界的最高峰，就一刻也不能没有理论思维。一个民族要达到兴旺发达，一个国家要实现全面振兴，一个政党要实现其纲领、目标，一个党员要走向政治成熟，都离不开理论的指导。理论素养的高低，决定着一个人的理想信念、思想观念、道德修养和能力水平，理论上的成熟是政治上成熟的基础。恩格斯说过：只有清晰的理论分析才能在错综复杂的事实中指明正确的道路。社会主义核心价值体系是马列主义、毛泽东思想、邓小平理论、“三个代表”重要思想和科学发展观在新时期的具体体现，认真掌握其科学内涵，才能在面对纷繁复杂的社会思潮时明辨是非，避免政治上的迷茫、思想上的盲目，才能很好地运用社会主义核心价值体系对其进行科学的引领。当前，我国正处在改革开放的攻坚阶段，处于发展的关键时期，要求我们党员干部要立足新时代和新任务，把自觉深入、系统地学习掌握科学理论作为自己的必修课，不断加强理论学习、提高理论素养，优化思维方式，完成党和人民赋予我们的历史使命。

2. 做尽职尽责的表率

作为一名领导干部，必须有高度的责任感和敬业精神，尽心尽力把每一项工作做实、做好，以自身的优秀品格感染周围的人。领导干部要发扬求真务实精神，不做表面文章，弘扬新风正气，抵制歪风邪气，着力解决民生问题，紧密结合部门实际，着实把本单位、本部门服务民生的事情办实办好。作为一名领导干部，必须时刻提醒自身树立好正确的政绩观，不做表面文章，扎扎实实做好本部门、本单位的每一项工作。党把你放在哪个岗位上，就要在哪个岗位上兢兢业业地履行职责，真正干出成绩来。绝不能为个人捞好处，走入歧途。共产党员特别是领导干部都要忠心耿耿、任劳任怨地为党和人民而奋斗，有了这种精神，就一定能够起到表率的作用。

3. 做服务群众的表率

领导干部要始终坚持以人为本，怀爱民之心，守为民之责，谋富民之策，办利民之事。党员领导干部要经常深入群众、深入实际。认真调查研究，认真倾听群众心声，努力把群众创造的经验总结出来，努力找到解决问题的有效办法，并依靠群众加以解决。越是困难的地方，越是矛盾集中的地方，领导干部越是要经常关注那里。领导干部来自群众，为群众工作和服务，要树立全心全意为群众服务的意识。如果脱离群众，甚至做出种种违背群众意愿、损害群众利益的事情来，那就不配做人民的公仆。越是在群众有困难的时候，领导干部越应该站在困难的最面前，与群众同甘共苦、共渡难关。

4. 做遵纪守法的表率

党员领导干部要带头加强组织纪律观念，做到令行禁止。各级党委和领导干部，在重大原则问题上必须始终站在党的立场上，坚决维护政令的严肃性和权威性，确保党中央各项决策和指示得到贯彻落实。各级领导同志应自重、自省、自警、自励，在各方面以身作则，树立好的榜样。要求别人做的，自己首先做到；禁止别人做的，自己坚决不做，用自身的言行带领全体群众共同遵纪守法。

5. 做廉洁自律的表率

作为一名领导干部，要坚持严于律己，廉洁奉公的做人宗旨。坚持高尚的精神追求，养成良好的工作作风和生活作风。要继续发扬“两个务必”的优良传统，坚持高标准严要求，模范执行领导干部廉洁自律各项规定，主动接受各方面的监督，同时，要认真抓好本单位本部门的反腐倡廉建设，努力营造清正廉洁的良好氛围。江泽民同志指出，“中央向领导干部提出的各项自律要求，必须不折不扣地做到。这是最基本的。领导干部以身作则，行为端正，才有可能解决好本地区本部门存在的问题。对于国有企业领导干部，也需要提出自律的要求。”① “领导干部首先是高级干部要以身作则，模范地遵纪守法，自觉接受监督，抵制腐朽思想的侵蚀，做艰苦奋斗、廉洁奉公的表率，

① 《江泽民文选》第1卷，人民出版社，2006，第408～409页。

带领群众坚决同腐败现象作斗争。”① 各级国家干部和工作人员，务必保持廉洁和正气，坚持公平和正义，不能以权谋私、贪赃枉法。对任何腐败行为和腐败分子，必须坚持有法必依、执法必严、违法必究的原则，决不姑息，党内不允许有腐败分子的藏身之地。

（三）全社会形成合力

建设社会主义核心价值体系，既是一个重大的现实课题，又是一项长期的历史任务，需要全党全社会共同努力。我们要认真研究核心价值体系建设的规律，坚持不懈地以科学的方法着力推进社会主义核心价值体系的建设。

1. 高度重视

各级党委一定要把思想和行动统一到中央对意识形态领域的形势判断和工作部署上来，自觉地加强社会主义核心价值体系建设。要从中国特色社会主义事业长远发展的战略高度来认识意识形态工作，从促进改革发展、维护社会稳定的全局高度来研究意识形态工作，从提高党的领导水平和执政能力、巩固党的执政地位的政治高度来谋划意识形态工作，努力提高做好新形势下意识形态工作的能力，牢牢掌握意识形态工作的领导权和主动权，使以马克思主义为指导的社会主义意识形态不断巩固和发展，使社会主义核心价值体系成为广大人民群众高度认同、自觉实践的价值标准，成为整合引领社会思潮的有力思想武器。

2. 齐抓共管

把党政各部门、社会各方面的力量充分调动起来，在党委

---

① 《江泽民文选》第2卷，人民出版社，2006，第46页。

的统一领导下，政府、学校、企事业单位、各类群团组织等都要积极行动起来，群策群力，齐抓共管，形成合力，把社会主义核心价值体系融入发展社会主义市场经济过程中，融入发展社会主义民主政治过程中，融入发展社会主义先进文化过程中，融入人民群众为全面建设小康社会而奋斗的过程中，形成有利于社会主义核心价值体系建设的理论导向、舆论导向、政策导向、利益导向和法制保障，并且使这项历史性任务贯穿和落实在社会主义市场经济、社会主义民主政治、社会主义先进文化、社会主义和谐社会建设协调发展的历史进程中。

3. 建立长效机制

要把建设社会主义核心价值体系作为一项长期工作任务，纳入重要议事日程，融入精神文明建设。建立健全领导体制、工作机制、激励机制，增加机构编制和经费投入，实施目标管理，统一部署，统一落实，统一检查，在全社会形成合力，确保社会主义核心价值体系建设的顺利实施。各级党委及政府要注重从政策引导、法制建设等方面为社会主义核心价值体系教育提供有力保障，从社会舆论、大众传媒等方面营造浓郁氛围，尤其应注重运用现代化传播手段，在网上开辟社会主义核心价值体系教育的新课堂和新阵地。各部门共同采取行动，共同营造有利于社会主义核心价值体系建设的长效机制。

四　提高精神境界和道德素质，为“引领”提供坚实的群众基础

应当加强文化建设，促进哲学与社会科学的繁荣与发展，不断提高广大人民群众的精神境界和道德素质，为社会主义核心价值体系有效引领社会思潮打牢坚实的群众基础。

（一）加强文化建设

在当今经济全球化的背景下，西方发达国家凭借经济、科技优势，对外输出价值观和文化产品。但从长远看，世界文化舞台不可能是西方文化的一统天下，必然会出现多种文化交流、交融、交锋和对话的新格局。各种文化将通过对话和交流，在保持自身特色的前提下共同维护关系人类共同利益的基本文化价值。因此，全球性文化交会对于我国来说，既是挑战也是机遇。我们要在有效抵御西方文化渗透、保持民族文化独立性的前提下，坚持扩大对外文化交流，更加积极主动地投入全球性的文化对话中，努力增强中华文化的影响力。不断提升文化软实力，用文化建设来弘扬社会主义核心价值体系。我国已进入文化消费的快速增长期，人们的精神文化需求更加旺盛。文化是一种无形的力量，能够春风化雨、润物无声。应更多地借用文化的力量，自觉地把社会主义核心价值体系融入文化建设的各个方面，善于运用文化载体、管理载体、大众传播载体和网络载体来深刻阐释社会主义核心价值体系的内涵与实质，使广大人民群众在文化教育活动中，潜移默化理解社会主义核心价值。

要努力把社会主义核心价值体系融入文化建设的各个方面，把社会主义核心价值体系融入国民教育和精神文明建设全过程，建设和谐文化，培育文明风尚。新闻舆论的社会影响力越来越大，在社会主义核心价值体系建设中具有十分重要的作用。要积极发展新闻出版、广播影视、文学艺术事业，坚持正确导向，弘扬社会正气。当然，各级各类媒体要认清肩负的责任，牢牢把握正确的舆论导向，努力把社会主义核心价值体系的要求贯穿到日常宣传报道之中。要重视城乡、区域文化协调发展，着力丰富农村、偏远地区、进城务工人员的精神文化生活。要加强网络文化建设和管理，网络文化建设和管理要按照有关要求，坚持社会主义先进文化的发展方向，唱响网上思想文化的主旋律，努力宣传科学真理、传播先进文化、倡导科学精神、塑造美好心灵、弘扬社会正气，努力形成一批具有中国气派、体现时代精神、品位高雅的网络文化品牌，推动网络文化发挥滋润心灵、陶冶情操、愉悦身心的作用；要加强网上思想舆论阵地建设，掌握网上舆论主导权，提高网上引导水平，讲求引导艺术，积极运用新技术，加大正面宣传力度，形成积极向上的主流舆论；要倡导文明办网、文明上网，净化网络环境，努力营造文明健康、积极向上的网络文化氛围，营造共建共享的精神家园。要深入开展群众性精神文明创建活动，完善社会志愿服务体系，形成男女平等、尊老爱幼、互爱互助、见义勇为的社会风尚。①

（二）加强公民道德建设

道德力量是社会和谐、人民幸福必不可少的一个重要条件。建设社会主义核心价值体系，必须高度重视公民道德建设，大力倡导爱国、敬业、诚信、友善等道德规范，深入开展公民道德实践活动，推动形成男女平等、尊老爱幼、扶贫济困、礼让宽容的人际关系，培育文明道德风尚。

1. 认真贯彻落实《公民道德建设实施纲要》

要以贯彻落实《公民道德建设实施纲要》为契机，因地制宜深入开展社会道德宣传推广和教育，普及道德知识和道德规

---

① 张连启：《着力建设社会主义核心价值体系》，中国共产党新闻网 2008 年 7 月 7 日。

范，促进社会主义核心价值体系建设，对一些与社会主义核心价值要求不相适应的内容要及时进行补充和完善，并通过多种形式和渠道，帮助人们提高道德修养，使他们在潜移默化中受到教育，做到处事有准则，言行有遵循，树立正确的价值观。

2. 全面提高公民的思想道德素养

学习和宣传社会主义核心价值是一个方面，更重要的是要把社会主义核心价值转化为公民思想道德。只有在不断增强公民社会责任意识过程中，才能进一步加强公民社会公德、职业道德、家庭美德、个人品德建设，引导人们自己、他人和社会，正确对待困难、挫折和荣誉的行为准则和价值观念，自觉履行法定义务、社会责任、家庭责任。广大企业和个人都要从自身做起，不断加强商务诚信、社会诚信等建设，着力培养诚信观念。有关部门要采取切实措施，建立健全社会信用体系，形成诚信为本、操守为重、守信光荣、失信可耻的社会氛围。

3. 深入开展精神文明创建活动

深入开展以社会主义核心价值体系为主要内容的精神文明创建活动，是加强公民思想道德建设，引导群众自我教育、自我激励、自我提高、自我完善的有效载体。用群众喜闻乐见的活动形式吸引他们普遍参与。当前，要以开展“讲文明、树新风、促和谐”活动为契机，以创建文明城市、文明村镇、文明行业为载体，通过组织科技、文化、卫生“三下乡”、“理论进基层”、“六进社区”、“美在农家”等活动，深入开展社会主义核心价值体系的宣传和教育；要充分发挥各种传统教育资源，着力加强核心价值培育；要发挥爱国主义教育基地的作用，大力加强以爱国主义为核心的民族精神教育；要开展“六进校园”、“和谐校园”创建活动，促进青少年进一步坚定马克思主义信仰、树立社会主义信念和牢记社会主义荣辱观；要进一步加强宣传文化建设工程，加强农村宣传文化阵地建设，并以此为依托，积极引导广大基层群众进一步领会社会主义核心价值体系。

建设社会主义核心价值体系首先要解决好社会主义核心价值体系的教育和践行的问题。要特别重视未成年人思想道德建设和大学生思想政治教育，青年学生是社会主义事业建设者和接班人，是国家的未来。当代学生处于中西文化交汇、多种价值观冲突的年代，随着世界经济一体化进程的加快，微观层面呈现出日趋多元化的趋势。青年学生是社会上最活跃最敏感的有知识的人，他们常常最先敏锐地感觉到变化和冲击，思想开放，容易接受新的观念和经验，性格开朗、独立、更富于挑战性，不为单一的价值观所束缚。因此，把社会主义核心价值体系渗透到大中小学的思想政治理论课和思想品德课教学之中，体现到学校教育教学和日常管理的各个环节，真正做到进教材、进课堂、进学生头脑，同时动员社会各方面共同做好青少年思想道德教育工作，为青少年健康成长创造良好社会环境。要充分发挥道德模范榜样作用，善于总结和发现各方面先进典型，特别是来自普通群众、平凡之中见伟大的典型实际和人物，通过广泛开展向道德楷模学习活动，发挥道德模范榜样作用，引导人们自觉增强诚信意识和责任意识，使青年学生成为社会主义核心价值理念的坚信者和践行者。

五　处理好坚持与发展的关系，为“引领”营造良好的社会环境

应当与时俱进，处理好坚持与发展的关系，为社会主义核心价值体系对多元化社会思潮的有效引领营造良好社会环境。

（一）科学继承并创新发展中国的传统文化

一个时代的社会意识，其产生和发展奠基于前人所积累的思想材料，是前人思想的一种延续或一种演变。作为社会意识范畴的社会主义核心价值体系，也是如此。社会主义核心价值体系是在中华民族文化环境中发展起来的，植根于中国传统文化的沃土中。没有中国传统文化之根，就没有中华民族精神之源，社会主义核心价值体系就无法建立。中国传统文化，一方面，为社会主义核心价值体系的形成提供了丰厚的文化基础、充分的文化养料和合理成分，另一方面，为社会主义核心价值体系的构建提供了思想文化传统，并为思想文化传统中的一些经久不衰的精神融入和贯穿社会主义核心价值体系各个方面做好了前期准备。因此，我国传统文化是社会主义核心价值体系建构中不可或缺的思想源泉。

（二）与时俱进，在实践中不断发展完善

社会主义核心价值体系作为理论创新的重大成果，是我们党根据时代特征和我国社会主义现代化建设的伟大实践科学地总结概括出来的，它也必然要回到实践当中去，伴随着我国社会主义建设的伟大实践得到发展完善。在实践中既要坚持社会主义核心价值体系，又要与时俱进，不断发展和完善社会主义核心价值体系，使之能够始终为广大人民群众所接受，能够融入社会主义文化建设的各个方面。

社会主义核心价值体系是我们党科学总结我国文化理论建设的实践和经验，它具有高度的时代性。建设社会主义核心价值体系的一个重要目标，就是如何正确处理理论与实践相结合的问题。要切实把社会主义核心价值体系融入国民教育和精神

文明建设全过程，转化为人民的内在的品质要求；同时，要积极探索用社会主义核心价值体系引领社会思潮的有效途径，努力在实践中不断发展与完善社会主义核心价值体系。

六　牢牢掌握主动权，确保“引领”的及时有效

（一）掌握引领的主动性

意识形态领域历来是敌对势力同我们激烈争夺的重要阵地。必须清醒地看到，各类非马克思主义的意识形态、纷繁复杂的社会思潮对社会主义意识形态的冲击和影响是长期的、复杂的，有的甚至表现为尖锐的斗争和激烈的较量。因此，必须牢固树立马克思主义在意识形态中的指导地位，牢牢掌握意识形态领域斗争中的主动权，对各类社会思潮所呈现的苗头要及早进行分析、研究、鉴别，认清其性质、特点、传播途径、影响范围，准确判断其危害性，采取有效措施进行批判、制止、封堵、引导，确保“引领”的及时有效性。

严峻的事实告诫我们，各种敌对势力没有放弃对我国进行“西化”、“分化”的战略图谋，从来没有停止企图搞乱人们思想、搞垮国家政治制度的活动。可见，意识形态工作关系国家安全和社会稳定，关系党和人民事业的兴衰成败。因而，江泽民同志曾经深刻地指出：“在当代中国，以马克思主义为指导的正确的进步的思想观念是整个社会思想的主流，这是毫无疑义的。而违反马克思主义的错误的落后的思想观念，尽管是支流，但必须认真对待。如果任其发展，就会造成极大的社会危害。有些错误思潮的滋长蔓延，往往就是始于我们对支流的忽视，

最后不得不用很大气力去解决。这方面的教训不可忘记。越是变革时期，越要警惕各种错误思想观念的发生及其给人们带来的消极影响，我们党的思想政治工作越要加强和改进。”①

（二）提高引领的及时性

要坚持和巩固马克思主义在意识形态领域的指导地位，坚持用社会主义核心价值体系引领和整合多样化的社会思潮。任何一个社会的思想领域，总是统治阶级的思想占统治地位的。任何一个国家的统治阶级，为了巩固其政治统治，都要竭力维护和发展其占统治地位的意识形态。西方国家从来就不允许马克思主义在他们的意识形态中居于指导地位。西方国家也有一套系统的方法和手段，来对他们的官员、学生、群众、军队灌输资本主义的思想、价值观和政治信条。在我们集中精力进行现代化建设的过程中，全党同志一刻都不能放松政治这根弦。要增强忧患意识，居安思危，始终坚持正确的政治方向、政治立场、政治观点，增强政治敏锐性和政治鉴别力，牢牢把握先进文化的前进方向，牢牢把握思想舆论导向。

（三）确保引领的有效性

自 2007 年以来，以胡锦涛同志为核心的新一代中央领导集体重视社会主义文化建设，形成一系列关于文化建设的文件和方针，制定下发《关于把学习贯彻“三个代表”重要思想进一步引向深入的意见》，要求全党在继续贯彻“三个代表”重要思想的同时，全面深入学习实施科学发展观，形成了具有重大战略意义的文化理论；另外，发出《关于进一步加强和改进未成

---

① 《江泽民文选》第 3 卷，人民出版社，2006，第 82 页。

年人思想道德建设的若干意见》和《关于进一步加强和改进大学生思想政治教育的意见》，动员全党全社会形成关注青年学生健康成长的强大教育合力。经过全社会的努力，社会主义核心价值观逐步深入人心，社会风气渐渐好转，社会道德蔚然成风，社会正气占主流地位，人们的精神得到很好的展示。

七　加强制度建设，建立“引领”的长效机制

坚持以社会主义核心价值体系引领社会思潮是一项庞大的系统工程，必须立足实际，着眼未来，做好各方面工作。加强社会主义核心价值体系引领社会思潮的方针、政策和制度性建设，建立引领的长效机制。

（一）制定保障社会主义核心价值体系能够有效宣传的政策

通过体制建设和机制建构，使社会主义核心价值体系融入国民教育和精神文明建设全过程，贯穿到媒体传播、精神文化产品生产、人民日常工作生活、政策法规制定和社会管理之中。要综合运用法律、行政等手段，使社会主义核心价值体系牢牢占据舆论主渠道、教育主阵地、公共文化娱乐主要场所，使冲击社会主义核心价值体系的思潮在主阵地上被杜绝，非主流社会思潮进入主渠道被限制。同时，切实改变主流意识形态呆板、说教等表现形式，建立一整套适应不同层次不同传播渠道、贴近生活、贴近群众、贴近实际地为群众所喜闻乐见的表现形式，创新使社会主义核心价值体系深入人心的方式方法。

（二）制定能够有效引领社会思潮的具体政策

在多样化思潮重点活动的不同领域，综合运用行政、经济、法律、舆论等手段，制定具体的引领政策，并使之系统化、制度化、机制化。在哲学社会科学领域、政治经济文化社会发展的决策领域、民间信仰及社会道德伦理等领域，大力弘扬积极向上的思想精神，尊重差异，包容多样，妥善处理思想文化领域问题，最大限度地增进全社会对社会主义核心价值体系的认同，推动在全社会形成统一的指导思想、共同的理想信念、强大的精神力量和基本的道德规范。为此，应进一步建立健全引领整合多样化社会思潮的组织体系，形成党、政统筹意识形态工作的领导机构；建立完整的支撑社会主义核心价值体系引领系统，如执政党的思想文化意识形态政策研究系统、当代中国化的马克思主义理论骨干队伍建设和培育系统、主流媒体和网络引导管理系统、对精神生产和思想学术领域投入的财政引导系统、对哲学社会科学重点学科的教育资源整合系统、引导宗教为社会主义服务的工作系统等。

（三）建立能够有效防御敌对思潮的防控系统

必须看到，社会主义核心价值体系与敌对思想在意识形态领域的斗争深刻而复杂，西方资本主义国家自始至终企图在意识形态领域完成其和平演变，他们凭借经济、技术、文化等方面的优势，利用互联网、文化影视作品、宗教传播等渠道，加大其价值观念的渗透。对此，我们必须清醒地认识到，必须建立健全反对社会主义制度、分裂祖国、宣扬反对和腐朽没落思想的防控体系，并有针对性地开展斗争。

（四）建立完善的领导体制和组织机构

在以核心价值体系引领社会思潮的过程中，要本着始终坚持“党委领导、政府负责、社会协同、公共参与”的方针和原则，提高各级党委特别是党委主要领导和普通干部对社会主义核心价值体系引领社会思潮工作的重要性认识，积极发挥领导干部以身作则、率先垂范的表率作用。同时，发挥工会、共青团、民族党派社团、民众自治组织的辅助作用，确保为引领社会思潮、形成社会思想共识创造更加有利的社会环境，把引领社会思潮的工作纳入民主化、规范化的轨道。

（五）强化“引领”有效的保障机制

要充分发挥政策的导向作用，使经济、政治、文化、社会等方方面面的政策都有利于社会主义核心价值体系建设，防止出现具体政策与核心价值体系相背离的现象。要积极促进社会主义核心价值体系的要求转化为法律规定，用法律的权威来推动核心价值体系建设。各种社会管理不仅具有维护生产生活秩序的作用，也应当承担起倡导主流价值观念的责任。各级各类管理部门要把倡导核心价值体系作为分内工作，建立健全有效的激励约束机制，注重在日常管理中体现价值导向，使符合核心价值体系的行为得到鼓励，违背核心价值体系的行为受到制约。

第七章

加强对青年学生的社会主义核心价值体系教育

建设社会主义核心价值体系首先要解决好社会主义核心价值体系的教育问题。青年学生是社会主义事业的建设者和接班人，是国家的未来，在青年学生中开展社会主义核心价值体系教育，使青年学生成为社会主义核心价值理念的坚信者和践行者，是当前高等学校的一项重要且紧迫的任务。因此，高等学校一定要高度重视对青年学生的核心价值体系教育，把社会主义核心价值体系的基本内容和要求渗透到高等学校的教育之中，体现在学校的日常管理之中，做到进教材、进课堂、进头脑。

一　对青年学生进行社会主义核心价值体系教育的重要性及紧迫性

社会主义核心价值体系代表了中国特色社会主义社会的主流价值，提供了和谐社会建设所需要的文化认同和价值追求。研究青年对社会主义核心价值体系的认同程度，有助于了解和掌握青年学生的思想动态，及时准确地把握青年学生的价值标准和价值选择，进而有效地促进青年学生形成社会共同的理想信念，帮助青年学生树立马克思主义人生观、价值观和道德观。

高等学校作为思想文化建设的重要阵地，历来是意识形态领域比较敏感的地方。当前我国社会意识形态的多样化倾向不可避免地对青年学生产生冲击和影响。因此，高等学校在坚持学术研究的同时，必须要坚持和巩固马克思主义在意识形态领域的主导地位，加强社会主义核心价值体系教育，用科学的理论占领主阵地，发挥对青年学生的正确理论导向作用，解决“培养什么样的人”的问题。

（一）社会主义核心价值体系对青年学生思想道德素质提出新要求

用社会主义核心价值体系教育青年学生，就要在全面理解和领会社会主义核心价值体系科学内涵的基础上，掌握社会主义核心价值体系对提高青年学生的思想道德素质的重要性。要坚持用社会主义核心价值体系引领青年学生，使之成为德、智、体、美全面发展的社会主义事业的建设者和接班人。

1. 社会的变革发展要求青年学生牢固确立社会主义核心价值体系

当前，我国社会正处于改革开放的关键时期，思想观念深刻变化，在经济领域、政治领域和意识形态领域不同程度呈现出一系列新问题、新矛盾和新情况。加之，当代学生的个性鲜明、差异性明显增强，使青年学生的价值观念越来越容易受到多元化社会思潮的影响。因而，应当切实加强社会主义核心价值体系教育，用马克思主义理论指导青年学生，巩固其思想道德和价值观念基础。

2. 青年学生自身发展的现实需求要求其牢固确立社会主义核心价值体系

大学教育和其他教育形式差异之处就在于它的教育影响的全面性和增殖性：首先，大学的教育能够给予学生以广博深厚的文化氛围，促进青年学生德、智、体、美、劳各个方面的全面发展。其次，在灌输理论知识的同时，注重学生实践和动手能力，将理论与实际紧密贯穿起来。青年学生迫切希望自身的全面发展，不断提升自身创新精神和实践能力，实现人生价值。用社会主义核心价值体系教育青年学生，让青年学生自觉提高自身素质，树立远大的人生目标，培养学生改革与创新意识。正如马克思所说，“历史不过是追求着自己目的人的活动而已”。在构建社会主义和谐社会的过程中，国家和民族的兴旺发达与每个人的全面自由的发展息息相关。

（二）社会主义核心价值体系教育是青年学生思想政治教育的重要组成部分

当代青年学生是我国未来建设的生力军，是社会主义事业的接班人和建设者，他们的价值观正处于形成、发展和定格阶段。青年学生的思想政治状况、道德品质、科学文化素质和健康素质如何，不仅直接关系现阶段中华民族的素质，而且直接关系未来中华民族的发展。对青年学生进行社会主义核心价值观教育，是大学思想政治教育工作的重要组成部分。社会主义核心价值体系，是全面建设小康社会、构建和谐社会进程中的根本思想基础，是中华民族伟大复兴的强大精神动力。大学要承担起对青年学生进行社会主义核心价值观教育的重要职责。

这已成为当前青年学生思想政治教育的首要工作，事关中国特色社会主义事业的兴衰成败。现阶段，我们必须始终加强青年学生社会主义核心价值体系教育，以保证青年学生思想政治品德的积极、健康、合理、有效地发展，从而培养出适应时代发展要求的合格人才。

加强青年学生社会主义核心价值观教育，坚定马克思主义信仰是根本，树立社会主义共同理想是社会主义核心价值观教育的重要内容。弘扬民族精神和时代精神是关键，树立和践行社会主义荣辱观是基础。

二　关于青年学生对社会主义核心价值体系认知程度的调查及分析

本书选取了沈阳理工大学、沈阳建筑大学、辽宁大学、沈阳大学四所高校的1000多名学生进行实证研究，通过对这些在校大学生进行调查问卷及分析，较为准确地掌握了在校大学生对社会主义核心价值体系的认知程度，进而提出了用社会主义核心价值体系引领当代青年正确面对多元化社会思潮的有效途径。

（一）调查问卷的编制及调研对象的确定

本次调查问卷分别从学生对社会主义核心价值体系的基本内容和根本性质的掌握情况以及“两课”和社会实践活动等方面来考察青年学生信仰取向、政治立场和政治意识的状况，其中单项选择题14个，多项选择题6个（见附录《关于社会主义核心价值体系的问卷调查》）。

由此目的出发，本次调查问卷抽取沈阳理工大学、沈阳建筑大学、辽宁大学、沈阳大学1200名大学生进行了问卷调查，重点选择机械设计制造及其自动化、材料科学与技术、自动化、计算机科学与技术、工商管理、会计学、法学七个具有代表性专业的学生作为调研对象，依此来判断青年学生对社会主义核心价值体系的认同度情况，为研究青年学生主流意识形态的形成提供参考和借鉴。

（二）调查问卷结果统计及分析

本次问卷调查中共发放问卷1200份，收回有效问卷1120份。对问卷结果进行统计分析如下。

1. 青年学生对社会主义核心价值体系基本理论和观点的掌握及理解需要加强

调查结果显示，部分青年学生对社会主义核心价值体系基本观点不能准确掌握，模糊不清，不能以正确和科学的态度对待马克思主义理论。对于社会主义核心价值体系提出的背景及基本内容的问题，有80%的学生认为非常了解，有16%的学生认为一般了解，还有2%的学生认为不太了解，甚至有2%的学生对社会主义核心价值体系提出的背景及基本内容一无所知。可见，切实加强青年学生社会主义核心价值体系基本理论教育的任务艰巨，用社会主义核心价值体系基本理论武装学生头脑，教育学生仍是一项艰巨的任务。

2. 部分青年学生存在政治观念淡薄和政治立场不够坚定的倾向

大多数青年学生信仰社会主义核心价值体系的方向是正确的、健康的，但少数学生存在政治观念淡薄和政治立场不够坚定的倾向。在对提出社会主义核心价值体系的意义上，有90%的同学认为十分必要和及时，4%的同学认为意义不大，而6%

的同学认为很难下结论。在谈到社会主义核心价值体系应限于党员干部，一般公民的核心价值体系应是自由、平等和民主等时，有 2% 的同学认为应该，有 6% 的同学认为这个问题下不了结论；在涉及对共产主义理想信念产生危机的原因的问题时，有 30% 的同学认为苏联东欧社会主义实践是失败的，有 40% 的同学表示党的领导干部在共产主义信仰上是动摇的，还有 26% 的同学认为对部分共产党领导干部腐败打击不力，还有 42% 的学生将信仰危机的根源归结为市场经济求利原则。对于社会主义核心价值体系被弱化的问题，有 62% 的同学提出了党的领导干部在政治取向上的淡薄，有 60% 和 42% 的同学分别表示受信仰取向多元化和西方意识形态的影响。调查显示，青年学生对社会主义核心价值体系信仰总体情况是好的，积极的。青年学生能够透过现象看到本质，凸显出青年学生看待问题的理性化、实际化，同时，也有部分青年学生政治觉悟不高，缺乏辨别是非的能力，受外来因素的影响，对社会主义核心价值体系理论和社会主义的前途持怀疑态度，甚至出现非马克思主义或反马克思主义的倾向。

3. 青年学生价值取向和价值选择出现误差

受到资产阶级社会思潮的影响，青年学生价值取向和价值选择出现了误差。面对当今社会各种思潮纷呈复杂的状况，有 4% 的同学表示不应该把马克思主义作为社会主义的指导思想。这说明部分青年学生由于长期受到资产阶级社会思潮潜移默化的影响，以西方国家的价值标准衡量现实的中国，使得青年学生在价值观方面产生迷惑和困惑，缺乏正确的道德观和政治观，因而迫切需要以马克思主义为指导思想深层次影响青年学生的行为方式和思想认识，摆事实、明事理、重体会，运用多种教育手段，引导学生树立正确的价值取向。

4. “两课”和“第二课堂”作用仍需加强

在调查和了解社会主义核心价值体系学习渠道中，有78%的同学选择课堂，70%的同学认为课外活动或社会实践活动，66%的同学是通过电视、网络、报刊等媒体；同时，在调查问卷中也发现有80%的同学认为应以小学、中学和大学为重要基地，将社会主义核心价值的贯彻和践行与青少年的培养有机结合起来，切实把社会主义核心价值体系融入国民教育和精神文明全过程。由此可见，加强校园文化建设是需要切实发挥“两课”主旋律和主阵地的堡垒作用以及“第二课堂”教育载体作用的，要求“两课”教师在授课时不仅要准确把握社会主义核心价值体系理论的精髓和基本知识，同时还要结合当前热点和焦点问题，对学生提出的各种疑问进行深入浅出的剖析，开展针对性辅导解答学生的疑问。还要“走出去”，通过开展丰富多彩的第二课堂活动，让社会主义核心价值观教育深入人心，切实有效。

通过对调查结果的分析，得出结论：大部分青年学生对社会主义核心价值体系是认同的，能够以社会主义核心价值体系为指导树立正确的人生观、世界观、价值观和道德观，具有较高的思想政治觉悟。同时，也有个别学生政治观念淡薄，政治立场不够坚定，出现价值取向多元化的情况。这要求我们除有针对性地加强“两课”教育外，还须充分发挥“第二课堂”的作用，广泛运用网络、手机、电视、报纸等传播媒体，调动一切积极因素，运用一切有效手段引导青年学生准确把握社会主义核心价值体系的基本内容和精神实质，用马克思主义中国化最新理论成果教育学生，以便青年学生自觉自愿地完善自身的社会主义核心价值观，坚定信念，走中国特色的社会主义道路。

三　加强青年学生社会主义核心价值体系教育的措施

对青年学生关于社会主义核心价值体系认同情况的调查分析，以及与部分高校教师及学生访谈，给我们如下启示。

青年学生的价值观正处于形成、发展和定格阶段，容易受到来自各方面文化的影响。从主流思潮来看，当代青年学生思想政治状况积极健康向上，对马克思主义中国化最新成果认同度较高。在价值主体上，当代青年学生的自我意识普遍增强，为了使自己能够适应激烈的竞争环境，许多青年学生都把目光放在素质的全面提高和自身潜能的挖掘上，青年学生的成才意识、竞争意识、创新意识、自主意识明显增强，爱国守法、明礼诚信、团结互助、平等友爱的道德意识进一步加强。但是，由于社会存在的一些负面影响也给青年学生的价值观带来冲击，不能否认还有一些不利于学生发展需要的影响的存在，如理想信念模糊、价值取向扭曲、一些学生在处理个人与集体、国家的关系时，更看重自我发展、自我利益和自我价值的实现，而忽视国家利益和社会利益。这种对个性和个人价值的极端推崇，淡化了对集体、对国家和社会的责任感，导致诚信意识淡薄、艰苦奋斗精神淡化、团结协作观念较差、心理素质欠佳等问题的出现。更有一些诸如追求性自由、民主自由等现象都不同程度地存在。特别是随着青年学生思想活动日益活跃，渴望自我追求的实现，对现实问题的认识和理解出现不全面，甚至偏差的现象，对党的方针路线和中国特色社会主义建设的长远目标的认识，只停留在表面上。但了解不等于理解，理解不等于消化吸收。因此我们要加强当代青年学生价值观特征的研究，用发展的马克思主义，用邓小平理论和“三个代表”重要思想对社会思潮做出正确辨析。坚持以社会主义核心价值体系为指导，给予他们正确的引导，积极帮助青年学生树立正确的世界观、人生观、价值观和荣辱观，以人为本，科学分析，因人而异，有的放矢，严格要求学生掌握好专业知识，培养良好的道德情操，提高自身综合素质，努力成为建设中国特色社会主义事业的德才兼备的栋梁之才。

（一）发挥思想政治理论课主渠道作用

要以马克思主义理论占领大学的思想文化阵地。正因为青年学生的可塑性强，对新生事物的接受能力强，所以对青年学生实施正面教育是一种非常有效的教育手段。先进的理论和优秀的文化，是指导青年学生进行正确的人生选择、影响青年学生健康成长的重要因素。高校要善于运用邓小平理论、“三个代表”重要思想、科学发展观等当代中国的马克思主义理论占领高校思想理论阵地，切实做到用先进理论武装人。

1. 完善人才培养方案，加强马克思主义理论教育

对于当代青年学生来说，学校为他们汲取知识养料提供机会。不仅要求青年学生博览群书，开拓眼界，掌握专业知识，提高创新能力，更重要的是培养其提高社会辨别的能力，善于用书本上的知识客观冷静地分析各种社会现象，能够透过现象看清事物的本质。同时，这对思想政治教育工作提出了更高的要求。现阶段，结合当代中国马克思主义的实践特征和时代特征，务必要推进马克思主义理论的研究，增强思想理论的创造力、说服力和感召力。尽快形成反映马克思主义中国化最新成果的学科体系和教材体系，最主要的是组织以社会主义核心价值体系为主题的舆论宣传，大力宣传科学发展观和构建社会主

义和谐社会理论，增强主流意识形态舆论的掌控力，用马克思主义中国化最新成果武装教职员工，教育学生，积极帮助青年学生树立正确的人生观、世界观、价值观，增强历史使命感和社会责任感。

2. 推进政治理论课程改革，强化马克思主义理论教育

高校思想政治理论课是青年学生的必修课，是帮助青年学生树立世界观、人生观的重要途径。高等学校学生的政治思想和价值观念的形成和发展很大程度上是高校校园环境和教育影响的结果，学生在大学教育阶段是其价值观和政治观定型的关键时期，而高校思想政治理论课程是培养学生思想政治素质和提高其精神境界最重要的渠道。科学的政治理论课堂教学无疑对青年学生正确政治思想和价值观念的形成起着极大的促进作用。高等学校应从管理体制、教学体制和科研体制入手，积极推进思想政治理论课改革，把握思想政治理论课改革的方向，认真研究存在的问题并制定相关政策，推进思想政治理论课的改革、加强思想政治理论课教学研究和部署。高校的教育工作者首先自身一定要自觉学习、深入思考建设社会主义核心价值体系的基本内容，做到真学真懂真实践，这样才能更好地将其落到实处，才能发挥真正的效用。

（1）改革教学内容。首先，教师要注意对马克思主义基本理论、基本观点和基本立场进行深刻透彻的讲解，教会学生透过现象看到本质。其次，教师在教学的过程中要注意马克思主义与时俱进的理论品质，根据当前的形势，让学生学习和理解马克思主义中国化最新理论成果。此外，还要积极为青年学生推荐有关政治时势教育的辅导材料，开展理想信念教育和爱国主义教育，引导学生沿着健康的轨道前进。

（2）改进教学方法。众所周知，由于青年学生成长环境的封闭以及成长教育的缺失，当代青年学生的实践范围一般是从家庭到学校，社会经验一般从书本中汲取，导致做事方式方法易于出现偏颇，有的甚至走向极端。高校的意识形态教育就是要打破固有的课堂灌输的模式，教师在教学方法上改进创新，避免照本宣科式的空洞说教，利用现代教育媒介，培养学生的学习兴趣，提高课堂学习质量和效率。更重要的是，教师要在教学过程中留心学生普遍关注的社会主义核心价值体系等马克思主义中国化最新理论成果与现实实践相结合的问题，善于运用有针对性和说服力的语言深入浅出地解答青年学生思想中存在的各种疑虑。通过改进教学方法，向学生灌输爱国主义和集体主义思想，不断增强其民族自尊心、自信心和自豪感，进一步增强社会的责任感。

（二）发挥“第二课堂”及社会实践的实际效用

高校社会科学课程和思想政治课程务必贯穿于社会主义主流意识形态的教育之中。一定要发挥社会科学课程和思想政治课程在培养学生思想政治素质方面的主渠道作用，这对于青年学生政治观和道德观的形成起到至关重要的作用。

教育必须针对青年学生本身的特点，选择一条符合青年学生特点的马克思主义教育之道，全方位多层次地加强青年学生的马克思主义教育。学生在参加社会实践的过程中，可以增强对国计民生直接的、感性的了解与关注，从实践中获得从具体的感性认识到理性认识的升华。

1.“第二课堂”是教学中不可缺少的手段之一

将社会主义核心价值体系培植到“第二课堂”中，通过寓教于乐的形式，使学生更加自觉地、积极地、有效地提高自身的思想道德修养，批判地评析各种社会思潮。作为社会主义事业的建设者和接班人的青年学生，其思想道德修养程度是衡量其全面成才的重要标志。

青年学生思想政治教育内容应该与时俱进，体现时代性。这就要求我们一定要充分发挥“第二课堂”的作用，大力支持学生社团的建设和发展，支持学生在邓小平理论和“三个代表”重要思想指导下开展一系列主题教育活动，争取培养出一批又一批思想水平高、综合素质好的优秀学生。在复杂多变的校园思想文化环境中，思想政治教育工作者必须立足国情世情，把握时代潮流，坚持马克思主义在意识形态领域的重要指导地位，充分借鉴一切有利于促进校园和谐文化建设的有益经验，用马克思主义中国化的最新成果教育广大学生。大力继承和弘扬中华民族优秀传统文化，广泛借鉴人类的优秀文化成果，进一步巩固马克思主义在意识形态领域的指导地位，贯彻和落实科学发展观，坚定地走中国特色的社会主义现代化道路。

2. 社会实践教育是加强学生思想政治教育工作的突破口

社会实践教育是加强学生思想政治教育工作的突破口，是提高思想政治理论实效性的重要环节，让学生有更多的机会参与到社会实践中去，对于促进学生了解社会、了解国情、增长才干、奉献社会、锻炼毅力、培养品格、增强社会责任感等方面具有不可替代的作用。“马克思主义是从实践中来并被实践证明了的科学理论，只有联系实际，才能真正掌握，也只有真正联系实际，才能真正用好。”① 青年学生只有到实践中去，他的思想政治素质和业务素质才会不断得到提高。因此，要不断丰富社会实践的内容和形式，增加对实践活动的资源投入，改善学生参加社会实践的各项条件，切实发挥社会实践在青年学生

① 江泽民：《努力建设高素质的干部队伍》，1996 年 6 月 24 日《人民日报》。

教育中的实际体验作用。针对青年学生在社会化过程中存在对当今社会认识不正确或片面的问题，针对其对现实社会不满或认同感不强等问题，我们需要在引导青年学生参加社会实践的同时，将社会主义核心价值体系融入其中，使之成为学生行为的指导思想，走进社会的基石。

在高等教育中，不仅要使学生掌握建设社会主义现代化所需要的科学文化知识，更重要的是，还要培养学生的社会担当意识和责任意识，并且在社会实践中不断使学生把掌握的各项技能运用到社会，服务于人民。通过组织在校青年学生参加社会实践活动，正确处理好受教育与作贡献的关系，要让学生将自己所掌握的技术技能运用到社会，造福人民，肩负起社会的责任和义务。因此，精心策划、认真组织是提高实践效果，促进学生社会化进程的关键。完善社会实践活动的组织机构，按照一定的工作原则和工作需要设立组织和部门，建立健全相关的工作机制，确保活动顺利开展；要依据适合青年成长的规律，按照受教育与长才干相统一，学术性与思想道德性相统一以及人才、经济、社会效益相统一原则，精心设计好社会实践活动，对社会实践的内容做好规划，使实践活动具有计划性、预见性；要认真准备，做好社会实践前的宣传准备、物质准备，为社会实践活动打下良好的基础并提供有力保障；建立社会实践评估体系。依据评价体系，认真做好社会实践的总结工作，不断提高青年学生社会实践的能力。通过经常性的社会实践活动把说服教育和实践教育结合起来，让广大学生在奉献中接受教育，在实践中接受新知。

（三）加强校园建设，培育良好的校园文化

校园文化是学校传统文化的重要组成部分，对青年学生加强社会主义核心体系教育具有重要作用。

校园是学生思潮的集中地，是培养学生主流意识形态的主阵地，是以马克思主义引领社会思潮的重要保障，是把学校变成一个端正学生思想行为的大课堂。崇尚科学、追求真知、文明向上的校园风气，对学生会产生正面的、积极的影响。因而，要以建设优良的校风、教风、学风为核心，继承和发扬优秀的校园文化传统，开展健康向上的校园文化活动，积淀厚重的校园文化和清新的校园文明风尚。只有在学校的“小环境”中形成良好的风气，让学生受到直接的熏陶，才能不断提高青年学生思想道德水平，才能使青年学生在日常学习、生活中受到先进文化的熏陶和文明风尚的感染，在良好的校园人文、自然环境中陶冶情操，促进自我全面发展和健康成长。

1. 营造优良的学风、校风

高校要努力营造勤奋刻苦、不耻下问、你追我赶、健康成才的良好学风。加强教师学术交流和学术道德建设，用优越的校园环境激发师生爱校情怀，通过学风、教风以及校园软硬件设施的建设，引领马克思主义意识形态在青年学生头脑中的形成，使马克思主义理论成为青年学生自觉需要的东西。

2. 不断创新校园文化管理机制

管理机制内含组织建设、队伍建设和制度建设三个方面。在组织建设、队伍建设中，要加强各级管理层对校园文化建设的重视，共同研究、制定校园文化的建设规划，分工明确，责任清晰。校园文化建设要融入学校教育教学和日常管理的各个环节，就需要健全学校规章制度和学生行为准则，并成为师生日常生活的基本规范。在制度建设方面，要坚持制度的系统性、可行性和有效性相统一原则，规范办事程序。

3. 营造良好的校园文化氛围

当前，应牢牢遵循先进文化的前进原则和要求，营造一个正确、有序、和谐的校园文化氛围，宣传以马克思主义意识形态为核心的校园文化。以校园文化为教育载体，加强马克思列宁主义、毛泽东思想、邓小平理论和“三个代表”重要思想的教育，用马克思主义中国化最新理论成果占领校园文化阵地，自觉抵制不良思潮的侵蚀，把马克思主义融入校园文化建设之中，有效引导青年学生，在潜移默化中培养学生高尚思想和道德情操。

4. 丰富校园文化活动

充分发挥科技学术活动的龙头作用和高雅文化艺术的熏陶作用，引导学生尊重科学、崇尚科学、培养创新精神，提高青年学生文化素质及校园文化品位。进一步加强青年学生思想道德建设，引导广大学生树立和践行以“八荣八耻”为主要内容的社会主义荣辱观，加强理想信念教育，加强国情和形势教育，不断增强青年学生对党的领导、社会主义制度、改革开放事业、全面建设小康社会的信念和信心，努力创建具有时代性、前瞻性和充分体现特色的校园文化，这是高校培养社会主义建设者和接班人的重要思想保证。

高等学校要努力使校园文化在纷繁复杂的社会文化条件下，坚持社会主义先进文化的前进方向，努力使广大学生在各种复杂的社会思潮中分清是非，用马克思主义引领高校校园文化建设，并最终形成一个和谐的、繁荣的、先进的校园文化环境，这也是我们确保校园文化健康发展的思想保证。

（四）加强网络文化环境下社会主义核心价值体系教育

网络技术的迅猛发展给信息的传播方式带来了革命性的变化，其快速便捷的形式，在各个方面改变着人类的生活方式。

网络文化作为一种新型的信息文化，正以浪潮之势深刻地影响着社会。给人类带来福祉的同时，也给社会带来一些不可忽视的负面效应。网络文化对当代青年学生的思想及行为模式产生了巨大的影响。在建设社会主义核心价值体系方面，网络文化既为我们开辟了新的途径，同时也带来了严峻的挑战。因此，如何更好地发挥网络文化的作用，如何切实搞好在网络文化环境下高校社会主义核心价值体系教育，是每一位思想政治工作者必须认真研究的课题。

1. 网络文化给高校社会主义核心价值体系教育带来的机遇与挑战

网络文化伴随着计算机和网络的普及逐渐兴起与发展起来，为社会文化注入了新的内容，对人类社会文化生活的各个领域都产生了深刻的影响。网络文化具有数字化与快捷化、虚拟性与平等性、开放性与交互性等特征，对接受新鲜事物迅速、追求个性发展、崇尚自由民主平等的青年学生具有极大的吸引力，对高校社会主义核心价值体系教育产生了正反两方面的影响，也给高校社会主义核心价值体系教育带来了全新的机遇与挑战。

（1）网络文化传播给高校社会主义核心价值体系教育带来了机遇。

第一，网络文化增强了社会主义核心价值体系教育对青年学生的吸引力，它通过文字、声音、图片和视频等多种形式进行展现和传播，为青年学生提供色彩斑斓的图片、优美动听的声音、丰富多彩的视频，具有生动性、趣味性和灵活性。因此，以网络为载体，有利于增强社会主义核心价值体系的感染力。利用网络进行社会主义核心价值体系的宣传和教育，学生可以自己操控计算机，浏览、学习组织者提供的素材，由被动的“说教”变为自主的学习领会。同时，宣传教育的内容也由传统的单一枯燥的文字变为图文并茂、声影兼备的材料，从而使青年学生在不知不觉中把握社会主义核心价值体系的科学内涵和精神实质。①

第二，网络文化扩大了高校社会主义核心价值体系教育的覆盖面。网络文化迅速占领校园，显示了其强大的生命力，备受学生的欢迎。网络因具有传播方式的交互性，便于信息的交流和沟通，因此，它有效地拓宽了学生的眼界，促进了观念的更新。同时，网络还具有深远的影响力，使学生在道德规范、价值理念、科学文化素质等方面表现出新的发展与变化。这在客观上为新时期的高校社会主义核心价值体系教育奠定了良好的思想基础，从而极大地拓展了社会主义核心价值体系的覆盖面。

第三，网络文化使高校社会主义核心价值体系教育更具针对性和实效性。网络文化是一种“速度文化”，具有快速“进化”的特征。网络文化的共享性、多元性和自主性等特征，使学生可以不受时间、地点等限制，自由体验网络文化带给人们的便利。学生可以在选定的网络空间上敞开心扉、畅所欲言，让高校思想教育工作者能够获得真实的思想信息，为开展有针对性的思想政治教育提供了契机。同时，高校思想政治工作者也可以在虚拟的网络世界里发布有益的信息，对学生的思想进行积极的引导，这对于提高高校社会主义核心价值体系教育的效果，具有重要意义。另外，网络使高校社会主义核心价值体系教育的手段更加多样化，促进了学生工作方法的创新。在高校贯彻社会主义核心价值体系教育过程中，传统的思想教育模

---

① 赵惜群、吴毅君：《培育网络文化建设社会主义核心价值体系》，2008 年 4 月 2 日《光明日报》。

式是专题讲座、板报、座谈会等形式及各种喜闻乐见的校园文化活动。而在网络时代，随着青年学生上网普及率的提升，高校社会主义核心价值体系教育途径也愈加多样化，网上论坛、网络信箱、专题网站等为网络教育开辟了新途径，这些新载体、新方式深受广大学生的欢迎。因此，充分利用好网络，可以使高校社会主义核心价值体系的教育工作做得更加有条不紊。

（2）网络文化传播给高校社会主义核心价值体系教育带来了挑战。网络文化内容传播对高校社会主义核心价值体系教育也有消极方面的影响，主要体现在以下几点。

第一，西方强权政治可导致政治意识形态西化，引起青年学生人生价值观混乱。我国正处于社会转型期，社会原有的道德价值不断受到冲击，使思想尚未成熟的青年学生，在道德价值观念上存在着一定的模糊性，网络的隐蔽性和包容性更加剧了这种模糊性。在网络中，一些文化所追求的平等、自由的观念，成为西方资本主义国家利用的工具，不断向我国渗透、传播，甚至灌输它们的价值取向，这很容易造成青年学生在价值取向上出现偏差，造成社会主义意识的边缘化和弱化。另外，作为个体，学生在虚拟网络世界里“游荡”，有时就会失去道德的准则，发表不负责任的言论，做出不负责任的事情。

第二，网络文化容易造成青年学生道德意志薄弱，致使其道德行为失范。网络信息良莠不齐，泥沙俱下。各种合法信息和非法信息，有益信息和有害信息混杂在一起，给青年学生接受社会主义核心价值观教育造成了相当大的冲击，青年学生正值人生观和价值观形成阶段，具有强烈的求新、求异的心理。但是，青年学生缺乏社会经验，缺少一定的判断力和辨别力，往往在思想和行为方面出现偏差，走向歧途。一些缺乏自律的青年学生甚至放纵自己，不负责任地做出明显违背道德甚至违反法律的事。一些青年学生正是在这些不良信息的诱惑下，逐渐走向深渊，以致走上了犯罪的道路。

2. 努力拓宽社会主义核心价值体系教育的有效途径

网络文化环境下高校应努力拓宽社会主义核心价值体系教育的有效途径。网络文化与现代青年学生的生活有着越来越紧密的联系，对青年学生的思想和行为产生深刻的影响。网络文化环境下高校加强青年学生社会主义核心价值体系教育应从以下几方面入手。

（1）牢固树立阵地意识，以马克思主义为指导思想，努力占领社会主义核心价值体系教育的阵地，保证网络文化的正确方向。网络思想政治教育阵地，马克思主义不去占领，非马克思主义和反马克思主义的东西就会泛滥。在发展有利于社会主义先进文化理论建设的网络管理过程中，高校思想政治教育者要时刻保持清醒的头脑，用先进文化占领意识形态领域，大力推动马克思主义中国化最新理论成果的网上宣传和普及。高校网上的社会主义核心价值体系教育栏目要新颖、内容要丰富，要符合青年学生的文化品位，满足学生的发展需求，这样才能提高学生对这些栏目阅读的兴趣，由此我们也就占据了社会主义核心价值体系舆论宣传阵地的主动权。

（2）以共同理想为思想基础，增强网络文化环境下的社会主义核心价值体系的感召力，扩展社会主义核心价值体系教育网上的传播路径。在社会主义核心价值体系指导下建设有活力的教育网站，是当前社会主义核心价值体系教育的当务之急。高校要利用学生对网络的热情以及网络交流的互动特点，构建社会主义核心价值体系教育平台，把社会主义核心价值体系教育工作搬到校园网上。针对学生渴望思想交流的特点，开设网上论坛，就普遍关注的热点问题，让学生自由讨论，在各种思想碰撞中，引导学生明辨是非，坚持正确的立场；设立各种专栏，建立辅导员电子信箱，接收学生发送的电子邮件，收集学生的各种意见，把网络作为与学生进行思想交流的新型窗口；利用网上不见面交流的特点，与学生交流谈心，创造平等、信任与理解的情境。[①] 高校思想政治工作者要引导青年学生将网络文化与传统的丰富多彩的校园文化活动结合起来，将青年学生引导到虚拟网络与现实世界相结合的正常轨道上来，加强对学生的传统文化教育和爱国主义教育，促进校园文化建设。

（3）创建社会主义核心价值体系教育网站，弘扬民族和时代精神，体现中国网络文化建设的特色。在网络时代，网络技术的普及大大地加速了经济全球化的进程，在这种背景下民族文化所面临的冲击和挑战是前所未有的，民族传统文化的维系、生存和发展受到了巨大的挑战，保持民族文化的独立性就会变得举步维艰。然而我们也要看到，网络文化和民族传统文化的碰撞对于民族传统文化自身的创新与再造有着激励的作用，民族文化只有不断地注入新内涵才会富有朝气与活力。因此，维护文化主权成为网络时代面临的重大课题。高校要创建社会主义核心价值体系教育网站，弘扬民族和时代精神，坚持综合创新的原则，正确处理与传统文化、外来文化的关系。继承和发扬优秀的传统价值观念，吸收和借鉴优秀的外来文化，把借鉴传统和外来文化与体现民族特点、时代精神相结合，坚持“以我为主，为我所用”的原则，保持和发扬文化和价值观念的民族特色，创建彰显时代要求的文化理念，丰富中国特色网络文

---

① 高晓钟：《网络文化环境下的高校思想政治教育研究》，《思想战线》2008年第4期。

化的内容，增强中国特色社会主义先进文化在网络文化环境下对青年学生的引导力。

（4）以社会主义荣辱观为导向，加强青年学生网络道德建设。社会主义荣辱观为青年学生判断行为得失、辨别善恶美丑、确定价值取向，提供了基本的伦理尺度。高校思想政治工作者要以社会主义荣辱观为导向，在网络文化中要大力弘扬爱国主义、集体主义、社会主义思想，倡导社会主义基本道德规范，扶正祛邪，用社会主义荣辱观教育青年学生，提高青年学生的道德判断和道德选择能力，使其自觉地以社会主义道德规范约束自己的网络行为。

（5）要把积极引导和正确干预相结合。高校思想政治工作者要帮助青年学生既充分认识网络的积极、健康的一面，也要看到网络有腐朽、堕落的一面。这样才能帮助青年学生既形成良好的利用和认识互联网的习惯，又能够在网络虚拟环境与现实生活之间转换自如，不能本末倒置沉迷于网络虚拟环境之中。同时，还要自觉遵守网络道德规范，积极参加网络文明建设，维护网络传播的建设和运行，抵御网络中有害信息的侵蚀，使青年学生的言行举止符合规范，使网络真正成为健康文化的弘扬者和人民大众的“精神乐园”。

（6）造就一支结构合理、素质优良的网络文化队伍。如果没有一支思想稳定、素质优良、经得起考验的网络文化队伍，就会使网络中的有害信息侵入我们的网络阵地，冲击我们先进的主流文化。因此，我们要加快建立健全以培养、评价、使用、激励为主要内容的制度保障，确定职业规范和从业标准，加强专业培训，提高网络文化队伍的思想道德素质和专业技术水平，形成与网络文化建设和管理相适应的管理队伍、舆论引导队伍和技术研发队伍，保障在互联网上回荡社会主义主流意识形态的声音。

（7）加大网络文化监管力度。高校学生工作者要在建立健全网络道德规范方面发挥积极作用，要综合运用法律、行政、经济、技术、思想教育、行业自律等手段，加快形成依法监管、行业自律、社会监督、规范有序的互联网信息传播秩序，切实维护国家文化信息安全，以利于社会主义核心价值体系的建设。

（五）以社会主义核心价值体系引导青年学生树立社会主义荣辱观

社会主义核心价值体系是社会主义文化建设的根本。社会主义荣辱观是社会主义核心价值体系中的重要内容。社会主义荣辱观，体现了党中央对青年学生的一贯要求，对于学生的思想政治教育，尤其是青年学生荣辱观的培养，具有重要的现实意义和深远的历史影响。当前高校青年学生的思想道德主流是健康的，价值取向是积极向上的。但是，目前青年学生在社会主义荣辱观方面存在的问题也是不容忽视的。高校必须坚持以社会主义核心价值体系教育引导青年学生树立社会主义荣辱观。

1. 引导青年学生树立社会主义荣辱观的必要性

当前高校青年学生的思想道德水平总体上体现了时代特征，普遍呈现出良好态势，思想道德主流是健康的，是积极向上的，政治立场是鲜明的。整体上讲，在社会主义荣辱观方面，大学生的主流是正确的，积极的，朝着符合当前形势的要求而发展。他们必将成为我国社会主义现代化建设事业的接班人和参与激烈的国际竞争的中坚力量。同时，在他们身上，也寄托着中华民族繁荣、美好未来的希望。

但是，我们也不能忽视在目前部分青年学生身上存在的一些关于社会主义荣辱观方面的问题。在一些青年学生心目中，祖国和民族的前途观念淡薄了，社会主义发展方向边缘化了，他们更多地关注个人利益的得失，将国家、民族和人民的利益却抛弃在脑后；还有个别的学生好逸恶劳、见利忘义，盲目追崇西方腐朽的价值理念，过分追求物质利益，可能会因一时的迷茫而走上了歧途。有些学生，忘记了历史使命，在上学期间不专心学习，不规范自我行为，而是沉迷于网络世界，浪费大学的美好时光，无法完成正常学业。这些问题的存在，严重危及国家和民族的未来与前途，直接关系建设社会主义的伟大事业。

当然，出现上述问题不是青年学生的主流，但其消极影响和辐射作用不可低估。因此，必须坚持以社会主义核心价值体系教育引领当代青年学生树立社会主义荣辱观。

2. 应当积极探索引导青年学生树立社会主义荣辱观的途径

青年学生是党和国家宝贵的人才资源，是民族的希望，是祖国的未来。全面建设小康社会、实现中华民族伟大复兴的历史责任必将落在青年学生的肩上，这取决于他们能否健康成长、全面发展。用社会主义核心价值体系教育引导大学生树立社会主义荣辱观，是构建社会主义核心价值体系的重要内容，也是学校加强和改进大学生思想政治教育的新课题，更是学校培养德、智、体、美全面发展的社会主义合格建设者和可靠接班人的责任和使命。高校必须针对青年学生本身的特点，全方位、多层次选择一条社会主义荣辱观教育之道。

（1）要以马克思主义理论占领学校的思想文化阵地。正因为青年学生可塑性强，对新生事物的接受能力强，所以对青年学生实施正面教育是一种非常有效的教育形式。因此，我们应加强对青年学生的马克思主义理论的宣传教育，用马克思主义武装学生头脑，占领高校思想文化阵地。

（2）要用社会主义荣辱观武装青年学生的头脑，帮助他们树立正确的世界观、人生观、价值观。要组织青年学生参加学校党、团和社团组织活动，使学生在党团活动中净化心灵、熏陶思想、升华认识、提高觉悟。要邀请社会知名人士和先进人物在高校开设讲座，以先进人物的典型事迹教育学生；要组织专家学者编选“八荣”的正面教材和“八耻”的反面教材，使学生知荣弃耻，褒荣贬耻，扬荣抑耻。

（3）要引导青年学生树立有中国特色的社会主义共同理想，切实增强责任意识。中国特色社会主义共同理想是社会主义核心价值体系的主题。建设社会主义核心价值体系，必须突出主题，要引导青年学生正确认识走中国特色社会主义道路是符合中国历史和国情的必然趋势，还要使青年学生认识到加快中国特色社会主义现代化建设是我国最广大人民的根本愿望，是实现中华民族伟大复兴的必由之路。也就是说，只有中国特色社会主义才能发展中国，带领广大人民走上幸福安康的道路。

（4）要将社会主义荣辱观纳入高校思想政治理论课的教学内容，发挥高校思想政治理论课“主渠道”的作用。高校应该将以“八荣八耻”为主要内容的社会主义荣辱观纳入大学思想政治理论课的教学内容，发挥高校思想政治理论课“主渠道”的作用，加强大学生对社会主义荣辱观的时代背景、深刻内涵、历史意义等的认识，使青年学生接受和理解“八荣八耻”这一重要的思想。

（5）要大力倡导爱国、敬业、诚信、友善等道德规范，引导青年学生增强社会责任意识，广泛开展社会公德、职业道德和家庭美德教育，组织引导青年学生积极投身各种形式的志愿服务活动，积极开展道德实践活动，促进青年学生思想道德素质的提高和社会文明风尚的形成。积极开展规则教育，增强大学生的规则意识，逐步使规则意识成为青年学生的行为常态，自觉遵守校规、遵守法律、遵守社会公德、遵守行为准则。

（6）要发挥广大教师的示范带头作用。教师是对青年学生进行社会主义荣辱观教育的主力军。应大力加强师德建设，在教师中深入开展社会主义荣辱观教育，使教师成为践行社会主义荣辱观的典范。充分发挥教师教书育人的作用。教职员工要“学为人师，行为世范”，注重品德修养，同时，要追求学术创新，要主动研究高等教育发展规律、学校教育教学规律、学生成长成才规律，通过对教学案例的选择、对具体事件客观公正的分析、对学生言行的正确评价等，主动、积极开展荣辱观教育。

（7）要以社会主义荣辱观为指导加强青年学生生活作风建设。社会主义荣辱观对学生的生活作风具有指导意义，“八荣八耻”的每一条无不是对学生生活中各个方面准则的最凝练的概括。但是在当今的青年学生中，存在许多十分细微但是影响较坏的生活作风问题。学生的日常行为养成必须以社会主义荣辱观为指导思想，社会主义荣辱观的教育必须深入到学生的生活细节之中，从点滴小事做起，培养青年学生社会主义荣辱观生活作风，使之养成勤俭节约、热爱劳动、自律等优良的作风。

（8）要加大正面典型的教育和引导作用，典型引路。通过抓典型、树典型、典型引路，通过课内课外教育，通过广播、电视、网络、报刊等，大力宣传新时代的先进人物和先进事迹，宣传身边的先进人物和突出事迹，激励他们向先进看齐。

（9）要建立践行社会主义荣辱观的长效机制。结合学校制度建设，有针对性地制定和完善相应的道德行为规范，并与青年学生的综合素质评估相匹配，建立健全科学合理的思想道德评价体系，使广大学生明白应该坚持什么、反对什么、倡导什么、抵制什么。通过相关制度的完善，使社会主义荣辱观内化为每个学生的行为准则和价值取向，使其在日常学习和生活中自觉地加以践行。

当代青年学生虽然处于求学阶段，但肩负建设中国特色社会主义的历史使命，任重而道远。为了使自己成为新世纪的栋梁之才，只有牢固树立社会主义荣辱观，才能成为具有高尚思想品质和良好道德修养、掌握现代化科学技术知识和扎实本领的优秀人才，才能实现远大理想，才能够承担起实现中华民族伟大复兴的重任。

第八章

用社会主义核心价值体系有效引领三种社会思潮

党的十七届三中全会提出，意识形态领域并不平静，特别是渗透和反渗透斗争仍然十分尖锐，多种敌对势力正加紧在意识形态领域对我国进行渗透破坏活动，同时国内也出现了一些噪音和杂音。新自由主义、实用主义、民主社会主义都属于噪音、杂音之列，它们都是搅乱中国特色社会主义，与其格格不入的意识形态。这三种思潮在社会上和群众中影响较大，如任其自由发展，对我国的政治、经济、文化等各个领域将形成巨大的冲击，对我国主流意识形态造成不同程度的危害，给社会主义核心价值观建设带来严重的消极影响，进而直接制约着社会主义和谐文化建设。在本章将应用之前的研究成果对这三种社会思潮进行具体的分析与研究，探究其本质、危害，用社会主义核心价值体系对其进行有效引领。

一　对新自由主义思潮的有效引领

新自由主义是在亚当·斯密古典自由主义思想基础上建立

起来的一个新理论体系，在20世纪30年代开始形成和发展起来，作为古典经济自由主义的现代变种和凯恩斯主义国家干预论的对立面出现，新自由主义在70年代呈现出新的特征，80年代以后在西方取得优势和主导地位，对一些主要西方国家的政府决策产生了重大影响，成为当代资本主义主流意识形态。新自由主义的主要观点是：在经济理论方面，主张“自由化”、私有化和市场化；在政治理论方面，全面否定公有制、否定社会主义、否定国家干预；在战略和政策方面，它极力鼓吹以超级大国为主导的全球经济、政治、文化一体化，即资本主义全球化。新自由主义以自由的名义反对任何对市场的有计划的控制和干预，其目的是为了保护资本主义制度的既得利益者，特别是要维护垄断资产阶级和金融寡头的利益，其实质是适应国家垄断资本主义向国际垄断资本主义转变的理论思潮、价值体系和政策主张。

新自由主义作为凯恩斯主义的对立面在英国撒切尔夫人、美国里根等国家领导人的推动下迅速发展并日趋成熟。新自由主义发展范式首先在拉丁美洲国家得到实践，逐步扩展到东南亚和东亚各国，且在80年代末90年代初得益于东欧和苏联社会主义的解体，使其在世界范围内的扩张得到发展。时至今日，美国仍不遗余力地向发展中国家推销新自由主义的改革范式。

90年代中后期，随着我国的改革开放，新自由主义开始渗入我国政治、经济、文化及社会等领域。作为一种经济学理论和研究方法，其合理成分对于我国的经济体制改革是有价值的，可以批判地借鉴吸收；但作为当代资本主义主流意识形态，作为国际垄断资本集团的核心理论体系和价值观念，则必须坚决地反对和抵制。

（一）新自由主义历史及现状综述

1. 新自由主义的形成与发展

新自由主义最初是一种非常专业的西方经济学理论，产生于20世纪20～30年代。诺姆·乔姆斯基在《新自由主义和全球秩序》一书中解释新自由主义："'新自由主义'，顾名思义，是在古典自由主义思想的基础上建立起来的一个全新的理论，亚当·斯密被认为是其创始人。该理论在世界政治和经济研究领域也称为'华盛顿共识'。所谓华盛顿共识指的是以美英等西方资本主义国家政府制定的、以市场机制为核心而建立起、企图通过推广，不断控制社会主义国家的一系列政治和经济理论。其基本原则简单地说就是：贸易自由化、价格市场化和私有化。"① 认识和理解新自由主义，首先要领会古典自由主义的实质内涵，它是18世纪以英国经济学家亚当·斯密等人为核心所创立的一套关于西方经济方面的理论。古典自由主义突出的理论主张就是经济自由，强调市场机制是推动经济自由发展的"看不见的手"，反对国家干涉措施。而新自由主义是结合新的历史条件对古典自由主义的继承和发展，更加强调市场化、自由化。新自由主义认为，在经济领域中尽可能地、最大限度地保证自由化和私有化的实施。

1929～1933年资本主义世界的大危机以及之后的大萧条，使西方古典自由主义受到严重挫折，凯恩斯主义获得40年的兴盛。然而，在这段"艰苦"的岁月里，以米塞斯、哈耶克为首的一批自由主义的忠实捍卫者始终没有放弃他们的信念，他们

---

① 〔美〕诺姆·乔姆斯基：《新自由主义和全球秩序》，徐海铭、季海宏译，江苏人民出版社，2003，第3页。

通过组织“私人讲座”、进行论战、建立学会、撰写著作等方式自我雕琢，期待着自由主义的勃兴。而20世纪70年代的“滞涨”危机成为一个历史的转折点，70年代末80年代初自由主义得到复兴，学界把它称为新自由主义。[①]

新自由主义真正在英、美等西方国家占据主流经济学地位始于20世纪80年代初期。学术界普遍认为其直接原因有两条：一方面，盛行的凯恩斯主义无法解决困扰西方资本主义发展的经济危机，这就为新自由主义的形成与发展提供了有利的时机；另一方面，美、英等西方资本主义大国，已普遍推行了新自由主义的理念和方针，并不断地向世界其他国家渗透。当然，新自由主义兴起的最根本原因，是它符合了资本主义垄断集团抢夺世界市场和瓜分世界领土的愿望。依据新自由主义的阐述，世界上的一切国家特别是发展中国家必须放松政府对经济的管制，最大限度地开放资本市场，实现市场主体的平等竞争。然而事实上，世界各国政治经济发展的不平衡，使得一些发展中国家的企业根本无法直接面对经济实力强大的国际垄断集团的冲击和竞争。这种局面，只是对国际垄断集团非常有利，对于发展中国家的民族企业则可能带来致命的冲击。因而，新自由主义理论赢得了国际垄断集团的欢迎，他们大肆渲染其对经济发展的强大助推作用，并鼓动西方发达国家政府大力推行。正是源于这样的背景，新自由主义在兴起的同时，使学术理论政治化、意识形态化，成为资本主义向外输出的意识形态和制度价值，其显著标志就是1990年推出的“华盛顿共识”。

---

① 吴海山、包万柱：《新自由主义全球化与反新自由主义运动之启示》，《前沿》2007年第11期。

20世纪80年代，绝大多数拉美国家陷入了通货膨胀、债务危机的经济困难时期。社会主义的挫折和计划经济主导地位的丧失，使得广大发展中国家无所适从，出现了意识形态真空，迫切需要一种新的思想和改革思路引导广大发展中国家（尤其是深陷债务危机的拉美各国）摆脱贫困。1990年由美国国际经济研究所出面，邀请国际货币基金组织、世界银行、美洲开发银行和美国财政部的研究人员，以及拉美国家代表在华盛顿召开了研讨会，旨在为拉美国家经济改革提供方案和对策。会上，美国国际经济研究所原所长约翰·威廉姆逊说，与会者在拉美国家已经采用和将要采用的十个政策工具方面达成了共识。由于国际机构的总部和美国财政部都在华盛顿，加之会议在华盛顿召开，因此这一共识被称作“华盛顿共识”。该共识包括十个方面：①加强财政纪律，压缩财政赤字，降低通货膨胀率，稳定宏观经济形势；②把政府开支的重点转向经济效益高的领域和有利于改善收入分配的领域（如文教卫和基础设施）；③开展税制改革，降低边际税率，扩大税基；④实施利率市场化；⑤采用一种具有竞争力的汇率制度；⑥实施贸易自由化，开放市场；⑦放松对外资的限制；⑧对国有企业实施私有化；⑨放松政府的管制；⑩保护私人财产权。

“华盛顿共识”实质上放大了新自由主义的意识形态色彩，强调公有制会使经济变得更糟，社会主义必然导致集权，国家干预只能造成经济效率的损失；主张推行以超级大国为主导的全球政治、经济、文化一体化，即全球资本主义化。“华盛顿共识”的出笼，不仅标志着新自由主义已成为美国的国家意识形态和主流价值观念，而且还加快推动了新自由主义向全球的蔓延和扩张。美国等西方发达国家以第三世界国家发生的债务危机为由，把新自由主义结构调整方案强加给第三世界国家，宣扬这是解决这些国家种种危机的良方，要求发展中国家必须进行结构调整。在美国政府和国际货币基金组织、世界银行等国际金融机构诱使下，拉美国家实行新自由主义改革，包括贸易自由化，国有企业私有化，开放金融市场，放宽对外资的限制，减少甚至取消国家对价格、汇率、利率等的干预和控制，但是，改革的结果以失败而告终。拉美国家多次遭到金融危机的袭击，为此付出了高昂的代价。20 世纪 80 年代初，智利几乎用 50% 的出口收入偿还外债，银行业几乎崩溃，失业率高达 30% 。阿根廷一下子垮下来，由富国变成穷国，政治上出现大动乱。在 1998 年夏至 1999 年 3 月的金融危机中，巴西的外汇储备就损失了 50 多亿美元。俄罗斯“休克疗法”式的经济转轨，也是在新自由主义指导下进行的，结果引发了长期的经济衰退和社会动荡。目前，实践新自由主义的国家都在反思新自由主义所造成的危害，并努力寻找新的替代理论。

2. 新自由主义的主要观点

在当代，新自由主义包括众多学派，影响较大的有 20 世纪 30 年代在英国兴起的伦敦学派（其代表人物是哈耶克），50 年代中期在美国出现的现代货币学派（其代表人物是密尔顿·弗里德曼），以詹姆士·布坎南为代表的公共选择学派，70 年代中期在美国兴起的供给学派（其代表人物有阿瑟·拉弗、保罗·罗伯茨），80 年代以后在美国迅速崛起的理性预期学派（其代表人物是罗伯特·E. 卢卡斯）。尽管新自由主义不同学派有各自的特点，但其基本理论观点还是相同或相近的，概括起来主要包括以下几点。

（1）主张恢复自由放任的市场经济，反对国家干预

新自由主义极力推崇古典自由主义的信条——市场自然秩序论和市场万能论，认为个人在追求自身利益最大化的同时，

可以实现社会利益最大化，政府只是社会经济发展的“守夜人”，“看不见的手”会自动协调经济发展。“对于每个人而言，他通常既不打算促进公共的利益，也不知道是在什么程度上促进那种利益。……他所盘算的也只是他自己的利益。在这场合，像在其他场合一样，他受到一只看不见的手的指导，去尽力达到一个并非他本意想要达到的目的。……他追求自己的利益往往使他能比在真正出于本意的情况下更有效地促进社会的利益”。[①] 新自由主义提出政府的无作为论，反对国家干预。他们认为，政府对经济领域的干预，不仅不能促进经济的快速增长，反而会限制市场经济的基础性的调节作用，继而出现经济危机的加剧、通货膨胀的恶化、下岗和失业人数的增加等。伦敦学派的代表人物哈耶克就明确主张自由化，强调自由市场、自由经营，反对任何形式的经济计划。他认为，统制经济、计划经济是自由主义的重大障碍，是一条“通往奴役的道路”。同时，他还指出了计划经济的三大问题所在：一是没有完全发挥市场机制的作用，降低了资源配置的基础性作用；二是忽视消费者权利，不利于消费者实现既定的目标；三是经济上的高度集中必然导致政治上的高度集权，最终造成个人独裁统治，使其他个人受到奴役。

（2）维护资本主义的私有制，反对实行公有制

新自由主义推崇的市场机制是建立在私有制基础上的，他们极力主张私有制，反对公有制。雅赛指出：“新自由主义的基石之一就是所有权都是私有的。”[②] 新自由主义认为，私有制经

---

① 〔英〕亚当·斯密：《国民财富的性质和原因的研究》下卷，郭大力、王亚南译，商务印书馆，1974，第27页。

② 〔英〕安东尼·德·雅赛：《重申自由主义》，陈茅等译，中国社会科学出版社，1997，第75、95页。

济具有内在的稳定性，在市场这只“看不见的手”调节下，私有经济能够自动地实现经济的均衡，使经济自动地稳定在可接受的失业水平上。私有制不仅是有产者个人自由的保障，而且是无产者个人自由的保障。“在集体所有权之下，根本就不需要，实践上也不可能满足这个做出决定者、承受代价者和受益者三位一体的条件。”[①] 新自由主义还认为，私有制经济的最大好处在于它保证了个人自由。由于生产资料归个人所有，个人愿意生产什么就生产什么，没有人加以限制，企业主可以在不受任何束缚的条件下充分发挥积极性，有效地推动经济发展，相反公有制则限制了个人自由。哈耶克认为：“正是由于生产资料掌握在许多个独立行动的人的手里这个唯一的缘故，才没有人来控制我们的全权，我们才能够以个人的身份来决定我们要做的事情。如果所有的生产资料都落在一个人手里，不管它在名义上是属于整个社会，或是属于独裁者，谁操有这个管理权，谁就有权管制我们。”[②] 新自由主义认为，自由的市场经济中信息和知识必然是分散的，而且人们的知识都是有限的，因此个人根据市场价格机制来分散决策是最有效的，反对中央集中决策和计划经济。

（3）极力宣扬贸易自由化，鼓吹全球经济和市场的一体化

新自由主义者继承了古典自由主义的自由贸易和经济全球化的理论，主张商品、服务、资本、货币的跨国自由流动，要求广大发展中国家特别是社会主义国家放松对资本和金融市场的管制，实行所谓自由市场理论。新自由主义认为经济全球化

---

① 〔英〕安东尼·德·雅赛：《重申自由主义》，陈茅等译，中国社会科学出版社，1997，第75、95页。

② 〔英〕哈耶克：《通往奴役之路》，王明毅等译，中国社会科学出版社，1997，第101页。

就是全球经济和市场的一体化，是世界资源的最优组合，它不是你死我活的“零和游戏”，而是对双方都有利的“正和游戏”，绝大多数国家都能在经济全球化过程中得到长远的比较利益。新自由主义还认为，摧毁政府对外部联系的障碍将释放两种积极的力量，其一是最好的运作机制（市场）从最先进的经济区域扩展到所有的政府放弃了控制权的经济区域；其二是随着这种最为有效的机制的扩散，最不发达的经济区域也会繁荣起来，它们与发达国家的贫富差距也会越来越小。“今天的新自由主义将全球化强调为自由市场制度的自发产物。人们现在被告知：除了新自由主义，‘别无选择’；我们生存于全球的‘竞争性秩序’中，国家抵挡不住全球化的力量；市场不再是国家的，而是全球的；由此公司也应当变成全球的，而不仅是多国的或跨国的。”①

（4）主张福利个人化，反对福利国家

新自由主义者主张福利个人化，反对“福利国家”。他们认为“高税收、高福利”的“福利国家”政策会严重影响人们工作、投资、创业的热情，使经济发展缺乏动力；并指出以养老、就业和医疗等为主要内容的全民福利，增加了个人依赖国家的惰性，不但促使社会形成懒惰之风，而且增加了国家的财政负担，影响了企业的生产效率和国际竞争力。同时，新自由主义还进一步强调财产和收入差别是个人能力所致，政府可以提供某些服务，补贴最低收入，但不能以平等为目标而过多行使福利职能。在哈耶克看来，福利国家是一种人为的设计而不是单纯的人类行动，完全忽视了在自由市场经济社会中建立“自发秩序”的必要条件。

---

① 卫华：《新自由主义及其批判》，《国外理论动态》1999 年第 12 期。

（5）维护既定的社会秩序和道德法治，反对现代的多元民主和激进的平等主义

新自由主义认为，人的多样性和复杂性是天然的，强制的平等就会破坏这种多样性和复杂性。多样性和复杂性是文明社会的重要标志，而单一性和整齐划一会窒息人的活力与自由。不论平等有多大的价值，用政府的权力强制造成的平等是不明智的、不正当的、不安全的。虽然新保守主义者没有完全否定平等观念，但反对追求物质平等，认为财产和收入差别是个人能力所致。他们认为，政府可以提供某些服务，补贴最低收入，但不能以平等为目标而过多行使福利职能。同样，他们虽然不完全否认民主的作用，但强调民主只是用以确定杰出人物的筛选机制，反对把民主作为生活方式推广到其他领域。他们批评J. M. 凯恩斯的福利经济学，指责过度的国家干涉导致经济滞胀和政治极权，并认为现代多元民主是其祸根。美国学者萨托利认为，在19世纪，自由因素胜于民主因素，但到了20世纪，民主因素就逐渐超过了自由因素，自由主义民主逐渐被社会民主所取代。“毁掉制度中的自由要素以换取少得可怜的一点东西，用这种方式寻求最大限度的民主，除了削弱作为整体的自由主义民主之外将一无所获”，他呼吁人们正视民主因素增长所带来的危险，回到19世纪的自由主义的民主中去。新保守主义者还批评平均主义的道德观破坏了私有财产和社会道德，认为人既然在天赋和能力上是不平等的，社会就应该把这样的差异体现出来。否则，没有财富和社会地位的差异，人们就会失去工作的动力。新保守主义这种个人自由高于政治民主和社会平等的主张，带有强烈的“社会达尔文主义”色彩，在不同程度上表现了西方垄断资产阶级对广大中下阶层民众的民主权利和平等

要求的压制和剥夺。[①]

3. 新自由主义的特征

随着新自由主义影响的日益扩大，学术界对新自由主义的研究也日益增多，学者们从多种视角审视新自由主义，对新自由主义的特征也就有了多种不同的看法。本书认为，新自由主义的特征主要表现在以下几个方面。

（1）在经济上推行“三化”，但推行中采用双重标准

新自由主义维护和秉承了资产阶级传统自由主义经济思想和理论，并大力弘扬市场化、自由化、私有化的核心价值理念。新自由主义者认为在保证个人追求自身利益最大化的同时，可以自觉实现社会利益最大化，反对任何形式的国家经济计划和福利政策，认为国家对经济生活的干预、制定的福利政策，不仅不能促进经济的增长，反而会限制市场经济的自我完善和自我调节。他们还把劳动生产率增长速度的减慢、资本积累的降低、经济危机的加剧、失业的增加、通货膨胀的严重等，统统归咎于国家干预和福利的政策。可以说，这是新自由主义的核心内容之一。同时，我们也要看到，新自由主义虽然主张商品、服务、资本、货币的跨国自由流动，实行所谓自由市场理论，宣扬经济上的自由，但是，西方发达资本主义国家没有彻底实行新自由主义。一方面，在西方发达资本主义国家推行新自由主义的过程中，由于自由竞争导致了资本的集中和垄断，危及了人们机会公平的原则，限制了自由的竞争，导致了社会内部特别是阶级之间的两极分化，引发了大量的社会矛盾。[②] 另一方

---

① 罗文东：《新自由主义剖析：实质和影响》，《中共云南省委党校学报》2004 年第 1 期。

② 《当代世界思潮》，中共中央党校出版社，2000，第 51 页。

面，在国际贸易中，以英、美为首的西方发达国家通过政府补贴、非关税壁垒等措施搞贸易保护主义，保证本国垄断资产阶级利益。综合以上分析，我们可以充分认清新自由主义为国际垄断资本服务的本性和实质。

（2）在政治上坚持“三个否定”，实质上是在推销自己的政治范式

新自由主义在政治上特别坚持“三个否定”，即否定公有制，否定社会主义，否定国家干预。否定公有制：新自由主义者认为，私有制经济具有内在的稳定性，在市场这只“看不见的手”的调节下，私有经济能够自动地实现经济的均衡，使经济自动地稳定在可接受的失业水平上。同时，私有制经济可以保证个人的充分自由，由于生产资料归个人所有，个人愿意生产什么就生产什么，没有人加以限制，企业主可以在不受任何束缚的条件下充分发挥积极性，有效地推动经济发展，而公有制则限制了个人自由。否定社会主义：在他们看来，社会主义就是对自由的限制和否定，必然导致集权主义，因而它只能是一条通往“奴役之路”①，否定国家干预：在新自由主义看来，随着各国经济交往不断加深，国与国之间的联系更加密切，以至于任何一个国家要想单独地进行经济发展和贸易，都是不可能的。相反，只有发挥市场自我调节功能，才能最大限度地实现贸易和资本流动的自由化。

新自由主义理论不仅是一个经济理论，而且还是一个政治理论。这一理论认为，在一个典型的民主体制社会里，自由市场占主导的发展模式是最行之有效的。国家仅仅承担有限的经

① 刘长龙：《试论对社会主义核心价值体系产生较大危害的几种社会思潮》，《社会科学论坛》2007 年第 10 期。

济职能，即界定产权、确保合同的执行以及调节货币的供给。经济上的新自由主义实质上是政治上的保守主义。新自由主义者表面上是要维护作为人类最高价值准则的自由，但实际上，只是维护自身利益。这就决定了新自由主义必然走向政治保守主义，实行政治专制主义。

（3）在策略上推行全球化，为国际垄断资本开辟市场

新自由主义倡导在经济全球化的基础上，极力推行全球政治和文化一体化，从而达到资本主义全球化的目的。经济全球化是人类社会发展的一个必然的历史发展趋势，但是经济全球化并不等同于全球政治、经济、文化的一体化。而新自由主义通过鼓吹市场规律和自由平等原则，企图以经济全球化为手段逐步推行以超级大国为主导的全球政治、经济、文化的一体化，最终达到以代表国际垄断资本利益的发达资本主义国家处于全球化核心地位的目的，使第三世界国家完全依附于发达国家，从而被纳入新自由主义全球体系中，使国际垄断资本获得更多、更长久的利益。新自由主义在极力鼓吹市场规律和自由平等原则的同时，实质上想要树立以美国为首的发达资本主义国家在全球化中的主导地位，广大发展中国家只能处于被剥削的地位。新自由主义企图通过一系列国际政治、经济制度的干预，借助国际货币基金组织、世界银行、世界贸易组织等国际经济组织，以及西方七国集团、经济合作与发展组织、欧盟等国际政治组织，达到为国际垄断资本利益服务的目的。由此我们再一次认清了新自由主义为国际垄断资本利益服务的本质。

4. 新自由主义在世界范围内影响巨大的原因

虽然新自由主义包含了众多流派，理论纷繁不一，缺乏完整的体系，但是它们却有一致的理论基础和行为准则，即强调市场决定论、经济非调节论、政府功能的重新定位、削减社会

福利、抑制工会的发展等。它们一系列的政策主张不仅在发达国家如美国、英国得到实施，而且得到世界银行、国际货币基金组织和世界贸易组织的参与和推动。借助美国的霸权和实力，在20年的时间里，新自由主义传播到几乎整个世界，被越来越多的政府表述为不同的经济政策，并在不同的层次上以不同的色彩得到贯彻执行。

新自由主义之所以在20世纪80年代以后能够成为西方资本主义国家主流意识形态，并且在世界范围内占据举足轻重的地位，主要有以下三方面的原因。

（1）凯恩斯主义效用的弱化

战后，西方资本主义国家以凯恩斯主义为主线，制定一系列政治和经济的改革措施。然而，随着20世纪70年代的经济危机蔓延全球，盛行的凯恩斯主义已无法应对局势的发展，导致西方资本主义国家的领导者和政策制定者逐渐丧失了对凯恩斯主义的信心，进而采取了更加注重自由与市场机制的新自由主义的理论体系。

（2）经济全球化的快速发展

20世纪80年代以后，随着信息技术革命而引发了新一轮的技术革命，世界经济和政治趋于一体化，资本和生产更加集中，形成国家垄断组织和垄断集团，同时，新自由主义积极倡导自由、开放的市场也迎合了资本扩张和发展的需要。德国《明镜》杂志的记者马丁和舒曼指出：在新自由主义信条的指引下，西方大部分实行经济自由主义政策的政府在80年代展开了一种为资本争自由的斗争。它们通过制定一系列管理和控制措施加强了对国家干预的可能性，还通过政治外交、经济制裁等手段强迫依附于资本主义的国家也采取同样的方针。事实上，这些国家在潜移默化中成了西方资本主义国家掌控的工具。

（3）苏东剧变等政治局势的变化，影响世界经济格局

随着20世纪末东欧剧变和苏联解体事件的发生，世界经济和政治格局发生了翻天覆地的变化，世界无产阶级运动从兴旺走向了低潮，社会主义国家受到了严重的影响和冲击，导致一些国家纷纷抛弃了原有的发展路线，寻求西方的资本主义发展方向，这使得新自由主义者不再感到国际社会主义的巨大压力，加紧向全球推广其理论和主张。美国经济学家大卫·科茨对此作过专门论述。在他看来，社会主义制度和共产党领导的存在加剧了资产阶级的恐惧，害怕本国的工人阶级起来反对资本主义，迫使资本主义国家采取国家管制主义模式。但是，苏东剧变事件的发生消除了这一因素，使发达国家社会主义运动的力量遭到削弱，即使社会民主党在欧洲国家上台执政，也只是对资本主义进行改良，而不再威胁资本主义。

（二）新自由主义对中国的影响

1. 新自由主义的危害

（1）从理论层面分析新自由主义的危害

对于新自由主义的危害，刘长龙从理论层面、舆论界的情况、社会生活领域三个方面做了全面分析。他认为，从理论层面看，这一思潮的“经济人”假设、追逐私利的人性论、私有制永恒论、市场教旨主义、政府职能最小化、“守夜人”等，在我国经济界、理论界广泛传播，已对我国经济改革和经济发展产生相当大的影响，造成改革的某些局部扭曲。这一现象，如不适时引导，必将使改革步入歧途。从舆论界的情况看，这一思潮已经占据不少主流媒体，刘国光在近期一篇文章中不无担忧地说：许多很好的马克思主义文章，批判反马克思主义和社会主义的文章，不能在主流媒体上发表。而新自由主义的东

西……倒是畅通无阻。如果这一思潮占领舆论阵地，其否定公有制、否定社会主义的理论必将引起社会动乱，阻碍中国特色社会主义事业的顺利发展，甚至颠覆社会主义事业。从社会生活领域看，由于我国正在实行以市场为取向的经济体制改革，因而这一思潮在社会上产生了相当大的危害。有人甚至认为指导我国社会主义经济改革的理论就是新自由主义，我国的经济改革就是要实行私有化，只有私有化才能提高企业特别是国有经济的效率等想法。尤其在一些知识分子和大学生中，存在着将我国国有企业改革等同于私有化，认为只有以西方的新自由主义理论为指导，弱化政府宏观调控能力，才能使改革走出困境等一系列模糊认识。①

（2）新自由主义在实践中给世界各国带来的危害

追溯历史，新自由主义思潮给人类带来一场又一场的灾难。新自由主义的理论和政策在西方发达国家和许多发展中国家被强制推行，产生了经济增长缓慢、贫富分化加剧、社会矛盾激化等消极后果。在英、美等发达国家，实行新自由主义所鼓吹的私有化、减税和削减社会福利等政策，导致消费需求不足、金融投机猖獗、虚拟经济恶性膨胀、收入差距拉大，引起中下阶层人民的不满。在美国，1973～1992 年间，20% 高收入家庭的平均收入增加了 20%，而 20% 低收入家庭的收入则减少了 12%。1995 年，4/5 的男性职工每个工作小时的实际收入比 1973 年减少了 11%。1998 年，公司高级经理与工人的收入差距由 1980 年的 42 倍扩大到 419 倍。在英国，贫富悬殊的程度不亚于美国，最富有的 20% 的英国人占有的财富是最穷 20% 的人的

① 刘长龙：《试论对社会主义核心价值体系产生较大危害的几种社会思潮》，《社会科学论坛》2007 年第 10 期。

10倍。即使在德国，现在也有70多万人属于穷人，其中270万人靠社会救济生活，86万人无家可归。

拉丁美洲是推广新自由主义的最早试验田。20世纪90年代，美国在拉美推行新自由主义，推行“华盛顿共识”。拉美国家在美国等发达国家的诱导和威逼下纷纷实行了新自由主义“结构调整”，实行了以私有化、自由化和市场化为主要内容的新自由主义改革。当时，新自由主义显然是以拉美国家的救世良方的姿态出现并被推行的。然而，拉美国家实施新自由主义结构调整并没有给它们带来预想的美好前景，经济增长率下降，失业率攀升，贫穷加剧，整个20世纪90年代成为拉美“失去的十年”。剧变后的东欧国家也是新自由主义的实践地。剧变后上台执政的亲美领导人几乎全盘接受了新自由主义。拿俄罗斯来说，实施了以市场自由化、国有企业私有化和经济稳定化为主要指向的“休克疗法”方案，还邀请一大批西方专家到莫斯科来为其经济把脉诊断并开出了种种“药方”，加快其经济转型。但是，俄罗斯的新自由主义改革也终告失败，它给俄罗斯带来的是前所未有的社会经济危机。不只是拉美和东欧，非洲和亚洲也遭受了新自由主义的猛烈冲击。发展中国家进行新自由主义结构调整所造成的严重危机，让人们清醒地认识到，“华盛顿共识”所开出的处方并不是拯救第三世界的良方，而是美国等西方发达国家所设下的陷阱，发达国家提倡和推行新自由主义，是要第三世界国家在经济、政治上更加依附于发达国家，把它们纳入新自由主义全球体系，以利于增强发达国家的力量，以便使国际垄断资本获得更多、更长久的利益。①

---

① 吴海山、包万柱：《新自由主义全球化与反新自由主义运动之启示》，《前沿》2007年第11期。

新自由主义在世界各地表演的结果究竟如何，美国纽约大学教授塔布（William K. Tabb）有一个很好的总结。他认为，新自由主义并没有兑现其诺言，没有解决经济发展的问题，消除贫困。相反，在新自由主义盛行的国家和地区，经济增长速度更慢，人民生活水平差距越来越大。

2. 新自由主义在中国的传播及影响

新中国成立后，中国顺利完成了社会主义改造，并学习和仿效前苏联，建立了以高度集中为特征的、以行政管理为主要机制的、以公有制占绝对优势的计划经济体制。新中国成立初期计划经济体制的确立对我国的影响深远，意义重大。它不仅使新中国迅速摆脱了一穷二白的局面，国民经济在短时间内得到迅速恢复和发展，而且建立了完整、独立的工业体系和基础设施，尤其是使中国的重工业得到了快速发展。直到1978年十一届三中全会，这种体制一直统领着中国全部经济社会生活，并且一直未被突破过。然而，这种高度集中的计划经济体制存在许多严重的弊端，使我国国民经济失去了活力，严重压抑劳动者的积极性，导致社会管理体制日益僵化，极大地束缚社会生产力的发展，从而影响和迟滞了中国现代化的进程。

1978年十一届三中全会以后，中国实行了经济体制改革。作为近年来西方经济学的主要流派，新自由主义也随着改革开放开始在我国渗透并流行开来，对中国的政治、经济、社会、文化等诸多方面都产生很大影响。

（1）新自由主义渗入我国并影响我国经济改革政策

20世纪80年代，伴随着中国的改革开放，新自由主义从西方发达国家传入中国。由于当时中国没有公认权威的经济理论做指导，需要向市场经济的国家学习，而新自由主义当时打着“最先进的经济学理论”的幌子，使中国的各级权力决策层在改革中深受其影响，甚至将其视为改革的指导思想。90 年代中期以后，建设中国特色社会主义市场经济的过程中，一些决策深受新自由主义的影响，尤其在产权明晰方面更为显著。更重要的是，在国家大的改革和方针方面也出现了一些新自由主义观点和主张。这种思想主要体现在：一是政府决策和反馈调节功能被弱化，二是经济体制趋向西方化。因而，在当时社会环境中，国有经济进行了不小的调整和变革。例如，限制国企的融资手段和营利空间，打压国有企业的市场空间，蚕食国家对国有企业的产权，造成泡沫经济，形成虚幻增长的表象。一些地方政府甚至直接以纵容性的政策，变卖国有资产，导致了国有企业的大范围破产，人民群众大规模失业，为国有经济和公有制经济付出了沉重的代价。

最为显著的是在 1988 年，在新自由主义理论的影响下，中国政府在经济体制改革中推行“价格闯关”，全面解除价格控制，由此引发了一场声势浩大的抢购风潮，成为改革开放 10 年中最大的一次经济波动，并在之后引发了一系列政治、经济、社会等问题，迫使中央不得不在 1990 年开始对社会政治经济秩序进行“治理整顿”。1997 年，中国政府在经济体制改革中对国有企业“改制转轨、下岗分流、减员增效”全面铺开，新自由主义以“效率就是一切”，“资本是达到效率的至高无上的手段”为说辞，力图使政府政策为资本利益最大化开路，忽视普通人民的权利。“改制转轨”的过快推进，导致了全国大范围大规模的下岗失业，给社会安定带来巨大的隐患。此外，在“改制转轨”过程中实施的所谓“国退民进”、“公退私进”，导致了大量的国有资产流失，大批生机勃勃的国有企业由此走入困境，甚至破产，却使私有经济突飞猛进地快速发展，社会贫富差距悬殊、两极分化严重。为此国家加大了对国有企业的扶持力度，并在2001年一度叫停了实施不到两年的国有股减持计划。21世纪初，在新自由主义理论的影响下，一些地方政府为追求政绩大干快上，政府行为与企业的逐利行为相结合，借助银行贷款进行投资，导致了全国产业投资比例失调。而国有商业银行为了降低不良贷款比例，萌发扩张信贷的冲动，金融风险急剧增加。中央又不得不在2004年4月采取一系列措施对国民经济进行宏观调控。

新自由主义在世界范围内实践的结果证明，哪个国家或地区推行了新自由主义，哪个国家就会遭到巨大风险和灾难。因此，我们必须提高警惕，防止新自由主义误导我国改革开放的方向。

（2）新自由主义对中国社会主义主流意识形态的影响

社会主义意识形态是中国的主流意识形态。然而新自由主义传入中国后，不仅企图左右中国的经济体制改革，而且试图瓦解社会主义的意识形态，动摇社会主义基本政治经济制度。新自由主义的鼻祖哈耶克的许多著作，被翻译介绍到中国并大量出版发行，在学术界、经济界都产生很大影响。然而，哈耶克在著作中从不掩饰自己的政治主张，不仅主张极端的个人自由主义，公开提出“个人的自由高于一切”，还不遗余力地鼓吹私有制的优越性，认为私有产权应享有不受约束的自由，任何政府干预、调节经济都是有害的。他一直反对社会主义，反对公有制，反对计划经济，认为社会主义限制了利己的动力，声称公有制是产生“极权政治的基础”，认为计划经济中的集中决策没有市场经济中的分散决策灵活，所以社会主义不可能有高效率。而且社会主义违背人性，计划经济导致政府极权，是“通向奴役的道路”。

（3）新自由主义对中国政府正确行使职能的影响

新自由主义的一个显著特点就是主张“自由化”，主张市场经济条件下的自由竞争，主张一切由“市场”这只“看不见的手”来指挥，反对政府对市场的干预，希望政府在市场经济条件下彻底“守夜人化”。这种观点必然会误导人们弱化政府对市场的宏观调控和管理，干扰正常的经济运行秩序，使市场在一定程度上变得无序、混乱，增大暴发危机的可能性。2008 年的全球性金融危机就充分说明了这一点。

事实证明，新自由主义推行到哪个国家或地区，哪个国家或地区就会遭到巨大风险和灾难，甚至成为重灾区。俄罗斯、东欧国家、亚洲国家以及拉美国家都是推行新自由主义而遭受重创的典型国家和地区。多年来，西方发达资本主义国家一直试图用新自由主义渗入我国，企图误导我国社会主义建设的方向，我们务必时刻提高警惕。如果失去警惕，听任新自由主义泛滥下去，将直接影响我国坚持和发展的方向。

我国经济改革中，要积极转变政府的经济职能，不断改进政府宏观调控的手段和技巧，科学地实施宏观调控，逐步减少政府对微观经济的干预，让市场在资源配置中起基础性作用。然而在新自由主义影响下，有些经济学方面的学者鼓吹“市场化改革”，迷信市场作用，反对任何计划，极力主张“把政府职能压缩到提供市场环境和维护市场秩序，要政府从一切经营性领域抽出，从全部竞争性乃至垄断部门退出，并且竭力贬低和削弱国家计划在宏观调控中的作用，使之跟不上市场化的进程”[①]。由此造成了近年来我国社会经济中的一些失衡现象。为此，党的十七大特别强调了政府对经济的宏观调控的作用，重新强调社会主义市场经济下也要加强国家计划在宏观调控中的

---

① 刘国光、杨承训：《新自由主义思潮》，中国社会科学院网站，http://www.cass.net.cn/file/20090303219992.html。

导向作用，坚决纠正了新自由主义的错误影响。2008 年金融危机中，我国政府对稳定经济所采取的种种重大措施，很大程度上依靠计划手段，事实再次证明了社会主义市场经济是市场与国家干预相结合的产物。

3. 新自由主义在中国传播流行的原因

中国社会科学院特邀顾问刘国光将新自由主义思潮在中国能够传播流行的原因总结为以下几个方面。

（1）中国在借鉴和吸收经济改革和发展教训的基础上，逐步确立市场经济制度改革的方向，向经济发达的国家学习先进的经济体制，当然，在学习的过程中，难免也会带进来一些腐朽、消极的思想，新自由主义经济思想正是这样一种混合物。一方面，作为经济领域的权威，它对市场经济的研究和理解不乏科学性和正确性，为我们社会主义市场经济体制的完善提供经验；另一方面，它对资产阶级的看法有一些偏颇。中国对外开放的时期正是新自由主义在西方方兴未艾的时候，出国学习的政府人员、研究学者和在西方留学的人士，在不同程度上受到了新自由主义的影响。这些人回国后把新自由主义思想带到了中国。缤纷杂陈的生活方式和思想潮流传入中国，对于技术和经济处于落后的中国，有些人只看到西方发达资本主义国家的经济和生活条件的优越性，盲目追崇。与此同时，东欧剧变、苏联解体也给社会主义国家的人们带来了不小的冲击，部分人对社会主义发展前途感觉茫然，正是由于多种因素的相互作用，新自由主义得以在中国发展。

（2）从国内建设和改革的结果看，新自由主义在中国的发展是与中国改革开放和社会主义现代化建设密切相关的。以公有制为主体、多种所有制并存的经济制度的确立，必然要求建立与之相适应的以按劳分配为主体，多种分配方式共存的分配制度。随着非公有制的发展和地位逐步提升，广大人民群众越来越注重财富和身份的提升，这正与新自由主义所倡导的本质利益相吻合，也使得其在国内有不断发展的土壤。

（3）从意识形态领域的工作来说，反对“右”倾或者“左”倾的机会主义是我党一贯主张和坚持的原则。在新的历史时期，右倾机会主义的主要特征是坚持资产阶级自由化。以邓小平同志为核心的党的领导集体提出了反对新自由主义的经济思想和纲领，还提出了一些政治观点和政治理论。邓小平同志曾说，有些人“把改革开放说成是引进和发展资本主义”，以此来反对改革开放，这当然是不对的。但是，确实也有人“打着拥护改革的旗号，想把中国引导到搞资本主义”。他还说，“某些人所说的改革，应该换个名字，叫做自由化，即资本主义化。我们讲的改革，与他们不同，这个问题还要继续争论。”所以，不能说经济领域没有资产阶级自由化的问题。资产阶级自由化不但政治领域有，经济领域也有。私有化、自由化和市场化，反对公有制，反对政府干预，反对社会主义，这一系列观点都与经济领域有关。反对资产阶级自由化，政治上反经济上不反，这是不够的。防止经济领域资产阶级的自由化，就是防止经济领域变质。经济领域如果变质（变成私有化、资本主义化），政治领域也会跟着变质。这是马克思主义的基本常识。新自由主义经济思潮之所以能够在中国渗透、流行，同这个情况有很大的关系。

（三）对新自由主义应采取的态度

关于对新自由主义应采取的态度，中国学界的专家们普遍认为，新自由主义是在资产阶级古典自由主义经济思想和理论基础上发展起来的，作为一种经济学理论和研究方法，它在市场经济运作方面具有一定科学性，可以批判地借鉴；但作为国际垄断集团的核心理论体系和价值观念，特别是已经意识形态化的“华盛顿共识”，则必须坚决反对和抵制。

1. 认清新自由主义的本质

（1）新自由主义具有很强的阶级性

在人类社会还存在阶级的条件下，各种思想无不打上阶级的烙印。毛泽东同志说得好：“世界上只有具体的自由，具体的民主，没有抽象的自由，抽象的民主。在阶级斗争的社会里，有了剥削阶级剥削劳动人民的自由，就没有劳动人民不受剥削的自由。有了资产阶级的民主，就没有无产阶级和劳动人民的民主。”① 他还说：“所谓伦理学，或道德学，是社会科学的一个部门，是讨论社会各阶级各不相同的道德标准的，是阶级斗争的一种工具。其基本对象是论善恶（忠奸、好坏）。统治阶级以为善者，被统治阶级必以为恶，反之亦然。”②

从新自由主义的内涵和特征可以看出，新自由主义在本质上具有很强的阶级性，目的是为了维护资本主义生产方式和资本主义经济制度，是建立以国际垄断资本为主导的全球新秩序和资本的世界积累制度，是为国际垄断资产阶级的扩张政策服务的。

新自由主义实质上代表西方大垄断资产阶级的利益。资本主义市场经济是强势经济，谁拥有更多的资本谁就拥有话语权，谁就更自由。实际上只有大资本拥有者，特别是金融资本垄断者，才能自由地赚大钱，美国华尔街的大资本家就是自由地赚取全世界的钱。有人说自由是对所有人的，但根本无钱或者只

---

① 《毛泽东文集》，人民出版社，1999，第208页。

② 《建国以来毛泽东文稿》第10册，中央文献出版社，1996，第186页。

有很少的钱怎么能在市场上“自由”起来？当年反对封建制度时，资本主义刚刚兴起，古典自由主义确有进步意义，当社会财富集中在大资本垄断集团手里时，这种新自由主义只能代表他们少数人的利益。这个道理很浅显。从认识论上看，新自由主义片面地夸大市场自发功能和个人主义的趋利性。就市场调节的特点来说，自发性确有它积极的功能，追求利益最大化产生追求效益的动力。但是，真理向前迈进一步就会变成谬误，使得人们的认识直线化、片面化，把事物的某种特性推到极端，否定事物另一面。恩格斯把这种思维称为“有缺陷的推理”。比如说，市场的自发调节有利于资源配置，但如果忘记了它的缺陷，忘记了市场自身会失灵，便会造成经济畸形化、两极分化严重、经济危机丛生等严重后果，尤其是资源浪费、环境污染、社会不公等“外部不经济”现象便会突显。生产社会化的规律要求用好“两只手”，而不是只用一只“看不见的手”。人们容易接受一些片面的东西，尤其是改革计划经济体制时，从一个极端走向另一个极端，形成认识上的陷阱。在20世纪70~80年代后，新自由主义流行。西方大资本、金融资本、虚拟资本都需要自由放任的体制，美国、英国等强国通过这种“便利”，利用手中极其雄厚的资本对发展中国家的经济进行操控。因此，撒切尔夫人、里根上台后，开辟了新自由主义近30年的主流经济学地位。2008年的金融危机宣告了它的失败，资本主义暂时需要更多地利用凯恩斯主义国家干预手段。不过这还不是新自由主义的最后终结，将来有一天经济形势一旦变暖，它仍会东山再起。只要有大垄断资本集团存在，特别是大金融资本存在，新自由主义之类的理论观点就会泛滥，就会在社会上继续存在。

因此，新自由主义思潮所鼓吹的极端个人主义，推崇个人权利而限制公共权力，贬低和否定集体主义，与我国坚持公有制的主导地位，提倡集体主义的社会主义制度是背道而驰的。

（2）新自由主义制度在本质上是为国际垄断资本服务

在国际上，新自由主义主张商品、服务、资本、货币的跨国自由流动，实行所谓的自由市场理论。英、美等西方发达国家也没有彻底实行新自由主义，而是通过政府补贴、非关税壁垒等措施搞贸易保护主义。然而，他们却要求广大发展中国家推行新自由主义的经济政策和经营模式，包括私有化、开放资本和金融市场、减税、限制和削减社会福利开支等等。新自由主义的这种全球制度安排，至少有两方面的作用：一是调节国际垄断资产阶级内部的利益关系，以确保垄断资产阶级对广大工人阶级和劳动人民的统治地位；二是调节国际垄断资产阶级同发展中国家之间的利益关系，以确保发达国家的主导地位。一些国际经济组织也不遗余力地向发展中国家宣传和推销新自由主义的理论和政策。诺姆·乔姆斯基曾把世界贸易组织在这方面的作用概括为：①为美国干涉别国内政提供工具；②为美国大公司兼并别国企业提供便利；③使资本家和富人受益；④将成本转移给消费者；⑤为对付反民主威胁（因为任何反市场的政府都是反民主的）提供武器。前世界银行首席经济学家斯蒂格利茨在其新著《全球化及其不足》中指出：20 世纪 80 ~ 90 年代国际货币基金组织等国际金融机构依据与美国财政部达成的“华盛顿共识”，向许多南方国家及经济转轨国家硬性推出“财政紧缩、私有化、自由市场和自由贸易”三大政策建议，由此导致一些国家的经济崩溃和社会动荡。他认为，“华盛顿共识”倡导的是一个“各国政府被跨国公司和金融集团的决定压倒”的经济全球化进程。此外，西方发达国家通过国际货币基金组织为俄罗斯制定“休克疗法”，为拉丁美洲制定“结构调整方案”所产生的恶果，也充分表现了新自由主义为国际垄断资本服务的本性和实质。①

（3）向发展中国家推行新自由主义，目的是使国际垄断资本获得更多、更长久的利益

曾任世界银行首席经济学家和美国前总统克林顿的经济顾问团主席，并在2001年荣获诺贝尔经济学奖的斯蒂格利茨把新自由主义的经济改革范式形象地概括为“四步曲”：第一步是私有化，更准确地说就是腐败化。削价出售国有资产的回扣率会达到10%，而这些资产动辄价值数亿美元。私有化之后，第二步是国际货币基金组织和世行的“拯救经济计划”——资本市场自由化。就是对资本市场解除管制，允许资本自由流进流出。在这关头，国际货币基金组织把这些国家拖入第三步：价格市场化——一个粮食、水、燃气价格飞涨的时期，它引发骚乱和动荡，进而引起新的资本恐慌性出逃和政府的崩溃，外国公司趁机以“跳楼价”买到那些价值连城的东西。现在就轮到第四步：国际货币基金组织和世界银行把这一步叫做“消灭贫困计划”：自由贸易。②

在新自由主义的实践中，新自由主义以拉美国家的救世良方的姿态出现并被推行，然而，给拉美国家带来的却是经济增长率下降，失业率攀升，贫穷加剧。俄罗斯的新自由主义改革也以失败而告终，它给俄罗斯带来的是一系列严重的社会和经济危机；当然，非洲和亚洲也难逃新自由主义的渗透。这事实让人们清醒地认识到，“华盛顿共识”所开出的处方并不是拯救第三世界的良方，而是美国等资本主义国家所设下的圈套，使不发

① 罗文东：《新自由主义剖析：实质和影响》，《中共云南省委党校学报》2004年第1期。

② 格雷·帕拉斯特：《一个冰凉的世界——国际货币基金组织带你去地狱的四步骤》，《国外理论动态》2001年第12期。

达国家在经济、政治上更加依附于发达国家，把它们纳入到新自由主义全球体系，使西方发达国家获得更多、更长久的利益。新自由主义的理论、政策引起的种种消极后果，使西方进步人士和广大发展中国家的人民逐步认清其实质和危害。

（4）对中国经济体制改革怀有特殊的企图

新中国成立后至改革开放前，我国依据苏联的模式，逐步建立起了以计划管理、高度集权、部门管理为主要特征的体制。国家将整个国民经济不同程度地纳入了计划轨道，政府的职能范围和内容十分广泛，几乎事无巨细，大包大揽。高度集中的计划经济体制使我国国民经济失去了活力，陷入了极度的困境。危急关头，国家实行了经济体制改革。作为近二三十年来西方经济学的主要流派，新自由主义也随着改革开放开始在我国渗透并流行起来。新自由主义自称为中国的“主流经济学”，影响到学界、媒体以至一些执政官员，在我国推行经济体制改革的过程中曾一度起到“精神领袖”作用。然而，随着其本来面目的逐渐暴露，我们必须清楚地看到如下几点。

第一，新自由主义企图影响中国学术界。

新自由主义在我国学术界的盛行。新自由主义的鼻祖哈耶克的许多著作，被翻译介绍到中国并大量出版发行，在学术界、经济界都产生很大影响，导致许多著名经济学家撰文时都引经据典，将其作为我国政治和经济改革的理论依据。他们对批判新自由主义极为抵触，认为它仅仅是一种纯粹的学术理论，没有意识到它的进一步企图，没有从中国的实际出发。对新自由主义思潮必须高度警惕，如果听之任之则很可能对我国改革开放产生负面影响，甚至瓦解社会主义的意识形态，动摇社会主义基本政治经济制度，危及国家利益和社会的安全与稳定。

第二，新自由主义企图影响中国经济体制改革。

一部分深受新自由主义思想影响的社会学者十分热衷于把中国的市场经济改革等同于“市场改革”，或者理解为脱离中国国情的欧美自由市场经济模式。借此，把中国市场经济制度改革和资本主义自由市场经济改革混为一谈，抛弃姓“社”或者姓“资”的改革底线，这显然不符合中国改革是社会主义自我完善的宗旨。我国经济改革以市场为取向，需要借鉴和吸收、学习包括新自由主义在内的西方经济学中关于市场机制一般运行机理的理论，但不能把资本主义国家的意识形态作为改革路线选择的依据，即不能照抄西方模式。中国经济改革的路线主要依据中国自己的情况，在与时俱进的马克思主义思想的指导下，形成有中国特色的社会主义市场经济模式，而绝不是一般的、抽象的或资本主义的市场经济模式。由此区别目标模式的社会性质，是十分重要的。

第三，企图篡改“社会主义”的科学内涵。

由于社会主义在人们心目中有崇高地位，有些人士在阐述“市场化改革”的观点时，对社会主义产生了不同的理解，以此来篡改“社会主义”的科学内涵。社会主义有确定的科学内涵，这是不能改变的。拿社会主义市场经济来说，十四大和《宪法》都明确规定社会主义市场经济是与社会基本经济制度结合在一起的，即公有制为主体、多种所有制共同发展，是社会主义市场经济必有的内涵。这与新自由主义反对公有制、主张私有化的观点是不相容的。还有人倡议所谓“人民社会主义”或“社会主义新模式”，根本不提公有制为主体，把我国公有制经济贬称为“官本经济”，主张以“民本经济”、“民营经济”为主体来代替“官本经济”，宣称“经济体制转轨的过程本质上是由原来的官本经济转向民本经济的过程”。这实际上就是以私有经济为主体来代替公有经济为主体，完全抽掉了社会主义的经济基础。还有些人鼓吹不但要突破姓“社”姓“资”，还要突破姓“公”姓“私”，破除“所有制迷信”。这类主张，无论用什么华丽辞藻来包装，揭开“画皮”，都是与中国特色社会主义市场经济的内涵格格不入的。

第四，企图削弱国家宏观调控。

新自由主义思潮不仅是不准问姓“社”姓“资”、姓“公”姓“私”，还有一个特点，就是只要市场自由，不要政府干预。这个主张一度在中国颇有影响。“自由化”是新自由主义“三化”（市场化、私有化、自由化）主张中的一化。主张一切由“看不见的手”来指挥，反对政府对市场的干预与管制。人们把这种观点称为“市场原教旨主义”。西方金融危机已经充分证明，这种观点是根本站不住脚的。我国经济改革本意要转变政府的经济职能，减少政府对微观经济的干预，让市场在资源配置中起基础性作用。同时，政府对经济的宏观调控本来就是社会主义市场经济的组成部分，国家计划又是宏观调控的重要手段，这些都是十四大文件中明确规定的。而我们有些经济学者力倡把政府职能压缩到提供市场环境和维护市场秩序，要政府从一切经营性领域抽出，从全部竞争性乃至垄断部门退出，并且竭力贬低和削弱国家计划在宏观调控中的作用，使之跟不上市场化的进程，这是造成近年来我国许多社会经济失衡的重要原因之一。在这种氛围之下，十七大重新强调在社会主义市场经济条件下加强国家计划在宏观调控中的导向作用是十分必要的，是对新自由主义影响的一个矫正。[①]

---

① 刘国光、杨承训：《新自由主义思潮》，转引自 http://www.cass.net.cn/file/20090303219992.html。

在2008年世界经济大动荡中，我国政府对稳定经济所采取的种种重大措施，许多都是计划手段，证明了社会主义市场经济是不能离开国家计划指导下的宏观协调的。计划与市场都是手段，都可以用，这是邓小平同志讲过的。那种唯市场是崇、见计划就损、迷信市场自由放任万能的新自由主义神话，在社会主义国家已没有了市场。

从新自由主义的内涵和特征可以看出，新自由主义体制下，谁拥有更多的资本，谁就拥有更多的话语权。越是大资本的拥有者，特别是大金融资本的垄断者，越能在新自由主义的游戏规则下赚到大钱，而无产者或拥有少量资产者在新自由主义市场条件下只能处于受剥削的地位，社会财富会越来越集中到大垄断资产阶级手中。

在国际上，英、美等西方发达国家利用自身的资本优势、技术优势、管理优势以及在国际谈判中的优势地位向广大发展中国家推销新自由主义的经济政策和经营模式，利用它们在国际经济组织中的话语权和影响力，不遗余力地向发展中国家宣传和推销新自由主义的理论和政策，千方百计地将发展中国家置于新自由主义体制下，进行非公平的“自由竞争”，以达到控制发展中国家经济命脉，确保发达国家在世界经济中的主导地位的目的，削弱社会主义国家政府的宏观调控力。

2. 科学地批判和借鉴新自由主义

从上述的研究和分析中，我们发现，新自由主义存在着许多明显的错误，对此必须进行科学的批判。但是，更为必要的应当是研究、发掘它的“合理内核、合理成分”，吸取其优良的营养成分，为建设有中国特色的社会主义服务。我们不能因为新自由主义经济理论攻击了社会主义制度，而全盘否定这一理论的科学价值。另外，新自由主义经济理论作为一种时髦的流派，为越来越多的发达国家所采用，对资本主义政府的决策起着重大作用，对我们党执政能力的提高提供必要的经验。同时，研究这一理论，还可以使我们在对外开放中更好地同资本主义世界打交道，发展我国的对外贸易和经济关系。对于当代西方经济理论，我们不能仅仅用批判的目光去进行研究，也必须以科学的态度来看待新自由主义思潮，始终以“取其精华，弃其糟粕”的唯物主义辩证法来增强辨别能力，从而健康地推进有中国特色的社会主义建设事业。对待新自由主义思潮，我们应始终坚持运用马克思主义的立场、观点和方法，科学地批判和借鉴。对其在市场运作方面的科学成分，要适当地学习，科学地借鉴，合理地加以利用，以促进我国社会主义市场经济的发展。而对其不合理甚至反动的成分，如绝对自由化的思想，全面私有化的思想、反对政府干预的思想，关于全球一体化的思想等，要旗帜鲜明地反对，坚决抵制。

（1）学习借鉴新自由主义的合理成分

第一，有选择地吸收新自由主义的精髓。

新自由主义的肯定之处在于它对完善市场机制提出了有益的假设。在《资本主义与自由》一书中，美国的米尔顿·弗里德曼就指出：市场在运行的过程和取得的实际效果与理想的效果相比还是有很大差距的，同时，他认为强制的手段无法达到自由状态下的效果。我们暂时先不要考虑他的理论的对与错，我国几十年的经济建设经验与实践，通过高度集中的计划经济与倡导市场调节作用的市场经济的对比，我们也不难看出，高度集中的计划经济具有盲目性、不科学性等缺陷，我国经济止步不前在很大程度上是由计划经济和国家不适当的经济干预所造成的。因此，新自由主义倡导的，“如果国家干预少一点，竞争就会进一步发展”的主张，对我国社会主义现代化建设和发展社会主义市场经济有积极的借鉴意义和作用。

我国几十年的经济建设实践证明，计划经济在资源配置上存在着严重的缺陷。完全的计划管理必将导致经济僵化、停滞甚至倒退。改革开放以来，我国从计划经济走向市场经济，取得了辉煌的成就。新自由主义是在古典自由主义经济思想和理论基础上发展起来的，历经200多年的历史，其在运用市场机制有效配置资源方面积累了丰富的经验，其“市场是配置资源的最有效机制”的观点，一定程度上符合市场经济发展的内在规律，对我国的经济体制改革、对我们建立和逐步完善社会主义市场经济体制、对促进社会主义市场经济的发展，具有重要的借鉴作用。

第二，科学地界定政府在市场经济中的职能范围。

政府在市场经济中发挥着不可或缺的作用，它不仅可以有效地保护市场中每个成员的合法利益，而且维护着人们所共有的公共利益。政府在市场中应当扮演维护秩序、调节争端、促进公平竞争的角色。然而，实践中，我们的管理机构却经常既当“裁判员”，又当“运动员”，有时成为市场主体，有时又在市场迫切的公共需要中难觅踪影。各级政府普遍处于“强势”状态，经常存在着所谓“越位”、“缺位”、“错位”的现象。如何把握政府职能与市场之间的度，更好地发挥两者的协同作用，有效促进经济发展，需要我们认真地进行思考。而新自由主义所提出的“保护法律和秩序，保证契约的履行，扶植竞争市场，创造公平竞争的机会”，“压缩政府开支，提高政府效率”、“政府的权力必须分散”等观点，对科学地界定政府在发展社会主义市场经济中的职能范围，建立适应市场经济的“法治政府”、“责任政府”、“服务政府”，可以起到积极的借鉴作用。

第三，更好地发挥国家在经济生活中的作用。

新自由主义经济理论在强调市场机制的同时，并不是提倡完全不受束缚的“自由放任”，不要国家干预。他们主张，国家应该创造条件使市场和价格制度发挥最大的功能。政府的主要作用在于保护法律和秩序，保证契约的履行，扶植竞争市场，创造公平竞争的机会。与此同时，弗里德曼强调：政府的权力必须分散。新自由主义的这些思想对于我们当前的经济体制改革是有价值的。

宏观调控是经济平稳运行的必要保障，社会主义市场经济同样也离不开宏观调控。在经济改革中，中国政府积极探索自身的经济职能，不断改进宏观调控的手段和技巧，科学地实施宏观调控，取得很好的效果。新自由主义中的现代货币学派、理性预期学派和供给学派提出的许多关于“实施积极财政政策和货币政策”、“加强宏观调控”、“国家应该创造条件使市场和价格制度发挥最大的功能”等观点，对我们在社会主义市场经济中更好地发挥国家宏观调控的作用有着很好的借鉴作用。

（2）批判新自由主义的不合理成分

第一，市场并非万能。

新自由主义极力主张自由放任，反对国家干预的重要理由是“市场自然秩序”和“市场万能论”，“看不见的手”会自动协调经济发展。应当说，市场经济作为一种资源配置方式，确实能促进经济效率的提高和资源的有效利用，这是其他资源配置方式难以比拟的。但市场并非万能，它不能自动实现经济稳定协调发展。因此，国外有专家认为，自由市场这只看不见的手，尽管它有不可怀疑的力量，但是它仍不足以确保许多牵涉到人类幸福以及让人们对人类进步抱乐观态度的社会目标的实现。如果我们想保护环境，减少贫困和失业，避免恶性竞争的后果，那么自由市场就很有必要由强有力的道德框架、社会凝聚力和有理性的政府干预来支撑。这种支撑性的框架不应为铺天盖地的对个人利益的赞美或片面的对最大限度的放开和贸易自由化的热衷所动摇，因为如果个人对自身利益的自由追求与社会的合作和强有力的政府之间必要的平衡被打破而无法修补的话，那么持续的人类进步就不太可能了。到那时，人类就会完全乞怜于自由市场——沦为它的奴隶，而不是成为它的主人。[①] 现在国外大多数经济学家都强调指出：国家与市场之间的关系应是协调而非对立，特别是发展中国家或新兴市场经济体，更应处理好国家与市场之间的相互依赖关系。要明确国家的作用对于市场的发展至关重要，那种过分依赖竞争的市场导向的改革可能会瓦解社会主要成员的信任。

第二，私有制并非经济发展的动力。

新自由主义主张实行私有制的一个重要理由，是私有制能够给人们自由选择的权利，使人们的财产和收入同个人的经济活动直接相结合，这样能保证经济发展的动力。应当说，人们从事任何经济活动，确实存在一个激励问题。在小私有制条件下，由于财产是私有的，人们的经济活动与财产利益的结合十分紧密，因而动力是非常充分的。但是在现代经济中，私有制的形式已经突破了小私有制的局限，以股份公司为主要形式的私人资本社会化已成为现代社会私有制的主要内容，这对于财产所有者来说，财产利益与个人的经济活动之间已经不是一种直接结合的关系，而是一种间接关系。因此，私有制在财产利益方面对经济活动所产生的动力已经在相当程度上失去了。也

① 〔美〕理查德·布隆克：《质疑自由市场经济》，林季红译，江苏人民出版社，2000，第5页。

就是说，在一个股份公司中，其动力如何主要是取决于公司本身的机制，而不是主要取决于该公司的股票是掌握在私人手里，还是掌握在集体或国家手中。至于个人的收入同经济活动相结合这一点。私有制可以保证经济发展的动力，而公有制经济同样也可以通过对收入分配制度的改革，使人们的经济活动状况与收入直接结合起来，从而使经济活动具有充分的动力。

第三，经济全球化并不等于全球一体化。

新自由主义宣扬自由贸易、鼓吹全球一体化的一个重要理由在于经济全球化是对双方都有利的“正和游戏”，绝大多数国家都能从中得到长远的比较利益。应当说在国际分工和经济全球化的背景下，发展中国家和发达国家在产业结构上具有一定的互补性，各自具有一定的比较优势，发展中国家参与国际分工，融入经济全球化进程，客观上能够获得一定的利益。但另一方面也应该看到，在世界经济舞台上，发达国家始终是强者，发展中国家始终是弱者，因而自由贸易和经济全球化始终是相对有利于发达国家和大资本利益，而相对不利于发展中国家和中小资本利益。但是经济全球化是人类社会发展的一个必然趋势和自然的历史过程，任何国家在发展经济时都不能完全置身于经济全球化进程之外。经济全球化并不排除政治和文化的多元化，但不等于全球经济、政治、文化一体化。因此。对新自由主义鼓吹的以超级大国为主导的全球经济、政治、文化一体化，广大发展中国家必须引起警惕。

第四，效率并非经济发展的单一目标。

新自由主义主张福利个人化、反对福利国家的一个重要理由，在于“一些福利国家”采取的“福利措施”导致了经济上的低效率。从实践中看，北欧等一些高福利国家确实存在政府财政支出过大、企业税负过高、个人或多或少存在一些惰性等问题，但不能以此为借口否定国家的一些福利措施，否定国家在维护社会公平方面的责任。国家在经济发展中注重效率是必要的，但维护社会公平也是一个基本目标。效率和公平是统一的，一方面效率是公平的物质基础，另一方面公平又是效率的保证。片面地注重效率必然导致个人收入分配差距拉大，甚至出现两极分化，损害社会公平，不利于经济稳定发展。因此对于一个国家来说，不是要不要福利的问题，而是怎样在国家、企业、个人之间寻求福利负担平衡的问题。

（3）坚决反对和抵制新自由主义思潮中的错误思想

新自由主义在西方资本主义国家意识形态领域中占据主导地位，自20世纪后期，已经成为颠覆社会主义国家基本制度的利剑。如果新自由主义在我国继续蔓延下去，势必会影响马克思主义在社会主义意识形态领域中的领导地位。

首先，反对“三化”的错误思想。

对新自由主义在经济上所极力鼓吹的“三化”，即自由化、私有化、市场化，我们必须坚决反对。

第一，防范自由化带来的风险。新自由主义在经济上极力主张自由化，即金融自由化、贸易自由化、投资自由化等，而对于发展中国家来说，一定要防范自由化带来的风险，应当有条件地、逐步地开放这些市场。我们既要充分发挥好这些市场的作用，又要最大限度地防范风险，特别是对金融市场的自由开放，更应谨慎，必须加强监管和调控，避免国家的经济受到严重冲击和卷入金融危机之中。

第二，坚决反对私有化误导国企改革。新自由主义者认为私有制的经济效率最高，极力鼓吹私有制。然而事实却并非如此。以俄罗斯为例，大规模私有化曾使其经济发展急剧倒退，人民生活水平大幅度下降。推行国有企业私有化改制的过程中，大量国有资产流入私人手中，严重削弱了国家实力。我国在推行国企改革中，也曾一度受新自由主义思潮影响，大有步俄罗斯后尘之势。香港中文大学经济学教授郎咸平教授为此炮轰国企“私有化”，他所指出的国企改制过程中，国有资产流失及其所带来的一系列社会连锁反应，我们绝不能忽视。如果我国一味地搞私有化，使私有制经济成为主体，就会导致两极分化，经济社会发展停滞甚至倒退，出现社会动荡。因此，对新自由主义所鼓吹的私有化，必须提高警惕，全力应对。

第三，绝不能采取完全市场化。新自由主义所倡导的自由市场是一个不受政府干预，可以自动协调的市场，政府对其只行使最低限度的职能。实际上，市场的确能够实现资源的有效配置，但它不可能独自实现经济稳定协调发展。资本的趋利性导致其始终追寻价值洼地，流向高利润行业，而资本的聚集将不断增大市场的总供给，使原有的紧缺商品变得滞销，利润率不断降低，对资本逐渐失去吸引力，再转而投向其他价值洼地。在这个过程中，很容易造成商品相对过剩的危机，引起经济动荡，资本主义周期性的经济危机就充分说明了这一点。因此，建设社会主义市场经济，必须发挥政府的宏观调控作用，处理好政府与市场之间的关系，及时调节总供给与总需求之间的平衡，实现经济平稳运行。

其次，坚决抵制“三个否定”的错误思想。

新自由主义在政治上坚持“三个否定”，即否定社会主义，否定公有制，否定国家干预。对此必须坚持抵制。

第一，坚决抵制新自由主义对社会主义的否定。

坚持社会主义方向，走中国特色社会主义道路，是中国共产党和中国人民在长期奋斗中得出的历史结论。新中国成立后，我国确立社会主义制度，为当代中国一切发展进步奠定了根本政治前提和制度基础。邓小平同志曾说过："中国根据自己的经验，不可能走资本主义道路。道理很简单，中国十亿人口，现在还处于落后状态，如果走资本主义道路，可能在某些局部地区少数人更快地富起来……而大量的人仍然摆脱不了贫穷，甚至连温饱问题都不可能解决。"[①] 实践证明，只有走社会主义道路，才能使中国人民从根本上摆脱贫困、走向富裕，才能使中华民族不断走向繁荣富强。

新自由主义否定社会主义制度，鼓吹资本主义民主，夸大资本主义制度的优越性，对此必须坚决予以抵制。社会主义政治制度的本质是人民当家作主，国家的一切权力属于人民。而资本主义国家所实行的"多党制"、"议会制"，看似人民享有更多的民主，拥有更多的选举权和被选举权，而实际上，其选举无一不是被资产阶级用金钱所操控，巨额的选举经费使平民百姓根本没有机会进入大选，而当选者则必然会建立有利于垄断资本的政策和制度。因此，只有社会主义制度是保障人民利益的，在中国没有任何社会制度比社会主义制度更能保证中国社会的长治久安与和谐稳定。

在当代中国，坚持走中国特色社会主义道路，就是坚持社会主义。中国特色社会主义，既坚持了科学社会主义的基本原则，又根据我国实际和时代特征赋予其鲜明的中国特色。中国社会主义建设的历史告诉我们，坚持中国特色社会主义是中国唯一正确的选择，我们一定要矢志不移地沿着中国特色社会主义伟大道路继续前进。

第二，坚决抵制新自由主义对公有制的否定。

公有制是社会主义的重要经济基础，发展和壮大公有制经

---

① 《邓小平文选》第3卷，人民出版社，1993，第207～208页。

济是建设社会主义固有的要求。我国是人民当家作主的社会主义国家，必须坚持把公有制作为社会主义经济制度的基础。我国人口众多、经济基础薄弱，发展很不平衡，如果否定公有制，搞私有化，我们就会丧失团结带领全国人民克服各种艰难险阻、解放和发展生产力、走向共同富裕的基础，就会导致两极分化，经济社会发展停滞甚至倒退，出现社会动荡。

党的十四届三中全会制定了“坚持以公有制为主体、多种经济成分共同发展”的方针。在十五大报告中更是明确提出了“公有制为主体、多种所有制经济共同发展是我国社会主义初级阶段的基本经济制度”。十六大报告中提出了两个“毫不动摇”，即“毫不动摇地巩固和发展公有制经济，毫不动摇地鼓励、支持、引导非公有制经济发展”。十七大报告中再次重申了十六大的观点，再次强调坚持以公有制为主体、多种所有制经济共同发展。

把公有制为主体、多种所有制经济共同发展确立为我国社会主义初级阶段的基本经济制度，是我们党对建设社会主义长期实践经验的科学总结，是中国基本国情的客观需要，中国将长期处于社会主义初级阶段，生产力发展水平很不平衡，决定了中国在实行公有制为主体的前提下，必须坚持多种所有制并存的经济体制，大力发展非公有制经济。

新自由主义大肆否定公有制，然而，在 2008 年金融危机中，以美国为首的资本主义国家不得不由政府出资，将大量私营企业收归国有，以摆脱危机。因此，一定要认清新自由主义否定公有制的真正用意，坚决抵制其在中国对公有制经济进行私有化的图谋。

第三，坚决抵制新自由主义对国家干预的否定。

新自由主义将市场的作用理想化，片面强调开放市场，否定国家在经济生活中的作用，必将带来很大的隐患。“如果过分强调国家的‘自极无为，放任自流’，则可能导致公共秩序的混乱、贫富差别的悬殊、生态环境的恶化、社会安全的缺乏和国家防卫能力的减弱”等等。国家在社会经济活动中所扮演的角色，对社会经济的发展有着重大影响。科学地界定国家职能的范围，是每一个国家都必须慎重对待的问题。我国著名学者吴敬琏认为，“中国的政府职能存在的问题是‘错位’，就是说，既有‘越位’的问题，又有‘不到位’的问题。”如何确定与把握国家职能与市场之间的尺度，维持两者间恰如其分的张力，更好地促进经济增长，是需要认真思考并随时代发展而不断讨论的问题。当今世界，经济全球化和一体化正以空前的规模把世界经济联成一体，全球化是不可逆转的历史发展趋势，而新自由主义正是以全球化为载体，迅速向全世界蔓延。它既给我们提供了机遇，又提出了挑战。发展中国家应该积极参与，趋利避害，抓紧时机发展自己。当前我国正在深化政治经济体制改革，建设有中国特色的社会主义，必然会遇到大量的实际问题，尤其是国家干预市场自由竞争的问题。在这样的国际国内大背景下，了解和借鉴新自由主义，对于我们建立和完善社会主义市场经济体制是十分有益的。①

历经33年的改革开放，中国建立了社会主义市场经济。党的十四大在论述中国社会主义市场经济时明确指出，政府对经济的宏观调控是社会主义市场经济的组成部分，国家计划是宏观调控的重要手段。此后，在十五大和十六大的政府工作报告中，都始终强调政府必须在调控经济运行、维护经济秩序中发

① 张力化:《热潮中的冷思考——对新自由主义的再认识》，引自马克思主义研究网，2006年1月9日。

挥重要作用，尤其是十七大报告更是特别强调了加强国家计划在宏观调控中的导向作用。在这次世界经济大动荡中，我国政府对稳定经济采取了种种重大措施，有效地保证了中国经济快速恢复，促进世界经济逐步回稳，充分证明了中国特色社会主义市场经济是不能离开国家宏观协调的。

新自由主义以维护自由的名义反对任何对市场的有计划的控制和干预，是有其明显的政治目的的，即保护资本主义制度的既得利益者，特别是要维护垄断资产阶级和金融寡头的利益。在中国，一些新自由主义的鼓吹者力求把政府职能压缩到提供市场环境和维护市场秩序，竭力贬低和削弱国家对市场的宏观调控作用，其实质是任由少数大财团、大企业，尤其是国外跨国垄断企业冲击民族工业，使广大中小企业处境艰难。而且国家经济发展过分依赖外资，将导致国民经济的脆弱性大为增强。因此，我们一定要认清新自由主义排斥国家干预的真正目的，坚决予以抵制。

最后，警惕全球一体化的错误思想。

新自由主义并不是一般地鼓吹经济全球化，而是极力鼓吹以超级大国为主导的全球经济、政治、文化一体化，即全球资本主义化。经济全球化是人类社会发展的一个必然趋势和一个自然的历史过程，但经济全球化并不排除政治和文化的多元化，更不能把经济全球化理解为全球经济、政治、文化一体化。20世纪90年代以来，为适应国际垄断资本主义在全球扩张的需要，新自由主义开始在全球进一步蔓延。“华盛顿共识”的出笼，正是国际垄断资本企图一统全球意志的体现。“华盛顿共识”已经远远超出了经济全球化，是全球经济、政治、文化的“一体化”，即美国化、资本主义化。

近几年来，随着新自由主义思潮在我国的传播，我国的一些经济学者对目前的全球化趋势大加宣扬，大肆鼓吹国有资产私有化、经济完全市场化、贸易全面自由化，主张事事都应当“同国际接轨”、“融入国际社会”，“投入全球化的大潮之中”。应当看到，经济完全市场化和贸易全面自由化始终是相对有利于发达国家和垄断资本利益，不利于发展中国家和欠发达经济体。因此，对新自由主义鼓吹的以超级大国为主导的全球经济、政治、文化一体化，广大发展中国家必须引起重视，谨防新自由主义通过“华盛顿共识”设下的“全球一体化”陷阱。

二　对实用主义思潮的有效引领

实用主义是工业革命以来对社会影响颇大的一种社会思潮。它产生于19世纪70年代，是19世纪末以来盛行于美国的一个现代哲学流派，也是社会生活和思想文化影响最大的哲学派别，对美国的法律、政治、教育、社会、宗教和艺术的研究产生了很大的影响，并在20世纪以后成为美国的一种主流思潮。实用主义（Pragmatism）一词是从希腊词 πρανμα 派生出来的，意思是行为、行动。实用主义强调以人的价值为中心，以实用、效果为真理标准。“有用即真理”，是对实用主义最形象的描述。

（一）实用主义历史及现状综述

1. 实用主义的形成与发展

实用主义的哲学范畴起始于19世纪中后期，在哈佛大学成立的“形而上学俱乐部”被认为是美国第一个实用主义的组织。查尔士·桑德斯·皮尔士（Chares Sanders Peirce）被广泛认为是实用主义的发起者和创始人之一。赖特（C. Wright 1830 ~ 1875）、霍尔姆斯（O. W. Holmes，1841 ~ 1935）、费斯克

（J. Fiske，1842～1901）以及詹姆士等人都为实用主义的形成和发展作出了巨大贡献。而皮尔士在《通俗科学月刊》上发表的《信仰的确定》和《怎样使我们的观念清晰》两篇文章，被认为是实用主义形成的根本标志。但在当时实用主义并未引起人们的特别注意。一直到19世纪末，当詹姆士重提皮尔士的实用主义原则，并对其作了系统的论证和发挥以后，实用主义才迅速成为美国哲学中的一种最主要的思潮。

到20世纪初，美国实用主义另一个主要代表人物杜威又将皮尔士和詹姆士的思想作了重大发展，并把它运用于社会生活和意识形态的各个领域，使实用主义发展成为在美国影响最大的哲学流派。杜威提出“经验就是生活”，认为凡是能成功地适应环境的经验，凡是有用的理论，就是真理。因此，他的理论又被称为“实验主义”或“工具主义”。20世纪40年代以前，实用主义在美国哲学中一直占有主导地位，甚至被视为美国的半官方哲学。

20世纪30年代末至50年代，古典实用主义开始衰落，进入其萧条时期。这个时期里，实用主义的代表人物布里奇曼、刘易斯、莫里斯、胡克等人在不放弃实用主义基本立场的前提下，以不同的方式吸取逻辑实证主义的某些观点和方法，从而实现实用主义与分析哲学（主要是逻辑实证主义）的第一次结合，产生了布里奇曼的操作主义、刘易斯的概念论实用主义和莫里奇的科学经验主义。第二次世界大战后实用主义的代表人物胡克和刘易斯，分别代表了实用主义演化的两个不同方向：前者发展了实用主义哲学的反马克思主义内容；后者则把它引进逻辑学领域，促进了实用主义与逻辑实证主义的合流。

从20世纪60年代起，实用主义的发展又进入一个新的时期，即“新实用主义”时期。新实用主义的基本特征，是以不同的方式或在不同的程度上把实用主义的某些传统观点与其他哲学流派的某些观点结合到一起。这一时期的代表人物有蒯因、普特南、罗蒂、伯恩斯坦等。随着分析哲学的实用主义化和新实用主义的兴起，实用主义再次在美国哲学中占据主导地位。并且它根植于美国的社会文化，已成为美国精神的代表。

在其他西方资本主义国家，实用主义也有流传。与此同时，在世界其他国家，实用主义也在流传。比如，在英国，就出现了以席勒为代表的、强调哲学以人的利益为中心的实用主义运动。他强调哲学以人的利益为中心，将实用主义改称为人本主义。当然实用主义在一些受到美国影响较大的亚非拉国家也有流传，例如在旧中国，就出现了以胡适为代表的实用主义思潮，并在当时的思想文化领域产生过很大影响。

2. 实用主义的主要观点

实用主义强调以人的价值为中心，以实用、效果为真理标准，以实践、行为为本位走向，倡导教育与社会相联系等，它成为美国文化的核心，是美国精神的一种哲学理论概括。实用主义主张哲学应该研究现实世界，以解决人生问题为主题，强调以价值为中心的走向，实用主义哲学的一个根本出发点是看待事物的标准在于对人是否有价值，即在于此物能否满足人的欲望与要求。实用主义的根本纲领是：把信念作为出发点，把采取行动当作主要手段，把获得实际效果当作最高目的。

（1）实用主义是典型的实效主义

皮尔士认为，实用主义的功能之一就是提供一种方法，以使那些本质上清楚，但多少有些难以理解的观念成为明晰的观念。为此，皮尔士提出了确定观念意义的原则，即著名的“皮尔士原则”：“要弄清楚一个思想的意义，我们只须断定这思想会引起什么行动。对我们来说，那行动是这思想的、惟一意义……我们思考事物时，如要把它完全弄明白，只须考虑它含有什么样可能的实际效果……我们对于这些无论是眼前的还是遥远的效果所具有的概念，就这个概念的积极意义而论，就是我们对于这一事物所具有的全部概念。”① 皮尔士理论主张一个有价值的观念必然会产生现实意义的效果，这也完全凸显出重视行为和实际效果、寻求实用的理论实质。詹姆士更是直接地提出了“有用即真理”的观点。对于一个观念，詹姆士就曾说：“它是有用的，因为它是真的”，或者说：“它是真的，是因为它是有用的”。

（2）实用主义是彻底的经验主义

主张纯粹经验是构成世界的基本单位、构成一切事物的原始材料。詹姆士曾说：“如果我们首先假定世界上只有一种原始质料或素材，一切事物都由这种素材构成，如果我们把这种素材叫做‘纯粹经验’，那么，就不难把认识解释为纯粹经验的各个组成部分彼此间可以发生的一种特殊关系。”② 詹姆士的纯粹经验是一种多元的，包含了主体和客体、物质和精神的混合经验。他主张经验是最真实的存在，世界上一切都出自经验，也都可以归结为经验。不问物质第一性与第二性问题，只尊重事实，尊重经验。

（3）实用主义是一种科学方法和真理论

詹姆士在《实用主义》一书中系统地论证了实用主义的主要原理，把实用主义概括为一种科学方法和真理论。彻底经验

① 〔美〕詹姆士：《实用主义》，陈羽纶、孙瑞禾译，商务印书馆，1979，第26页。

② 〔美〕詹姆士：《彻底的经验主义》，庞景仁译，上海人民出版社，1986，第4～5页。

主义是詹姆士的实用主义的形而上学基础。他认为实用主义是一个解决形而上学争论的方法，各种对立的理论只要能取得实际效果，就都可认为是真的，都具有真理的意义。因此实用主义作为一种方法论同时又是真理论。实用主义的方法只不过是一种确定方向的态度，即不是去看最先的事物、原则、“范畴”、和假定是必需的东西，而是去看最后的事物、收获、效果和事实。只要它能导致所追求的实际效果，就可以把它当作行动的指南。詹姆士的真理论是与上述方法论相应的，注重概念的实际效果对于具体的个人的作用。真理只能是观念和思想的属性，而不是事物的属性；真理是相对于人、相对于人的变化着的经验而存在的，真理是人按照自己的需要创作出来的，以满足人的需要的程度作为尺度；真理就是对确定人们的信念、主义有实际效果的观念、对满足人的需要、愿望有用的观念，是能使人获得成功的观念；真理是人们为了达到某种目的的方便工具、权宜手段，是纯粹相对的，没有任何普遍的和绝对的意义。詹姆士认为理性主义者的真理是纯粹的抽象，而实用主义者则坚持事实与具体性，根据个别情况里的作用来观察真理，并予以概括。但他在正确地强调真理的具体性时，却又由于将其绝对化而倒向了主观主义、相对主义。

杜威则进一步发挥詹姆士的思想，把实用主义基本理论具体运用到其他科学，特别是教育中去，成为实用主义大师。他指出：当哲学不是为了应付哲学家问题的策略，而成为哲学家“处理人的问题的一种方法”的时候，便是哲学复兴之日。

（4）实用主义是一种工具主义

实用主义强调知识是控制现实的工具，现实是可以改变的。实用主义强调实际经验是最重要的，原则和推理是次要的，信仰和观念是否真实在于它们是否能带来实际效果。真理是思想的有成就的活动，理论只是对行为结果的假定总结，是一种工具，是否有价值取决于是否能使行动成功，因而人对现实的解释，完全取决于现实对他的利益有什么效果。杜威将他的实用主义直接称为工具主义。他认为各种概念、理论、体系，不管怎样精雕细琢，自圆其说，都只能算是一些假设，只能承认它们是行动的出发点，受行动检验，而不是行动的结局。他说："概念等等都是工具。它的价值，如一切工具，不在于它自身，而在于用它时的结果中所表示的它工作的能事。"① 这就是说，思想、观念、理论都是在达到目的的过程中克服障碍的工具，它们的价值或真理性在于能够兑现和促成效果。杜威反对为思想而思考，认为思考是一种用来为人类生存创造条件的有效手段。

（5）实用主义主张多元论

实用主义认为，当代哲学划分为两类：一类是经验主义者，是唯心主义的、拥护宗教信仰和相信意志自由的；另一类是理性主义者，是唯物的、无宗教信仰以及信奉因果关系的。实用主义则是要在以上两种派别中生化出一条中间路线，是两者混合的化身。

实用主义者一方面以客观事实为依据，另一方面，它也不排除神学存在的观点，并以某种有价值的信条作为行动的准则。将哲学从抽象的辩论上，降格到更个性主义的地方，但仍然可以保留宗教信仰。既承认达尔文又承认宗教，既唯物又唯心，但不认为自己是二元论的，而认为自己是多元论的。

3. 实用主义的理论特点

实用主义具有如下理论特点。

---

① 〔美〕杜威：《哲学的改造》，胡适等译，商务印书馆，1999，第91页。

（1）反对二元论

实用主义哲学家大都反对将本质与现象、精神与物质、真理与价值等二元分立作为哲学的出发点，同时对关于世界的基础、本质等传统哲学的基本问题拒绝回答，要求抛弃各种声称具有普遍和绝对意义的哲学体系。他们大都把哲学的主要任务归结为制定科学的认识论和方法论，把哲学和科学研究的对象限定于人的现实生活和经验所及的范围。传统哲学的中心问题之一是关于意识与物质（或者说思维与存在）何为第一性，何为第二性的问题，对这个问题的不同回答导致了唯物主义与唯心主义的产生。杜威开宗明义地否定了这种观点，他认为，哲学从产生的那天起就讲思维与存在的关系，这是历史的错误，它必然产生形而上学问题。为何这么说呢？这是因为哲学在产生之初就有某种“原罪”，当人们看到自然万物，感受到它的力量后，就会产生各种各样的问题，其中主要的问题之一就是追问万物从何而来，这时候，人之追问万物的起源就像追问人自己的起源一样，于是，有的人以为就像人有母亲一样，自然万物也有一个母亲——创造者。如果有人认为这个创造者不是物质，而是神或意志之类，这就是唯心主义了；如果有的人认为自然万物并没有创造者，它们本身就是创造者，是本原，这就是唯物主义了。杜威认为上述争论其实从一开始就是错误的。因为它首先假定了存在某种终极力量，事实上所谓的物质与精神都不是最终的起源。他说，那些缺乏想象力的人们认为物质或者精神总有一者是独立于人而存在的，并且必须有一个是本原，认为物质与精神均不是最终的起源。这时自然会有人问：那么什么才是最终的起源呢？难道还有个思维与存在之外的第三者存在？杜威的回答是：这个问题问都不应该问，哲学应当彻底抛弃追寻终极起源的想法。如此一来，以这个想法为基础的形而上学也就失去了存在的理由。那么，作为不是形而上学的哲学应该是什么样的呢？杜威如此说：哲学是人类文化的一种现象，它像政治、文学、艺术一样，都是文化现象的一种。这种作为文化现象的哲学应该怎么办呢？回答很简单：哲学应该成为一种工具或者方法，来为人类解决实际问题，这样的哲学才有意义与生命力，才能恢复生机与活力。更为具体地说，哲学不应该研究本体，而应该是研究能够使人们摆脱困境而取得成功的方法，因此，在哲学研究中我们经常应该听到的不是什么物质、精神、思维、存在之类的词汇，而应当是意义、价值、方法、效果等，这样才能一劳永逸地解决前面困扰了哲学千年之久的难题，并使哲学得到改造与进步。

（2）推崇功利化

实用主义强调哲学应立足于现实生活，认为“有用即真理”，主张以确定信念为出发点，以采取行动为主要手段，以获得效果为最高目的。因而实用主义推崇功利化，强调“生活”、“行动”和“效果”，它把“经验”和“实在”归结为“行动的效果”，把“知识”归结为“行动的工具”，把“真理”归结为“有用”、“效用”或“行动的成功”。[①] 实用主义的要义体现在皮尔士所表述的观点中：认识的任务，不是反映客观世界的本质和规律，而是认识行动的效果，从而为行动提供信念即“思维的唯一职能在于确立信念”。

杜威认为人在环境面前不是被动的，人可以通过实践去适应环境，改造环境，利用环境。由此可以看到，对杜威而言，环境只是一种可以利用的工具。事实上，在杜威的哲学里，不但环境是工具，一切都是工具，这就是他的工具主义。杜威的

① 常运领：《“有用就是真理”的新释义》，《时代人物》2007年第11期。

工具主义可以从三个方面来说：第一，思维是人类应付环境的工具；第二，知识的对象是工具性的；第三，真理是工具。既然思维、思想、知识与知识的对象等都是工具，那么自然而然地，从这些上面来的真理当然也是工具了。这就是杜威的工具主义的真理观，一是认为真理是一种假设，二是认为有用就是真理。传统上当理论与客观事实相符合时，便是真理，否则便不是。杜威认为这种传统的真理观是错误的。他认为真理只是一种假设，所有的观念，无论真理与否，其意义并非提示该事物所固有的属性，而只是处理问题、解决问题的方法与设想。理论之所以是真理，与它们是否是一种正确的认识，是否反映了客观实在没有关系，而只在于它是否是有效的。这也就是说，有用即真理。

（3）重视实践及经验

实用主义把“哲学和人的认识局限于经验范围，把哲学和科学所研究的世界归结于经验世界，实用主义者人都强调人的认识活动的创造作用，强调一切科学和认识的对象均出于人的认识本身的创造”。实用主义者特别强调实践、行动在他们的哲学中具有决定性的意义。强调认识与实践的相辅相承，认识依赖于实践，实践受惠于认识成果，不管是理论还是价值目标都应当在实践中不断地完善。实用主义者甚至宣称自己的哲学是一种“实践哲学”、“行动哲学”、“生活哲学”。但实用主义者所谓现实生活、信念、行动和实践往往都带有很大主观性。尽管他们大都企图超越唯物唯心的争论，但在一定条件下可能倒向主观唯心主义。

（4）实用主义是美国民族精神和生活方式的理论象征

实用主义产生于美国，活动中心也一直在美国。在它形成后约一个世纪以来，一直被认为是美国民族精神和生活方式的理论象征，有的学者甚至认为实际上具有美国准国家哲学（美国并无正式的国家哲学）的意义。主要表现为：一是美国的资本主义市场经济制度建立得最纯粹、最彻底，资本主义的民主制度（无论是政治国家和市民社会）也建立得最完备，因而以倡导自我谋划和设计、自我选择和奋斗为特征的个人主义价值观念在这里获得最广泛的宣扬。人们不必考虑国家、君主、教皇以及其他超乎人之上的力量的限制和旧传统的束缚，可以自由放任地去追逐个人的发展、成功、利益、效用。二是美国是一个由世界各国的移民组成的国家，汇聚了世界各国优秀的文化成果，同时，由于不同文化相互融合和冲突，孕育出美国特有的文化和思想，逐渐成为美国人所追崇和倡导的价值理念。三是实用主义所主张的兼容并包原则使它能向一切其他哲学流派“开放”。具有深远的“清教”传统的多数美国人当然也信仰宗教，但他们力图使宗教符合既得利益、成功和要求。四是实用主义在美国盛行与19世纪下半期以来现代自然科学在美国的发展状况也是分不开的。

（二）实用主义对中国的影响

1. 实用主义在中国的传播与发展

实用主义在20世纪初传入中国。一个世纪以来，伴随着中国的政局变化和意识形态的斗争，它在中国的命运跌宕起伏，经历了由繁盛到衰败，甚至穷途末路，直至改革开放后重新开始活跃。

20世纪初，美国实用主义开始传入我国，并逐步形成传播高潮。1919年5月1日，正值中国五四运动前夕，美国实用主义大师杜威偕同夫人、女儿来我国讲学，停留两年零两个月，足迹遍及北京、奉天、山西、山东、江苏、江西、湖北、湖南、浙江、福建、广东等省市，进行了一百多场的讲座，传播实用主义哲学，宣传美国的文化、社会政治观、道德观和教育观，在我国知识界中产生很大影响。我国的很多学者相继发表文章，介绍、评述实用主义，由此形成了实用主义在中国传播的高潮。当时，传播与宣传实用主义的代表人物首推胡适，他不仅系统地介绍实用主义哲学——实用主义实在论、经验论、真理观、方法论，而且把杜威的方法论概括为“大胆假设，小心求证”，并具体运用到“朴学”与“红学”的研究中去。其次是教育家陶行知，他在美国哥伦比亚大学师范学院攻读教育学时，曾师从杜威与孟禄，在杜威来华前后发表一系列文章：《介绍杜威先生的教育学说》、《试验主义之教育方法》、《试验主义与新教育》等，成为实用主义的积极传播者与推行者。另外一个人物是时任《新教育》主编的蒋梦麟，他在《新教育》专门开设的专刊“杜威号”上发表《杜威之伦理学》、《杜威之道德教育》，对杜威伦理学的历史地位，以及如何从社会与心理出发阐明道德教育原则等问题，都作了深刻论述。

到了30年代后期，受苏联的影响，中国马克思主义者对实用主义开始采取全盘否定的态度。由于实用主义产生于美国并为美国资产阶级所用，而且美国一些著名实用主义哲学家反对苏联，再加上胡适在很长时间内与中国共产党持不同的政治观点，因此，新中国成立后，从20世纪50年代初至70年代末，我国对实用主义进行了数十年的批判，其间对实用主义全盘否定的政治批判在50年代曾掀起高潮。集中的表现是在全国范围内开展了对胡适和美国实用主义的清算和批判运动。仅在1954、1955年两年就发表了300万字的批判文章。这些批判文章或著作，基本上都是对实用主义进行政治性的批判。从1957年到1966年，我国对实用主义的批判虽未掀起像批判胡适那样的运动，但仍然是把它当成帝国主义的反动哲学加以批判的，把它说成是现代修正主义和右倾机会主义的理论基础。在“文化大革命”中，林彪、“四人帮”开始批判刘少奇这一最大“走资派”的实用主义；林彪反革命阴谋失败以后又批判林彪的实用主义；“反击右倾翻案风”中，“四人帮”批判邓小平同志的实用主义；粉碎“四人帮”后，全国又批判“四人帮”的实用主义。1978 年人民出版社出版的《批判“四人帮”全面篡改马克思主义理论文集》，就把实用主义说成是林彪、“四人帮”篡党夺权的理论武器。似乎谁成为政治批判的对象，谁就是实用主义者。人们对待实用主义，不是把它作为一种在理论上与社会基础和作用上都很复杂的哲学体系，采取一种比较客观、公正的态度对待它，而是作为政治斗争的对立物，一切都从政治斗争的需要出发，把学术问题政治化，混淆了学术问题和政治问题的界限。经过二三十年反反复复的思想批判和政治攻伐，实用主义被批得体无完肤。从 20 世纪中期“它是马克思主义最凶恶的敌人”的宣判，再到 20 世纪 90 年代有些学者称之为“行动与效果”哲学的评价，实用主义在中国近一个世纪的命运中浮沉起伏。就现代西方哲学思潮来说，批判声势之浩大，批判参与人群之广泛，批判语词之尖锐，实用主义可算之最。在这场围剿和万炮齐轰的浪潮中，人民出版社、上海人民出版社、三联书店等都出版了批判专著，全国主要报刊发表许多批判文章，作者几乎来自人文科学的所有领域。对于实用主义的批判，概括起来主要集中在以下几个方面：实用主义是美帝国主义反动派的御用哲学；实用主义是为大资产阶级和大商人服务的市侩哲学；实用主义是腐朽的主观唯心主义哲学；实用主义是反科学反理性的蒙昧主义哲学；实用主义方法论是庸俗的进化论和诡辩论。

“文革”后邓小平同志及时地提出要完整准确地理解毛泽东思想这个问题，党的十一届三中全会，批判了“两个凡是”，摒弃了“以阶级斗争为纲”的“左”倾路线，制定一条以经济建设为中心、改革开放、解放思想、实事求是的路线，极大地激发了全国人民建设社会主义的积极性与创造性，祖国大地面貌焕然一新。哲学社会科学迎来了盼望已久的生气勃勃的春天。尽管此后不时也有风雨阴沉的天气，但毕竟是暂时的现象，在这种社会背景下，实用主义的研究逐步走向繁荣。①

从20世纪六七十年代以来，新实用主义在美国哲学界，乃至整个思想界的影响越来越大。随着东西方文化交流的增强，新实用主义的研究成为国内一些理论学者和专家关注的焦点和热点问题，在国内也迅速掀起了“新实用主义”研究的热潮，举办了一些相关的研讨会，对新实用主义的观点提出了一些疑议：有学者把新实用主义哲学的本质归纳为反形而上学二元论和反本质主义论。还有人认为新实用主义是后现代主义思潮。罗蒂提出的反对传统哲学熟悉论，以“哲学终结”为主要思想和主张，引起了广大理论者的关注，有关其思想的著作层出不穷。同时，随着改革开放和现代化建设的深入，全球性的学术会议、学术交流和学术互访机会的增多，学界对实用主义哲学进行了更为系统的研究，也为我国研究该理论提供了更多的理论支持。

2. 实用主义实质

实用主义者一贯认为，有用即真理，无用即为谬误。他们的一切言论和行为都是以是否满足个人需要和发展为最高利益准则，而不会过多考虑国家、民族和广大人民群众的根本利益。

（1）片面推崇经验

经验主义是实用主义的本体论。实用主义认为，“经验”是

① 中华硕博网，2009年02月18日 http://lw.china-b.com/zxsh/20090218/176550_1.html。

一切世界物质的本原，一切知识都来源于经验，经验是真实的存在，世界的本原既不是物质也不是精神，而是经验。同时也主张："必须撇开经验之后是否存在物质或精神实在的问题。哲学所研究的仅仅是经验本身。""经验并不是把人和自然隔绝开来的帐幕，它是继续不断地深入到自然的心脏的一个途径"，并认为用它能克服各种形式的独断论和二元论。

（2）单纯强调效用

注重实效和效用是实用主义另一个显著理论特征。皮尔士认为效果是衡量意义的唯一标尺。他说："考虑一下我们设想我们概念的对象应该具有什么样的效果，这些效果能够设想着实际影响，那么，我们对这些效果的要领，就是我们关于对象的概念的全部"。詹姆士进而认为效果是检验认识的"唯一"方法，"事实的确是好的——给我们多多的事实吧！原则是好的，那就给我们多多的原则吧！从一个角度看，世界无疑是一，而从另一个角度看，世界无疑是多，既是一又是多，那么我们就采用一种多元的一元论吧"。杜威认为真理不过是人们达到既定目的的一种工具，判定真理的标准也不是真与假的问题，而是有无效果。他说："工具既不是真的，也不是假的，因此真假均不是判断的特性，工具往往是有效或无效的，适当或不适当的，经济的或浪费的。"总之，实用主义是一种效用哲学。[①]

3. 实用主义的影响

（1）正面影响

第一，有利于解放思想。20 世纪 50 年代至 70 年代末，西方实用主义在中国内地一直受到批判，当"文革"结束以后，人们

① 刘长龙：《试论对社会主义核心价值体系产生较大危害的几种社会思潮》，《社会科学论坛》2007 年第 10 期。

原有的价值观念、道德准则、理想模式都变得空幻、虚无。“三信危机”在一部分人中开始蔓延。经历了“文革”的极左政治影响，人们的思维也形成了定式，说话办事特别地小心，尤其是触及政治话题，人们都会避而不谈。但随着中国共产党第十一届三中全会胜利召开，确立了以邓小平同志为核心的党的领导集体，同时把解放思想、实事求是规定为党的思想路线，树立了马克思主义的实践标准观，为培养人们的务实、创新的思维奠定基础。

第二，有利于培养求真务实的精神。实用主义鼓吹人们抛弃本本主义和教条主义的束缚，立足当今的现实情况，结合自身的特点规划目标和方向。这种思想与青年学生的思想不谋而合，产生了共鸣。大学生会根据时代发展和自身发展的要求，制定出一个系统、合理、全面的职业生涯规划。他们充分利用大学校园的优势，努力提高自身的科学文化素质，用不断发展的理论和实践知识武装自己，应对复杂多变的局势。

（2）负面影响

第一，挑战马克思主义的指导地位。实用主义用“经验本体论”反对辩证唯物主义关于世界存在的客观性学说，把历史唯物主义歪曲为经济决定论，进而主张用唯心主义多元历史观取代马克思主义的历史唯物主义。它完全否定客观真理存在的可能，主张消解一切“基础”和“主义”，把马克思主义看作一种“独断论”与“绝对主义”加以抨击、解构，给社会主义价值形态带来严峻的挑战。实用主义多元历史观带来的强冲击波与社会主义运动低潮的历史背景相契合，使不少人理想迷失、信念动摇，产生了严重的信仰危机。[①]

---

① 刘长龙：《试论对社会主义核心价值体系产生较大危害的几种社会思潮》，《社会科学论坛》2007 年第 10 期。

尤其在现今马克思主义与当代西方各种思潮相互较量和相互影响的情况下，一些青年学生感到真伪难辨，无所适从。在这种情况下，一种最为简单易行的方法就是采取实用主义态度，不去追究每一种观点是真还是假，只比较哪一种理论更方便、更适用。把一切理论看做是一种工具，哪一种用起来更有效就用哪一种。一些青年学生认为马克思主义早已过时，马克思主义是不能用来指导中国社会主义建设的，因而对马克思主义产生了严重的信仰危机。

第二，凸显出个人主义的价值观点。实用主义提倡为个人的全面自由的发展提供表现舞台，完全忽视国家和社会的利益，将人民利益和个人利益对立起来，不能正确处理好社会整体利益与个人利益之间的关系，缺乏对国家前途和民族命运的关注和思考，甚至有的人为了个人的私利，置国家的法律于不顾，走上了犯罪的道路。

第三，导致了唯利是图的价值观。实用主义认为实效是衡量和检验真理的标准，即“有用就是真理”。把能否满足和实现个人利益和个人价值作为人生根本准则和最高的道德价值。在这种思想不断冲击和渗透下，一部分群众的价值取向和道德观念开始动摇，人们的价值判断出现了偏差。甚至一些人为了达到目的不择手段、不辨正误、不知荣辱、不讲诚信、不负责任，不顾人的价值和尊严，在社会中造成了极坏的影响。

第四，成为现代资产阶级的反动哲学。实用主义者对行为、行动的解释，完全贯彻了资产阶级利己主义世界观的精神，即只管行动是否能给个人或集团带来某种实际的利益和报酬，而不问这种行动是否合乎客观实际，合乎原则。

（三）对实用主义应采取的态度

一种观点：认为实用主义是反动的（我国的传统看法），实用主义不管经验的来源，不管工具是否管用，不研究人的行动的价值，只管行动带来的目的，只看最后的结果，即有用就是真理；另一种观点：认为实用主义还是有可取之处的，它强调行动以实现为目的，并强调要在实现目的过程中突出积极奋斗，注重实效，不断进取的精神。因而我们在对待实用主义思潮的态度上应当趋利避害，深入分析、研究。

从对实用主义的学理分析我们也不难看出，实用主义本身是一种社会思潮，是一种哲学思想，其本身是无所谓好与坏的，关键是否有适合其生长的环境。我国目前的国情，包括我国的历史、政治制度、经济文化等各方面的因素都与美国大相径庭，所以在现阶段盲目地去崇拜实用主义的价值观是不可取的。为了让广大民众认识到实用主义思想并不适合我国国情，并帮助人们树立正确的马克思主义信仰，笔者认为应该做到以下几点。

1. 认真区分实用主义同马克思主义的差异

首先，在本体论上的不同。实用主义把“纯粹经验”作为世界的本原，认为“经验”是世界的基础，一切知识都来源于经验，经验是真实的存在。否认经验以外客观世界的存在，否认物质第一性、精神第二性。这同马克思主义唯物论的观点有着本质区别。

其次，实用主义强调实践，注重效用，效果是检验认识的“唯一”方法。有些人不假思索地将其与马克思主义的实践观以及我们党倡导的“实践是检验真理的唯一标准”、“解放思想，事实就是”的思想联系在一起。其实两者有着本质的区别。实用主义的“实践”并不是改造自然和社会的实践，而是为了达到个人的目的而进行的活动，“效用”也是个人所追求的利益，将实用主义与马克思主义理论混为一谈，严重动摇了马克思主义在中国意识形态领域的指导地位。

最后，实用主义的“真理观”与马克思主义的真理观也有着本质的不同。实用主义把“真理”同“有用”等同起来，否认了真理的客观性。这同“正确反映客观事物及其规律”的马克思主义真理观有着完全不同的内涵。马克思主义认为真理是不以人的意志为转移的，实践是检验真理的唯一标准。而实用主义把“有用”、“有效”等主观意识作为检验真理的标准，其结果必然导致真理不止一个，而是各有各的真理。

2. 加强青少年世界观、人生观、价值观教育

世界观、人生观、价值观决定着一个人将选择怎样的人生追求和人生道路，决定着一个人的思想境界、道德情操和行为准则。对于正处于世界观、人生观和价值观形成阶段的青年学生，进行“三观”教育是尤为重要的。我们应以积极、健康的人生观、价值观、世界观来武装大学生头脑，帮助其树立正确的政治观点和政治立场，提高其认识世界、改造世界的能力，培养其以平和的心态面对挫折与成功，只有这样，青年学生才能有效抵御腐朽思潮的危害。

（1）实施青年马克思主义者培养工程

实施青年马克思主义者培养工程，就是要坚持不懈地用马克思主义中国化的最新成果武装青年，将课堂教学、课外活动和社会实践等形式有机结合起来，逐步加强当代青年学生思想政治素质和科学文化素质的培养，坚定政治立场和观点，坚持社会主义的发展方向，使其自觉成为中国特色社会主义事业的拥护者和建设者。主要包括八个方面的内容：

第一，坚持用马克思主义中国化的最新成果武装教育青年。

不断创新理论工作的方式和载体，坚持用邓小平理论、“三个代表”重要思想、科学发展观教育青年。

第二，加强对重点青年群体的培训。通过构建全国、省（区、市）、高校三级培训的工作格局，加大对青年学生骨干的集中培训力度；通过实施团干部“百千万”教育培训工程，提高各级团干部的思想政治素质。

第三，深入开展各类社会实践活动。组织引导青年学生骨干、团干部、青年知识分子等优秀青年广泛参与考察交流、挂职锻炼、志愿服务等实践活动。

第四，加大推优工作力度，推动形成规范的工作机制。

第五，培养和树立优秀青年典型。

第六，不断扩大优秀青年的对外交流。

第七，大力扶持高校学生理论学习社团。

第八，建设理论武装工作的网络阵地。

（2）在青少年中加强社会思潮教育，有针对性地解决出现的思想问题

实用主义等社会思潮对青年学生的冲击是具体的、直接的，在我国有着一定的影响，而我们通常对青少年所实施的马克思主义思想政治教育一般很难涉及这些具体思潮。因此，要加强对各种社会思潮的普及教育，揭露其本质及危害，并根据各种思想自身的特点采取相应的思想教育手段，有针对性地解决青少年出现的思想问题，这样才可能从根本上解决问题，让马克思主义的信仰始终占领青年学生主流意识形态阵地。

（3）在坚持集体主义为核心的价值观引领下，实现个人价值

追溯实用主义的本原，它是以“实现个人价值为中心”的资产阶级的价值观念和理论。

一方面，由于改革开放的不断深入，少数人的个人功利思想和拜金主义思想日益严重，不能正确处理社会整体利益与个人利益之间的关系，这与无产阶级政党所提倡的代表最广大人民群众的根本利益的宗旨和本质相违背。另一方面，要坚持以人为本，创造良好的社会环境和制定人性化的法律制度。以人的生存、安全、自尊、发展、享受等需要为出发点和归宿，以充分地尊重人、理解人、肯定人、丰富人、发展人、完善人、促进人的成长和全面发展为内在价值尺度。具体地说，现阶段就是要帮助青年学生释疑解惑和解决实际问题，缓解来自学业、经济、就业等各个方面的压力，让青年学生有一个良好的成长环境，激发他们强烈的社会责任感和历史使命感，服务社会，并做到自我价值与社会价值真正的统一。

（4）发挥校园文化对青少年的引导作用

校园文化是一所学校本质、内涵和精神面貌的集中体现，具有强烈的导向作用和感染力，师生耳濡目染、潜移默化，发挥着陶冶情操、培养能力等巨大的教育功能，成为师生荣誉感和责任感的精神根源。因此，校园文化直接影响到学校中每一位学生的成长、成才。在对青少年的教育过程中，应充分发挥校园文化的育人作用，使每个学生在思想观念、心理素质、行为方式、价值取向等方面深受感染，增长才干，全面发展，培养良好素质，在成长中抵御各种不良思潮的干扰。

（5）开展丰富多彩的学术活动，提高青年学生的人文修养

由于实用主义漠视精神诉求，回避对生命价值的形而上学的思考，拒绝对终极意义的积极探索，强调效用至上论和个人主义的价值取向，把人与人的关系都简单地归结于个人的利害关系。这种市侩、庸俗的思想降低了青年学生的精神品位，消解了他们的理想主义情怀，使其成为精神的流浪儿。针对校园

人文精神的衰落，为了提高学生的品位和人文底蕴，使其在当今的各种思潮的激烈碰撞中找到一种属于自己真正需要的核心价值理念，加强校园文化建设尤为重要。通过开展丰富多彩的学术活动（如爱国主义教育、历史、文学、艺术等系列讲座），让学生参与其中，感受中华民族的优秀文明的魅力，增强其分辨外来文化精华与糟粕的能力。这样长期置身于良好的校园文化中，来陶冶情操和净化心灵，使学生的人格、品格和文化品位都会在潜移默化中得到改变，促进青年学生健康成长和全面发展。

3. 开展社会实践活动，增强青年学生的社会责任感

社会是最好的课堂，思想政治教育应该与社会实践相结合。通过社会实践可将日常的思想道德教育内容化为道德情感和道德意志，使学生优良的品德最终在实践中形成。针对目前一部分青年学生对社会主流价值意识的漠视以及受到社会不良风气的严重侵蚀的情况，思想政治工作者应该积极探索工作途径，丰富学生的社会实践活动，使青年学生了解社会、了解国情。可以利用寒暑假组织学生进行“三下乡”活动，了解人民群众的生活，增强其社会责任感；走进工厂，了解中国改革开放后经济取得的突飞猛进的成就，增强其民族自豪感；鼓励更多的学生参加社会志愿者服务，让他们在帮助别人的同时也从中领悟到快乐，明白对物质和功利的追求不能实现自己的人生价值。通过这些社会实践活动使青年学生跳出自己狭隘的物质利益圈子，更多地开始探索和寻找自己的精神家园，把自己与他人和社会的发展紧密相连。①

① 何海燕、李万斌：《西方实用主义与高校思想政治教育》，《延边大学学报》（社会科学版）2008 年第 2 期。

4. 发挥家庭对青年学生的情感内化作用

家庭是学生的第一课堂，家庭对学生的价值观形成具有长期、深刻的影响。家庭的温馨与和谐对培养青年学生科学、正确、积极的生活方式是有好处的，它有利于培养青年学生人文主义精神，并帮助其树立正确的价值观。任何一种教育只有使被教育者在理解其意义的基础上，才能发挥其主观能动性，并经过实践的检验，真正被其掌握，内化为自身的道德素质。

三　对民主社会主义思潮的有效引领

民主社会主义思潮是继新自由主义思潮之后，在我国出现的又一股思潮。民主社会主义，也称社会民主主义，是世界社会主义运动中的一个改良主义的派别和思潮，起源于 19 世纪初，在 19 世纪末伟大领袖恩格斯逝世后，在伯恩施坦等人鼓吹下，发展为社会民主主义并主张逐步由暴力革命向和平改良过渡的思想理论。20 世纪 50 年代，社会民主党人为了凸显社会民主主义的“民主”，将其思想体系的名称由“社会民主主义”颠倒成为“民主社会主义”。20 世纪 90 年代以后，社会民主党人又把其思想体系的名称再次颠倒成“社会民主主义”，意在表明它并不是一种民主“社会主义”，而是一种社会“民主主义”。

（一）民主社会主义历史及现状综述

1. 民主社会主义的形成及发展历史

民主社会主义是西方国家社会民主党（包括社会党、工党）思想体系与意识形态的总称，在不同历史阶段演绎不同的内涵与实质。19 世纪中叶，在西方工人运动中发挥影响的，不仅有以马克思、恩格斯为代表的无产阶级革命家，还有其他反马克思主义和非马克思主义的派别，社会民主主义者就是其中之一。在19世纪70年代到90年代中期，社会民主主义和马克思主义在思想内容上曾有过交叉重叠。19世纪末社会民主党演变为社会改良主义政党。特别是1895年恩格斯逝世以后，第二国际的机会主义者进行改良主义活动，在伯恩施坦主义的影响下，社会民主主义演变为社会改良主义。1896年，民主社会主义的鼻祖伯恩施坦以《社会主义问题》为标题发表了一系列文章，鼓吹修正主义观点。1899年，他又出版了将其修正主义观点全面系统化的《社会主义的前提和社会民主党的任务》一书，在这本书中，深化其修正主义的思想和理论，力求通过政治和经济改良手段对社会主义政党进行改造。可以说，民主社会主义正是由第二国际的修正主义演变而来的。1951年成立的社会党国际通过了《民主社会主义的目标和任务》，第一次正式把“民主社会主义”作为政治纲领。在苏联解体、东欧剧变以后，社会民主党人又把其思想体系的名称再次颠倒成社会民主主义，与社会主义划清界限。可见民主社会主义作为典型的资产阶级改良主义思潮，是与真正的马克思主义有本质区别的。

2. 民主社会主义与科学社会主义的主要区别

科学社会主义同民主社会主义是两个不同的思想体系，它们之间存在着根本的区别。

刘长龙认为，科学社会主义和民主社会主义的区别度体现在如下三个方面。[①]

第一，在看待马克思主义基本问题上，科学社会主义把马克思主义作为理论基础和行动指南。而民主社会主义则由最初

---

① 刘长龙：《试论对社会主义核心价值体系产生较大危害的几种社会思潮》，《社会科学论坛》2007年第10期。

坚持马克思主义一元论，逐步变为把指导思想多元化标示为自己的准则。

第二，在对待社会主义前途问题上，科学社会主义提倡继承、借鉴人类历史一切经验和文明成果，为实现人民自由、平等、全面发展所用，为建立人们向往的和谐社会而努力。而民主社会主义只是把社会主义社会作为自己改革的目标和价值追求，但并非把社会主义制度当做其毕生奋斗和实现的目标。

第三，在资本主义的问题上，科学社会主义承认资本主义在人类历史发展中的作用和历史地位，通过对社会历史发展规律以及资本主义自身存在的矛盾等问题的研究，科学阐述了社会主义代替资本主义的必然趋势。而民主社会主义则主张在经济、政治等方面采取民主监督和调节手段消灭私有制，以社会保障和社会福利制度来缓和资本主义内部的矛盾。

刘绥虎认为民主社会主义和科学社会主义有以下五个方面的不同。①

一是对资本主义历史使命的认识不同。科学社会主义运用唯物史观和唯物辩证法对资本主义内在矛盾进行了历史与现实的分析，得出了共产主义必然代替资本主义的历史必然性，以及无产阶级及其政党担负着推翻资本主义统治的历史使命。民主社会主义虽然也对资本主义的生产方式进行了批判，但这种批判更多地停留在理论和语言层面，他们反对用暴力的方式推翻资产阶级的统治。

二是指导理论的不同。科学社会主义作为马克思主义三个重要组成部分之一，是共产党领导无产阶级从事社会主义革命和建设始终坚持的、唯一的指导思想和理论。而民主社会主义

---

① 刘绥虎：2007 年 6 月 14 日《解放军报》。

则坚持多元化的指导方针，甚至抛弃了马克思主义的地位。

三是追求的目标不同。科学社会主义以唯物史观为理论基础，倡导消灭剥削，消除两极分化，实现共同富裕，最终实现共产主义社会制度；民主社会主义最初把建立社会主义制度作为目标，其真实的目的是通过对现存资本主义的政治经济制度进行改良，进而完善资本主义制度。

四是社会变革的方式不同。科学社会主义主张获取一切政权才是革命的本质和基本问题。无产阶级既可以通过和平友爱的方式夺取政权，也可以通过暴力革命或打碎国家机器的方式取得话语权。相反，民主社会主义主张在议会中取得多数地位的派别才能取得政权，倡导改良主义的方式，反对利用一切形式的政治和经济斗争打碎旧的阶级统治。

五是对生产资料私有制的态度不同。科学社会主义认为，取得了政权的无产阶级必须根据生产力的发展，有步骤地以生产资料公有制代替资本主义私有制，坚持公有制的主体地位。而民主社会主义否认生产资料的社会占有是社会主义的必要条件和基础，主张通过对经济的民主监督来取代私有制，实行以私有制为基础的混合经济。

本文综合以上观点认为两者的区别表现在以下几个方面。

一是指导思想不同。科学社会主义把马克思主义作为自己唯一的指导思想，强调把辩证唯物主义和历史唯物主义作为自己的世界观。民主社会主义主张世界观的多元性，提出其思想根源和理论基础是多元的，是各种思潮的混合体。

二是奋斗目标不同。科学社会主义把实现共产主义作为自己的奋斗目标，主张实现社会的公正、人民的幸福和人类自由而全面的发展。而民主社会主义强调维护社会的公正和美好，主张建立自由、平等、博爱的社会。

三是实现政权的方式不同。科学社会主义认为革命的根本问题是政权问题，主张通过无产阶级专政，取得政权后实行社会主义制度。民主社会主义主张通过民主制建立自由社会，通过普选取得议会多数席位而成为执政党，推行其纲领和主张，并且主张渐进地变革社会，反对用暴力打碎旧的国家机器。

四是对生产资料私有制的态度不同。科学社会主义认为社会主义的实现必须最终消灭私有制，建立生产资料公有制。而在社会主义初级阶段，还需要在坚持生产资料公有制的主体地位的前提下，实行以公有制为主、多种经济成分并存的经济制度。而民主社会主义认为不需要消灭私有制，而是通过国家干预、公共监督和改良分配的手段，建立福利社会，主张以经济的民主监督取代私有制，实行以私有制为基础的混合经济。

五是政党的性质和作用不同。科学社会主义政党是工人阶级政党，维护工人阶级利益，具有先进性和组织纪律性。民主社会主义政党已放弃了马克思主义的指导思想，成为资产阶级的改良政党，更多地维护资产阶级利益。

3. 民主社会主义在欧洲的实践

“二战”以后，民主社会主义在欧洲得到了很大的发展，德国、法国、英国、瑞典等国奉行民主社会主义的政党（如社会党、社会民主党、工党）纷纷上台执政。它们推行民主社会主义的经济、政治和文化纲领，强调议会制和民主道路，取得了一定的成效。尤其是以瑞典、丹麦、挪威等为代表的北欧国家推行“福利国家”政策，集中体现了民主社会主义的基本价值观：自由、民主、平等、互助，这为民主社会主义的传播、发展奠定了深厚的群众基础。

北欧各国所倡导和推行的所谓福利国家，就是在资本主义国家实行和完善一套社会福利政策和制度。第一种是包含养老保险、失业保险、人身意外事故保险、疾病保险等在内的社会保险制度；第二种是指国家政府对由于国家建设或者国家事务而造成死亡或者伤残的人给予补助的社会补偿制度；第三种是指国家政府对社会弱势群体在物质和精神上的社会补助制度；第四种是政府对弱势群体给予资助的救济制度，即保证每个人都有最低生活水平的制度。当然，福利国家制度的高福利是通过高税收来实现的。政府通过对不同收入的阶层实行有差别的税收政策，特别是累进税制度的实施减少了由所有权产生的分配差距，缩小了贫富差距，在一定程度上缓和了不同利益集团之间的矛盾，维护了社会稳定。但是，它同样也影响人们的工作主动性和积极性，降低了经济效率，一定程度上制约了经济的发展。

在其他比较有代表性的国家中，德国强调经济民主，主张提高经济运行效率，保护高效的生产资料私有制，反对经济垄断，推动个人收入再分配和社会福利制度。而法国则更加强调自由、民主，在司法制度、民主、教育制度、总统任期和经济政策上进行改革。

总之，民主社会主义在欧洲各国的实践模式均有各自的成功之处，这和它们所处的历史条件和实际情况是分不开的。但从本质上讲，这些国家所实行的民主社会主义仅仅是对资本主义的一种改良和修补，无法改变资本主义的性质，也无法克服资本主义制度固有的矛盾。

（二）民主社会主义对中国的影响

民主社会主义作为一种思潮在世界范围内广泛传播，由西方渐渐传入东方。在中国历史上，没有民主社会主义传统，但随着中国的改革开放，民主社会主义思潮在中国有了传播发展的环境。特别是近年来随着中国经济的快速发展，党和国家更加注重民主法制、公平正义、社会保障，民主社会主义思潮骤然升温，对中国特色社会主义建设产生了影响。

1. 民主社会主义对中国特色社会主义建设的影响

民主社会主义在政治信仰上呈现多元化，即否定我党的四项基本原则，民主社会主义思潮的泛滥，影响中国特色社会主义的建设与发展。

（1）冲击中国共产党的指导思想

民主社会主义打着“正宗马克思主义”的旗号，歪曲恩格斯1893年同法国《费加罗报》记者的谈话，胡诌马克思、恩格斯是“和平长入社会主义的首倡者”、“认同资本主义现存秩序的民主社会主义者”。因此，我们必须对这一论调加以有力反驳，否则将冲击马克思主义在意识形态领域的指导地位，冲击中国共产党的指导思想。一旦民主社会主义思潮泛滥成灾，中国共产党将失去维系民众团结统一的思想纽带，失去号召和引领群众的精神力量，使国家陷入混乱。苏联的“新思维”最终导致了苏联的解体就是惨痛教训。

（2）阻碍中国的民主政治建设

民主社会主义作为一种理论思潮，其对当今世界的政治影响日益受到人们的关注。尤其是20世纪70年代后期以来，民主社会主义成为苏联解体、东欧剧变的“元凶”，中国应当认真思考和研究其中的教训，避免在其他国家政治发展进程中出现的失误和挫折。

长期以来，西方资本主义国家一直采取着“和平演变”的战略向社会主义国家进行渗透。改革开放以来，“西化”、“分化”势力企图通过民主社会主义旗帜，试图改变中国的社会性质，推行多党制，鼓吹西方的“民主”，宣传西方资本主义的生活方式和价值观念，对中国的民主政治建设产生很大的负面影响，我们要提高警惕。

20世纪70年代后期以来，苏联、东欧等社会主义国家都处在经济、政治体制改革的方向选择的关键时期。此时以美国为首的西方国家抓紧向苏联、东欧人民推销民主社会主义模式。导致民主社会主义思潮在苏联、东欧地区执政的共产党内迅速滋长传播开来，其思想原则被党内的高层领导人所接受。民主社会主义思潮在共产党内的泛滥，使得西方加紧了“和平演变”的攻势，造成了1991年12月苏联的解体。苏联各加盟国分别宣布独立，推翻原有的社会主义体制而转向资本主义制度。苏东剧变后，西方国家的“和平演变”战略的矛头就指向了中国，试图使中国重演苏东剧变的悲剧。

由此，我们可以清醒地看出，民主社会主义是资本主义的社会改良主义思潮和派别，同社会主义在一系列原则问题上是格格不入的。从阶级实质上看，民主社会主义就是资产阶级的主义，但却打着“和平”、“民主”、“人道主义”、“不偏不倚的社会主义”的旗号，具有很强的迷惑性，容易被许多人所认同。

因此，我们必须高度关注民主社会主义思潮对我国民主政治建设的干扰。和西方资本主义国家相比，中国有着不同的国情，西方的民主政治在中国是行不通的。中国社会主义建设的实践告诉我们，在中国的民主政治建设道路上，必须坚持中国共产党的领导，坚持以工人阶级为领导的、以工农联盟为基础的人民民主专政，完善人民代表大会制度，要把坚持党的领导、人民当家作主和依法治国有机统一起来。

（3）干扰中国的经济建设

民主社会主义主张在坚持私有制的前提下推行经济民主，对经济权力采取民主监督，认可生产资料的私有制，无法根本解决资本主义社会化大生产与生产资料私人占有之间的基本矛盾。一旦民主社会主义思潮在中国经济领域泛滥，必将干扰中国经济的正常运行。中国在经济发展和建设过程中，务必自始至终坚持中国特色社会主义市场经济体制，坚持和完善社会主义公有制为主体、多种所有制经济共同发展的基本经济制度，充分发挥市场在资源调节和配置中的关键性和基础性作用。一方面，要毫不动摇地巩固和发展公有制经济，另一方面，又要毫不动摇地鼓励、支持和引导非公有制经济发展，使公有制经济和非公有制经济在全面实现小康社会的进程中发挥各自的效用，促使国民经济体制充满生机与活力，形成高效、有序的社会主义市场经济体制。

（4）困扰中国的文化建设

民主社会主义撇开了中国文化建设的历史与现实，鼓吹资本主义天赋人权、主权在民、选举授权、自由平等等民主文化的优越性。资本主义民主文化实际上是经过资产阶级革命的多次洗礼和资本主义市场经济的长期催化才得以形成与完善，成为资本主义政治经济制度的思想文化基础。中国则不同，在文化建设上，一定要坚持社会主义先进文化的前进方向，坚持马克思主义在意识形态领域的指导地位，加强理想信念教育，加强思想道德建设，加强社会主义核心价值体系建设，发展社会主义先进文化，建设和谐文化，不断提高全体人民的思想道德素质和科学文化素质。

（5）影响中国的社会建设

民主社会主义主张中国在社会建设中应当向西方国家学习，学习西方国家的自由、民主、平等、互助，建设福利国家。西方发达资本主义国家经历了长达数百年的资本积累和政治建设，而在中国现有的经济水平还不够发达、人民群众政治觉悟还不是很高的情况下，不顾实际国情，盲目地照搬照抄西方发达的资本主义国家制度，只能使我们国家的建设与发展陷入混乱之中。因此，中国在社会建设上，要立足国情，坚持在中国共产党的领导下，努力建设民主法治、公平正义、诚信友爱、充满活力、安定有序、人与自然和谐相处的和谐社会，着力解决人民最关心、最直接、最现实的利益问题，最大限度地实现好、维护好、发展好最广大人民群众的根本利益，让改革发展成果惠及全体人民。

（6）否定中国特色社会主义

有学者认为，自从邓小平同志提出改革开放的战略方针以来，中国共产党制定的路线、方针和政策都纳入民主社会主义范畴，只是为了躲避“修正机会主义”标识，领导集团才不得已另起一个合理称谓，称之为中国特色社会主义。更有甚者，深受西方腐朽思想洗礼，竟将中国特色社会主义同民主社会主义等同起来，这是一个十分严重的错误。

2. 民主社会主义思潮在我国传播的原因

近年来，民主社会主义思潮在我国传播，其实很大程度上缘于当今世界和中国复杂的社会现实。尤其是当前中国在建设和发展过程中出现的各种困难、问题和挑战，成为民主社会主义思潮传播的主要原因。

有些人对中国在建设和发展中存在的问题不能够客观看待，对中国特色社会主义建设缺乏信心，认为搞瑞典式的民主社会主义会比现在的情况好，主张通过竞争性选举改变现状。更有人反对马克思主义，认为资本主义的错误都是可以原谅的，而对中国特色社会主义建设不仅看不到成就，还将党内出现的一些错误扩大化，想方设法地否定社会主义道路，动摇马克思主义在意识形态领域的主导地位。

尽管如此，我们还是应当清醒地看到，当前这股民主社会主义思潮的推动者和支持者中，绝大多数人不过是借题发挥，真正奉行民主社会主义思想的不多，坚定信仰者更少。但对于“西化”、“分化”势力通过民主社会主义在中国推行多党制、改变中国社会性质的政治目的，我们一定要提高警惕。

（三）如何应对民主社会主义思潮

民主社会主义思潮不仅仅是一个学术问题，更是一个政治问题，是关乎中国发展道路和前进方向的重大问题，绝不能掉以轻心，一定要正确认识其对中国特色社会主义的影响，认清其本质及危害，采取科学务实的方法对待它。

1. 毫不动摇地坚持和发展马克思主义

民主社会主义之所以能够在中国形成思潮并产生一定影响力，主要是这些年来马克思主义指导思想的淡化，缺乏学习马克思主义的气氛，因而为这些思潮泛滥提供了条件。因此，有必要大力加强马克思主义教育，巩固马克思主义的指导地位。

（1）认清民主社会主义本质，将民主社会主义同马克思主义严格区分开来

民主社会主义源于世界社会主义运动，但已发展成为同科学社会主义有着本质区别的思想体系。民主社会主义是典型的资产阶级改良主义思潮，把“社会主义”视为在资本主义框架内无止境的基本价值目标追求。民主社会主义理论把世界观中立、指导思想多元化奉为自己的思想纲领，不再把马克思主义理论作为自己的指导思想，而把伦理社会主义、抽象人道主义以及批判理性主义等作为自己的哲学基础。

近年来，我国经济平稳快速发展，党和国家日益重视民主法制、公平正义、社会保障，而民主社会主义思潮恰在此时骤

然升温。有人在竭力宣扬民主社会主义，主张用民主社会主义代替马克思主义，把民主社会主义理论说成是“马克思主义的正统”，竭力模糊它和科学社会主义的区别与界限。这种观点的依据是通过对马克思、恩格斯晚年著作的曲解得出结论：马克思、恩格斯在晚年均认为在资本主义体系基础上可以和平长入社会主义，因此，马克思、恩格斯晚年是民主社会主义者，“共产主义”是被马克思主义创始人早年提出晚年抛弃的命题，民主社会主义才是马克思主义的正统。这种观点把马克思、恩格斯歪曲为和平长入社会主义的首倡者，歪曲为认同资本主义现存秩序的民主社会主义者。其实马克思、恩格斯晚年并未放弃共产主义的终极目标，也未放弃工人阶级的革命权。马克思主义认为社会主义革命有两种方式：和平与非和平的方式。恩格斯晚年虽也肯定议会斗争的积极作用，但并未把和平方式作为通往社会主义的唯一手段，并未因此而放弃无产阶级革命的学说。相反，恩格斯在晚年明确表示工人阶级拥有拿起武器对抗不法行为的权利。因此，民主社会主义完全否定革命方式的合法性，把和平方式片面化、绝对化，认同资本主义现存秩序，与马克思主义有着根本的不同。

由此可见，民主社会主义始终局限在资本主义框架内，已放弃了马克思主义指导思想，否定科学社会主义，是非马克思主义或反马克思主义的思潮，对它的影响决不能低估。

（2）加强马克思主义基本理论的学习，做坚定的马克思主义者

要成为一名真正的中国特色社会主义事业的建设者，就必须不断加强马克思主义基本理论学习，提高马克思主义理论素质。尤其是青年同志更要学习马克思主义经典著作，学习历史，打好扎实的理论功底，打牢马克思主义的理论基础，提高政治

敏锐性和政治鉴别力，提高明辨是非的能力，认清民主社会主义的真实面目，做坚定的马克思主义者。

（3）牢固确立马克思主义在中国意识形态的主导地位，用马克思主义引领社会思潮

要牢固确立马克思主义在中国意识形态的主导地位，宣传马克思主义中国化最新成果，宣传中国特色社会主义民主，宣传中国的国情，宣传我国的改革实践，教育人民，引导群众，占领宣传舆论阵地。要坚持以马克思主义基本立场、观点和方法，用辩证唯物主义和历史唯物主义认识和分析历史问题，用马克思主义指导思想引领包括民主社会主义在内的各种社会思潮。

2. 进一步加强党的执政能力建设

在党中央提出以马克思主义指导思想引领各种社会思潮的要求后，广大人民群众积极响应党中央的号召，不仅要在理论层面上增强大局意识、政治意识，更要在实践领域培养忧患意识，社会主义代替资本主义是历史的必然，但应立足于社会主义初级阶段的特殊国情，正视和解决现阶段的问题，不断完善社会主义的制度和体制，进一步发挥社会主义优越性，提高党的执政能力。

改革开放以来，随着我国经济的飞速发展，民主建设、法制建设、社会保障建设等日益成为人们关注的焦点，同时，也给民主社会主义思潮带来可乘之机。有人竭力宣扬民主社会主义，主张用民主社会主义代替马克思主义，用民主社会主义取代科学社会主义，企图把共产党改名和改造为社会民主党，这是一个重大原则问题，必须加以重视。我们党一定要提高领导能力和驾驭全局的能力，团结和带领全国各族人民投身中国特色社会主义的伟大事业，进一步发挥社会主义制度的优越性，

不断推进社会主义和谐社会建设和发展。

3. 坚定不移地走中国特色社会主义道路

2007年6月12日《光明日报》刊发国防大学邓小平理论和“三个代表”重要思想研究中心颜晓峰与孙力合写的文章《民主社会主义道路在中国行不通》。文章开篇即鲜明地指出，中国特色社会主义是当代中国发展唯一正确的道路，强调中国特色社会主义立足于社会主义初级阶段的基本国情，具有鲜明的民族特色、实践特色和时代特色。中国特色社会主义之所以能取得成功，根本原因就在于它是从社会主义初级阶段这个最大实际出发想问题、定方针、作决策。中国特色社会主义是我们党把马克思主义基本原理同中国实际紧密结合的创造性成果。它深深扎根于中国的国情和实践之中，取得了举世瞩目的成就，得到了广大人民群众的认同、拥护和支持。有人宣称我们现在所走的道路就是民主社会主义道路，提出只有民主社会主义才能救中国、才能发展中国。这些观点都是非常错误的，民主社会主义只会将中国引向混乱、倒退。新世纪新阶段，必须坚定不移地走开创中国特色社会主义事业新局面的道路，我们的国家才会富强，人民的生活才会富裕，社会才会更加和谐。

（1）中国特色社会主义建设取得了举世瞩目的伟大成就

20世纪的中国，中国共产党领导中国人民经历了两次历史性的巨大变化。第一次是建立新中国和社会主义制度，第二次是进行改革开放，找到了一条符合中国国情、顺应时代潮流、体现人民意愿的中国特色社会主义道路。实践证明，这是一条把中国建设成为富强、民主、文明、和谐的社会主义现代化国家的康庄大道。只有沿着中国特色社会主义道路，中国在改革开放及社会主义现代化建设中才会取得了一个又一个举世瞩目的伟大成就。

国家统计局公布的“十一五”经济社会发展成就报告显示：2010 年，我国国内生产总值达到 397983 亿元，扣除价格因素，比 2005 年增长 69.9%。经济总量居世界位次稳步提升。2008 年，我国国内生产总值超过德国，位居世界第三。2010 年，我国国内生产总值按平均汇率折算达到 58791 亿美元，超过日本，成为仅次于美国的世界第二大经济体。同时，经济增长对世界经济的贡献不断提高。特别是 2008 年第三季度金融危机爆发后，在世界主要经济体均面临负增长或停滞困境之时，中国经济依然保持了相当高的增速并率先回升，为世界经济复苏作出了重大贡献。在经济总量稳步增长的同时，人均国内生产总值快速增加，人均创造价值水平也在不断提高。2010 年我国人均国内生产总值达到 29748 元，扣除价格因素，比 2005 年增长 65.7%，年均实际增长 10.6%，比“十五”时期年平均增速快 1.5 个百分点。国家财政实力明显增强。经济快速增长带来了国家财政收入的稳定增长。我国财政收入 2007 年超过 5 万亿，达到 51322 亿元；2008 年超过 6 万亿，达到 61330 亿元；2010 年超过 8 万亿，达到 83080 亿元，比 2005 年增长 1.6 倍，年均增长 21.3%。同时，内需拉动作用显著增强。国内需求对经济增长的贡献率大幅提高，特别是在应对国际金融危机冲击中，扩大内需政策起到了极为关键的作用。2006～2010 年，国内需求对经济增长的贡献率分别为 83.9%、81.9%、91.0%、138.9%和 92.1%。2009 年，在外需对经济增长为负贡献的条件下，国内需求增长有效弥补了外需下降的影响，对经济增长的贡献率高达 138.9%。与 2005 年相比，2010 年我国国内需求对经济增长的贡献率提高了 15.2 个百分点。产业结构持续改善。服务业发展加快，比重提高。2006～2010 年，第三产业年均增长

11.9%，比“十五”时期加快1.4个百分点。2010年，第三产业占国内生产总值的比重为43.0%，比2005年提高2.5个百分点。而第二产业占国内生产总值的比重则由2005年的47.4%下降到2010年的46.8%，第一产业的比重由12.1%下降到10.2%。此外，进出口贸易规模不断扩大。“十一五”时期，我国对外开放水平不断提升，与国际市场融合程度进一步加深。2010年，我国货物进出口总额为29728亿美元，比2005年增长了1.09倍，年均增长15.9%。其中，出口总额15779亿美元，比2005年增长了1.07倍，年均增长15.7%；进口总额13948亿美元，比2005年增长了1.11倍，年均增长16.1%。进出口贸易总额近年来一直位居世界前列，其中货物出口额在2009年超过德国跃居世界第一位；货物进口额仅次于美国，居世界第二位。与此同时，城乡居民收入快速增长。“十一五”期间，我国城乡居民收入快速增长。2010年，我国城镇居民人均可支配收入19109元，比2005年增长82.1%，扣除价格因素，年均实际增长9.7%；农村居民人均纯收入5919元，比2005年增长81.8%，扣除价格因素，年均实际增长8.9%。其中，2010年农村居民人均纯收入实际增长10.9%，比城镇居民人均可支配收入实际增速快3.1个百分点，是1985年以来增速最快的一年，为1998年以来首次快于城镇。城乡居民生活水平明显改善。随着城乡居民消费水平的大幅度提高，城乡居民消费支出持续增长，生活水平明显改善。2010年，我国城镇居民人均消费性支出13471元，比2005年增长了69.6%，年均增长11.1%；农村居民人均生活消费支出4382元，比2005年增长了71.5%，年均增长11.4%。城乡居民消费结构向发展性和享受性方向转变。一是食品支出比重持续下降。2010年，城镇居民人均消费性支出和农村居民人均生活消费支出中食品比重分别为35.7%和

41.1%，分别比2005年降低了1.0和4.4个百分点。二是交通通信支出大幅增加。2010年，城镇居民人均用于交通通信的支出为1984元，比2005年增长99.0%，年均增长14.8%；农村居民人均用于交通通信的支出为461元，比2005年增长88.2%，年均增长13.5%。三是主要耐用消费品拥有量成倍增长。2010年底，城镇居民家庭平均每百户拥有家用汽车13.1辆，比2005年底增长2.9倍；拥有移动电话188.9部，增长37.9%；拥有家用电脑71.2台，增长71.6%；农村居民家庭平均每百户拥有电冰箱45.2台，增长1.1倍；拥有移动电话136.5部，增长1.3倍；拥有家用计算机10.4台，增长3.2倍。2010年，全国电话普及率达到86.5部/百人，比2005年提高51.2%。

在改革开放和社会主义现代化取得阶段性成果的同时，我们党的执政能力和执政水平显著提高。人民代表大会制度、中国共产党领导的多党合作和政治协商制度、民族区域自治制度更加完善，人民当家作主的权利得到了尊重和肯定。以宪法为核心的中国特色社会主义法律体系已初步形成，基本上已形成了民主政治、公平正义、诚信友爱、充满活力、安定有序、人与自然和谐发展的社会主义和谐社会。我们党大力推进马克思主义中国化，形成了一系列重大理论创新成果。在建设物质文明的同时，努力建设社会主义精神文明，在经济建设、政治建设的过程中大力加强社会主义先进文化建设，在构建社会主义和谐社会的进程中积极建设社会主义核心价值体系。以爱国主义为核心的民族精神和以改革创新为核心的时代精神日益被民众接受并广泛传播，社会主义思想道德建设显著加强，教育科学文化事业日益繁荣。中国特色社会主义建设的伟大成就验证了马克思主义中国化新的历史性飞跃。

（2）民主社会主义道路在中国行不通

对于中国应选择的道路问题，有人认为只有民主社会主义才能实现国家富强、民族振兴、社会和谐、人民幸福，只有民主社会主义才能真正发展中国，甚至有人宣称我们现在所走的道路就是民主社会主义道路。持这些观点的人对中国革命及社会主义建设的历史了解不够深刻，对中国特色社会主义的内涵存在片面或歪曲的理解，对民主社会主义的本质还缺乏清晰的认识，是非常错误的。从中国革命的道路选择来看，我们党从一开始就没有走社会民主党所主张的改良主义、议会斗争的道路，而是走武装斗争、暴力革命的道路，这是由于帝国主义列强决不会自动放弃在中国攫取的特权，封建主义势力也决不肯自动放弃自己控制的政权。因此，以改良为主要手段的资产阶级民主革命必然无法推翻帝国主义和封建主义在中国的统治，无法改变中国半殖民地半封建社会的社会制度。近代以来的历史证明，要争取民族独立和人民解放，必须首先进行反帝反封建的民主革命。新中国成立后，我们的重要任务也转移到经济建设上来，逐步改变贫穷落后的面貌，实现国家富强和人民富裕。完成这一艰巨的历史任务，无论是走民主社会主义道路，还是走资本主义道路，都不具备应有的历史原因和现实条件，都不可能团结和带领十几亿中国人民解决温饱、摆脱贫困、走向小康，都不可能实现国家富强和人民富裕。历史的经验告诉我们，完成这一艰巨的历史任务，只能选择中国特色社会主义道路。只有从中国的国情出发，充分发挥社会主义的优越性，充分发挥广大人民群众的聪明与才智，积极探索出一条具有中国特色的发展道路。

中国革命和建设发展的经验证明，中国特色社会主义是党和人民历经几十年的实践探索出的唯一正确的道路，而民主社会主义是西方国家在特定历史环境和社会条件下的产物，在中国搞民主社会主义根本行不通。

（3）中国特色社会主义是当代中国发展的唯一正确道路

民主社会主义作为一种学术观点，可以有不同的声音，都是可以商榷探讨的，但作为一个执政党，在改革开放的关键时期，在种种观点主张面前，必须用统一的指导思想振奋精神。胡锦涛强调必须坚持走邓小平同志提出的中国特色社会主义道路，在一定程度上是对“民主社会主义”争论的回应。正如中央党校李君如副校长分析的：“中国特色社会主义是我们的创造，是我们的宝贝，什么主义都不如中国特色社会主义对我们有用。”中国特色社会主义之所以能取得成功，根本原因就在于它是从社会主义初级阶段这个最大实际出发思考问题、制定方针、做出决策，从而解决最实际的民生问题，满足最广大人民的根本利益。

在经济建设和发展中，我们国家还存在许多不足之处。例如，我国人口众多，人均生产总值少，生产力发展相对滞后，因此，我们党从实际出发，不断解放和发展生产力，把发展和改革作为中国共产党执政兴国的第一要务，坚持和完善公有制为主体、多种所有制经济共同发展的基本经济制度，坚持按劳分配为主体、多种分配方式并存的分配制度，正视公平与正义，实现全体人民的共同富裕；在政治建设中，我们从维护国家和民族安定与和谐的需要出发，建设有中国特色的社会主义民主政治；在文化建设中，我们要继承和发扬中华民族优秀的文化成果，吸取国外的先进经验，在当今多元化的社会形势下，用先进文化占领思想阵地，巩固马克思主义在意识形态领域的主导地位；在社会建设中，我们要统筹好改革、发展和稳定之间的关系，调节好个人、集体和社会之间的关系，推进社会的全面发展和进步，使广大人民群众共享改革发展的伟大成果。

遵循资本主义的发展方式，可以使少数人富裕起来，但是，解决不了大多数人民的温饱问题。中国是社会主义国家，社会主义的本质要求消除一切阶级剥削和贫穷落后的局面，维护社会的公平与正义，保证人民当家作主的权利，使广大人民群众为实现社会主义现代化国家而无私地奉献一切。因此，要使全国人民普遍过上小康生活还需要一个长期艰苦的过程，需要全国各族人民在中国共产党的正确领导下，不断提高生产力，只有这样才能实现中华民族的伟大复兴，才能开创中国特色社会主义新局面。

中国特色社会主义，是我们党把马克思主义基本原理同中国实际紧密结合的创造性成果。中国特色社会主义既坚持了科学社会主义的基本原则，又根据我国实际和时代特征赋予其鲜明的中国特色。它深深扎根于中国的国情和实践之中，取得了举世瞩目的成就，得到了广大人民群众的认同、拥护和支持。历史告诉我们：只有社会主义才能救中国，只有中国特色社会主义才能发展中国，当代中国的改革开放和现代化建设，绝不能偏离中国特色社会主义道路。也正因如此，自党的十二大提出“建设有中国特色的社会主义”这一命题开始，历次人民代表大会报告的题目中都使用了“中国特色社会主义”，并都将“建设中国特色社会主义”作为主题或重要论题加以阐述。在十三大的报告中，提出中国共产党紧紧围绕“沿着有中国特色的社会主义道路前进”的主题；同样，在党的十四大、十五大、十六大和十七大的政府报告中，也分别阐述了“加快改革开放和现代化建设步伐，夺取有中国特色社会主义事业的更大胜利”、“高举邓小平理论伟大旗帜，把建设有中国特色社会主义事业全面推向二十一世纪”、“全面建设小康社会，开创中国特色社会主义事业新局面”和“高举中国特色社会主义伟大旗帜，为夺取全面建设小康社会新胜利而奋斗”等重大的科学观点。由此可见，中国特色社会主义道路是党和人民经过几十年艰辛探索、躬身实践而得出的科学结论，是总结中国社会主义建设历史经验特别是改革开放的基本经验而作出的必然选择。

附　录

关于社会主义核心价值体系的问卷调查

亲爱的同学们：

你们好！为了更好地了解目前青年学生对社会主义核心价值体系认同的真实状况，推动青年学生社会主义核心价值体系教育的更好发展，特进行此次调查问卷。此次调查问卷采取无记名的方式，题目答案无对错之分，请按照您的实际想法进行选择，在符合您情况或意见的选项的序号处画“√”，您的真实回答将给我们的研究提供宝贵的依据。

谢谢您的合作！祝您身体健康，阖家欢乐！

第一部分：个人基本信息

1. 性别：

A. 男　　　　B. 女

2. 政治面貌：

A. 中共党员　　B. 共青团员　　C. 其他

3. 所在专业：

A. 机械设计制造及其自动化　B. 材料科学与技术

C. 自动化　　　　　　　　D. 计算机科学与技术

E. 工商管理　　　F. 会计学　　　G. 法学

第二部分：基本问题（其中 1－14 题为单项选择题，15－20 题为多项选择题）

1. 您是否了解社会主义核心价值体系提出的背景：

   A. 非常了解　　　　　　　B. 一般了解

   C. 不太了解　　　　　　　D. 一无所知

2. 您认为社会主义核心价值体系的提出是否有意义：

   A. 十分必要　　　B. 意义不大　　　C. 很难下结论

3. 您是否拥护党的路线、方针和政策：

   A. 坚决拥护　　　B. 无所谓　　　C. 不拥护

4. 您认为马克思主义可以在我国长期发展吗？

   A. 一定可以　　　B. 可以　　　C. 不可以

5. 您认为是否应该把马克思主义作为我国立党立国的根本思想：

   A. 应该　　　　　　　　　B. 不应该

6. 您是否同意中国特色社会主义是全国各族人民的共同理想：

   A. 同意　　　　　　　　　B. 不同意

7. 您是否赞成对青年学生进行中国特色社会主义共同理想教育：

   A. 赞成　　　　　　　　　B. 不赞成

8. 爱国精神对你来说：

   A. 很重要　　　B. 比较重要　　　C. 不重要

9. 当今时代是否仍要发扬艰苦奋斗的精神：

   A. 十分需要　　　B. 需要　　　C. 不需要

10. 您是否赞同诚信是为人处世的一种重要品质：

    A. 赞同　　　　　　　　　B. 不赞同

11. 当今社会出现了考试作弊、论文抄袭、官员腐败等不诚信现象，你的态度：

A. 鄙视　　B. 可以理解　　C. 无所谓

12. 在公交汽车上见到老弱病残，你是否会主动让座：

A. 会主动让座　　B. 假装没看见

C. 别人不让我也不让

13. 对于损害国家利益和尊严的事情是否会去制止：

A. 会　　B. 不会

14. 您是否认为社会主义核心价值体系应限于适用党员干部，一般公民的核心价值体系应是自由、平等和民主：

A. 应该　　B. 不应该　　C. 很难下结论

15. 社会主义核心价值体系的基本内容：

A. 马克思主义指导思想

B. 中国特色社会主义共同理想

C. 以爱国主义为核心的民族精神和以改革创新为核心的时代精神

D. 社会主义荣辱观

16. 您认为共产主义理想信念产生危机的原因：

A. 苏联东欧社会主义实践的失败

B. 党的领导干部在共产主义信仰上的动摇

C. 人们对部分共产党领导干部腐败打击不力的不满

D. 市场经济求利原则

17. 您认为社会主义核心价值体系被弱化的原因：

A. 党的领导干部在政治取向上的淡薄

B. 信仰取向多元化

C. 西方意识形态的影响

18. 您认为在青年学生中开展社会主义核心价值体系的渠道：

A. 课堂　　B. 课外活动或社会实践活动

C. 通过电视、网络、报刊等新闻媒体

19. 下列哪些是贯彻和宣传社会主义核心价值体系的重要基地：

A. 小学　　B. 初中　　C. 高中　　D. 大学

20. 下列属于民族精神：　　　属于时代精神：

A. 雷锋精神　　B. 延安精神　　C. 井冈山精神

D. 解放思想　　E. 与时俱进　　F. 无私奉献

G. 勇于创新

参考文献

《共产党宣言》，人民出版社，1997。

《马克思恩格斯选集》第1卷，人民出版社，1995。

《马克思恩格斯全集》第3卷，人民出版社，1960。

《马克思恩格斯选集》第4卷，人民出版社，1995。

《马克思恩格斯全集》第19卷，人民出版社，1965。

《列宁选集》第1卷，人民出版社，1995。

《毛泽东选集》第1卷，人民出版社，1991。

《毛泽东选集》第3卷，人民出版社，1991。

《毛泽东文集》第6卷，人民出版社，1996。

《邓小平文选》第2卷，人民出版社，1994。

《邓小平文选》第3卷，人民出版社，1993。

《江泽民文选》第2卷，人民出版社，2006。

《江泽民文选》第3卷，人民出版社，2006。

江泽民:《论党的建设》，中央文献出版社，2001。

中国共产党第十六届六中全会《中共中央关于构建社会主义和谐社会若干重大问题的决定》。

张秀琴:《马克思意识形态理论的当代阐释》，中国社会科学出版社，2005。

俞吾金:《意识形态论》，上海人民出版社，1993。

杨立英、曾盛聪:《全球化、网络化境遇与社会主义意识形态建设研究》，人民出版社，2006。

《当代世界思潮》，中共中央党校出版社，2000。

《建国以来毛泽东文稿》第10册，中央文献出版社，1996。

《十四大以来重要文献选编》(上)，人民出版社，1996。

《社会主义核心价值体系教育读本》，中央文献出版社，2007。

《社会主义核心价值体系教育读本》，中央文献出版社，2007。

《社会主义核心价值体系学习读本》，学习出版社，2009。

亚当·斯密:《国民财富的性质和原因的研究》下卷，商务印书馆，1974。

安东尼·德·雅赛:《重申自由主义》，中国社会科学出版社，1997。

哈耶克:《通向奴役之路》，中国社会科学出版社，1997。

詹姆士:《彻底经验主义》，上海人民出版社，1986。

杜威:《哲学的改造》，商务印书馆，1999。

《突出主题坚定中国特色社会主义共同理想——三论全面准确理解社会主义核心价值体系》，2006年12月23日《人民日报》。

唐凯麟:《社会主义核心价值体系是在实践中不断完善的科学体系》，2008年9月24日《光明日报》。

北京市邓小平理论和“三个代表”重要思想研究中心:《努力建设社会主义核心价值体系》，2007年8月21日《光明日报》。

章传家、张理海：《坚持以社会主义核心价值体系引领社会思潮》，2007年2月2日《光明日报》。

赵惜群、吴毅君：《培育网络文化建设社会主义核心价值体系》，2008年4月2日《光明日报》。

刘红健：《用社会主义核心价值体系引领社会思潮》，2010年12月23日《光明日报》。

龚晨：《社会主义核心价值体系研究述要》，《学习与研究》2007年第7期。

王振华：《意识形态问题是事关党和国家命运与前途的大事》，《社科党建》2007年第3期。

高晓钟：《网络文化环境下的高校思想政治教育研究》，《思想战线》2008年第4期。

吴海山、包万柱：《新自由主义全球化与反新自由主义运动之启示》，《前沿》2007年第11期。

卫华：《新自由主义及其批判》，《国外理论动态》1999年第12期。

罗文东：《新自由主义剖析：实质和影响》，《中共云南省委党校学报》2004年第1期。

刘长龙：《试论对社会主义核心价值体系产生较大危害的几种社会思潮》，《社会科学论坛》2007年第10期。

格雷·帕拉斯特：《一个冰凉的世界——国际货币基金组织带你去地狱的四步骤》，《国外理论动态》2001年第12期。

何海燕、李万斌：《西方实用主义与高校思想政治教育》，《延边大学学报》（社会科学版）2008年第2期。

吴潜涛：《社会主义核心价值体系的科学内涵》，《道德与文明》2007年第1期。

韩锦标:《社会主义核心价值体系研究述评》,《理论与改革》2008年第3期。

郑洁、陈金明:《以社会主义核心价值体系引领社会思潮的途径研究述评》,《新长征》2010年第7期。

卢永欣:《语言维度下的意识形态分析》,《思想战线》,2010年第3期。

周小毛:《坚持和巩固马克思主义在意识形态领域指导地位的新思考》,《湖南师范大学社会科学学报》2007年第3期。

徐毅:《坚持马克思主义在意识形态领域的指导地位》,《辽宁经济职业技术学院学报》2007年第1期。

石金龙、刘永莉、张倩:《浅谈青少年思想道德建设问题》,《西北成人教育学报》2009年第6期。

李辉、袁本新:《论大学生思想政治教育的学科化生存》,《学校党建与思想教育》2006年第6期。

赵怡:《意识形态建设的哲学反思》,《四川师范学院学报》(哲学社会科学版)2010年第1期。

邱少明:《马克思主义:"普世价值"本质的透视镜》,《探索》2009年第3期。

孙宏安:《情感态度价值观概谈》,《大连教育学院学报》2009年第3期。

陈承贵:《新时期大学生社会化问题及对策分析》,《高校教育研究》2008年第14期。

秋石:《论社会主义核心价值体系》,《求是》2006年第24期。

赵晓红、李抒望:《对社会主义核心价值体系建设的方法论思考》,《思想政治工作研究》2010年第8期。

殷午林:《青少年儿童人生观、价值观及其取向的现状成因研究》,《天津教育》2003 年第 6 期。

中共山东省委宣传部理论处:《加强马克思主义理论研究和建设是繁荣发展哲学社会科学的关键》,《理论学习》2004 年第 4 期。

王超航:《新时期保持党的先进性的重要性和紧迫性》,《辽宁行政学院学报》2005 年第 6 期。

王安寨:《社会主义核心价值体系的基本内容与社会主义的法律意识》,《中共贵州省委党校学报》2008 年第 4 期。

张其娟:《现代思想政治教育精神资源开发与利用研究》,《学校党建与思想教育》2009 年第 1 期。

周位彬:《试论社会主义核心价值体系的包容性》,《河南师范大学学报》(哲学社会科学版)2007 年第 3 期。

孙金华、梅荣政:《用社会主义核心价值体系统领廉政文化建设》,《西南大学学报》(社会科学版)2010 年第 2 期。

马国柱、宋玲者:《浅议弘扬和培育民族精神》,《社会科学论坛》(学术研究卷)2007 年第 3 期。

蒋茂林:《汶川抗震救灾精神价值刍议》,《西昌学院学报》(社会科学版)2009 年第 2 期。

张雷:《新时期大学生民族精神的培育》,《考试周刊》2008 年第 15 期。

刘秋生:《在国防教育中培育边疆地区大学生的民族精神》,《经济与社会发展》2010 年第 8 期。

陈殿林:《论社会主义核心价值体系的开放性》,《南方论刊》2007 年第 6 期。

阳建兰、马军:《十七大报告对拓展和深化当代大学生修养内容的启示》,《南北桥》2008 年第 2 期。

周铁农:《学习践行社会主义核心价值体系　把民革自身建

设推向新阶段》,《团结》2010 年第 6 期。

邓云莉:《论用马克思主义教育大学生的必要性》,《企业家天地》(理论版)2007 年第 12 期。

韩振峰:《社会主义核心价值体系建设与马克思主义“三观”教育的内在统一性》,《思想理论教育》2007 年第 17 期。

韦日平:《社会主义核心价值体系是建设和谐文化的根本》,《思想理论教育导刊》2007 年第 11 期。

刘红军:《学校道德教育是提高公民道德素质的重要渠道》,《河北青年管理干部学院学报》2010 年第 1 期。

冯刚:《用社会主义核心价值体系引领高校思想政治教育深入发展》,《高校理论战线》2008 年第 7 期。

刘月珍:《大学生社会主义核心价值体系教育实效性探析》,《教育探索》2008 年第 12 期。

贾永梅:《把社会主义核心价值体系贯穿到高校思想政治教育全过程》,《中国石油大学学报》(社会科学版)2010 年第 2 期。

林建荣:《社会主义核心价值体系实践转化的机制研究》,《武夷学院学报》2009 年第 1 期。

赫荣平、李阎岩:《构建和谐社会的法的着力点》,《辽宁行政学院学报》2005 年第 7 卷第 6 期。

王音、许晓敏:《构建社会主义和谐社会是加强党执政能力建设的必然要求》,《党史纵横》2005 年第 10 期。

李敏:《社会主义核心价值体系是构建和谐校园的灵魂》,《中国集体经济》2008 年第 1 期。

陈斌:《社会主义核心价值体系与中华民族的凝聚力》,《学理论》2009 年第 8 期。

刘艳:《社会主义核心价值体系引领社会思潮深层次解读》,《学术论坛》2010 年第 33 期。

王永贵：《新中国60年社会主义意识形态建设的基本经验》，《江海学刊》2009年第5期。

袁爱宁：《试论如何在社会实践中不断发展完善社会主义核心价值体系》，《卫生职业教育》2010年第4期。

李薇：《论用社会主义核心价值体系引领社会思潮的有效途径》，《职大学报》2008年第4期。

崔智胜：《人文关怀与社会主义核心价值体系建设》，《江西师范大学学报》（哲学社会科学版）2008年第4期。

吴云志、夏英玲：《坚持以社会主义核心价值体系引领社会思潮》，《辽宁医学院学报》（社会科学版）2009年第2期。

王永芹、张安平：《在多元中确立主导　在多样中谋求共识——社会主义核心价值体系　引领多样化社会思潮的思考》，《邯郸学院学报》2007年第4期。

郑琳琳：《用辩证唯物主义观点正确认识多样化社会思潮》，《大众商务》2010年第8期。

陈秀鸿：《用社会主义核心价值体系引领社会思潮》，《四川文理学院学报》2010年第1期。

吴菊花：《建设社会主义核心价值体系的基本原则》，《时代教育》2007年第29期。

赵凤云：《坚持以社会主义核心价值体系引领社会思潮》，《内蒙古民族大学学报》（社会科学版）2010年第4期。

王剑：《以社会主义核心价值体系引领社会思潮》，《党政论坛》2007年第10S期。

梁亚梅：《当代中国大众文化意识形态性研究》，《长春市委党校学报》2007年第2期。

高庆：《文化自觉的“软力量”——社会主义核心价值体系的文化追求》，《苏州教育学院学报》2007年第3期。

拉毛措:《着力增强社会主义核心价值体系在我国藏区的影响力》,《青海社会科学》2010年第2期。

《社会主义核心价值体系与多样化社会思潮互动机制研究》,《武警学院学报》2008年第1期。

刘卓芳:《突出互动:社会主义核心价值体系构建的路径选择》,《求实》2009年第6期。

朱士群:《当代中国社会思潮:回应与引领》,《安徽师范大学学报》(人文社会科学版)2008年第4期。

严兴文:《社会主义核心价值体系引领社会思潮解读》,《学习与探索》2008年第1期。

肖浩:《论社会主义核心价值体系引领社会思潮的有效途径》,《武警学院学报》2009年第5期。

中共乐山市委课题组:《用社会主义核心价值体系引领社会思潮研究》,《大众文艺》2010年第23期。

赵小娜:《建设社会主义核心价值体系是发展先进文化的首要任务》,《长春市委党校学报》2007年第6期。

武而文:《从严治党是深入持久地开展反腐败斗争的中心环节》,《西安联合大学学报》2000年第3卷第1期。

秦晓慧:《乡村和谐文化建设的策略选择》,《山东省农业管理干部学院学报》2010年第4期。

师磊:《如何推进社会主义核心价值体系建设》,《中共山西省直机关党校学报》2008年第6期。

钊旭:《社会主义核心价值体系的形成与建设》,《学习与实践》2009年第10期。

尹伶俐:《社会主义核心价值体系与高校思想政治教育》,《理论月刊》2007年第6期。

廖鸿冰:《社会实践在大学生思想政治教育中的作用探析》,

《当代教育论坛》(宏观教育研究)2007年第11期。

高晓钟:《网络文化环境下的高校思想政治教育研究》,《教育与职业》2008年第18期。

蔡水珍、刘华宝:《以社会主义核心价值体系引领网络文化建设》,《中共南昌市委党校学报》2009年第6期。

宁先圣、石新宇:《以社会主义核心价值体系引导大学生树立社会主义荣辱观》,《党史文苑》2008年第22期。

张力化:《热潮中的冷思考——对新自由主义的再认识》,《学术交流》2003年第12期。

吴海山、包万柱:《新自由主义全球化与反新自由主义运动之启示》,《前沿》2007年第11期。

郑兴碧:《从"华盛顿共识"看新自由主义的危害》,《当代经济研究》2008年第3期。

中国社会科学院"新自由主义"研究课题组:《关于"新自由主义"研究》,《马克思主义研究》2003年第6期。

郭安元:《论新自由主义对中国金融改革的影响》,《金融经济》2010年第5期。

罗文东:《新自由主义剖析:实质和影响》,《中共云南省委党校学报》2004年第1期。

杨红炳:《新自由主义简析》,《边疆经济与文化》2008年第10期。

程恩富、王中保:《经济全球化与新自由主义的范式危机》,《社会科学研究》2005年第2期。

刘长龙:《试论对社会主义核心价值体系产生较大危害的几种社会思潮》,《社会科学论坛》2007年第10期。

李士坤:《对价值、社会主义核心价值和普世价值的思考》,《北京联合大学学报》2009年第4期。

张华荣、陈伟雄:《金融危机下对西方发达国家金融创新过度的思考——基于马克思主义经济学视阈的分析》,《福建行政学院学报》2009年第6期。

杨承训:《论当代资本主义矛盾的阶段性特征——国际金融危机的深层根源及其启示》,《毛泽东邓小平理论研究》2009年第1期。

张旭:《马克思主义经济学的现实与未来——全国马克思列宁主义经济学说史学会第九次学术研讨会综述》,《上海行政学院学报》2004年第5期。

王绍光:《坚守方向、探索道路:中国社会主义实践六十年》,《中国社会科学》2009年第5期。

杨寿堪、王成兵:《实用主义在中国的历史命运》,《江苏行政学院学报》2002年第4期。

孙健:《政治格局变动中的史学研究——实用主义思潮和历史主义思潮在现代中国的发展》,《泰山学院学报》2008年第1期。

何海燕、李万斌:《西方实用主义与高校思想政治教育》,《延边大学学报》(社会科学版)2008年第41卷第2期。

宋雅琴:《试论中外合作办学中加强党建工作的重要性》,《科教文汇》(中旬刊)2008年第7期。

马晓媛:《构建中国特色物权制度的里程碑》,《西北民族大学学报》(哲学社会科学版)2008年第5期。

赵汇:《论中国特色社会主义的世界性意义》,《教学与研究》2009年第5期。

陈亚杰:《"社会主义核心价值体系"是怎样形成的》,《中国党政干部论坛》2007年第1期。

田耿文：《社会主义核心价值体系研究》，2008 年西南大学硕士学位论文。

宋波：《新时期我国意识形态建设与青年思想政治教育研究》，2007 年华东师范大学硕士学位论文。

张魏：《网络文化价值两面性的美学解读》，2009 年华南理工大学硕士学位论文。

魏迎春：《改革开放以来中国社会价值观的变迁》，2009 年兰州大学硕士学位论文。

杨军：《浅析当代中国大学生价值观问题》，2007 年苏州大学硕士学位论文。

孙安忠：《我国社会转型期人的价值观重塑》，2007 年山东师范大学硕士学位论文。

李丹：《新经济时代下工作生活质量的内容、影响因素及提升对策研究》，2008 年西南财经大学硕士学位论文。

王菁：《人生价值初论》，2008 年天津师范大学硕士学位论文。

冯冕：《中外自由贸易区发展研究》，2009 年东北师范大学硕士学位论文。

王喆：《社会转型期高校毕业生教育的现实问题与对策研究》，2005 年华南理工大学硕士学位论文。

李建成：《以社会主义核心价值体系引领高校思想政治教育的相关问题研究》，2008 年河北师范大学硕士学位论文。

张芳：《以社会主义核心价值体系解读价值观认同》，2007 年郑州大学硕士学位论文。

周君：《当今中国的价值导向问题探究》，2010 年湖南师范大学硕士论文。

丁访维：《以社会主义核心价值体系引领大学生思想政治教

育创新》2009年贵州师范大学硕士论文。

陈敏:《构建社会主义核心价值体系的哲学考察》,2008年苏州大学硕士论文。

肖霞:《论改革开放以来中国社会价值观的变迁》,2009年河南大学硕士学位论文。

汪丽丽:《论大学生的社会主义核心价值体系教育》,2008年南京师范大学硕士学位论文。

刘云山:《深入推进社会主义核心价值体系建设巩固全党全国人民团结奋斗的共同思想基础》,中国共产党新闻网,2008年5月4日。

赵晶:《深入推进社会主义核心价值体系建设巩固全党全国人民团结奋斗的共同思想基础》,中国共产党新闻网,2008年12月19日。

张连启:《着力建设社会主义核心价值体系》,中国共产党新闻网,2008年7月7日。

刘国光杨承训:《新自由主义思潮》,http://www.cass.net.cn/file/20090303219992.html。

张力化:《热潮中的冷思考——对新自由主义的再认识》,引自《马克思主义研究网》,2006年1月9日。

敖带芽:《坚持以社会主义核心价值体系引领社会思潮》,中组部党建研究网,2007-09-23。

后　记

建设社会主义核心价值体系，是党在十六届六中全会通过的《中共中央关于构建社会主义和谐社会若干重大问题的决定》中提出的一项重大的战略任务，党的十七大也再次强调社会主义核心价值体系是社会主义意识形态的本质体现，这给社会主义核心价值体系的建设提出了更高的要求。把建设社会主义核心价值体系的基本要求同当代社会思潮的研究有机结合，积极探索用社会主义核心价值体系引领社会思潮的有效途径，有力抵制各种错误和腐朽思想的影响，这对于建设社会主义和谐社会具有重要的理论意义和实践意义。

《社会主义核心价值体系与当代社会思潮》汇集了由宁先圣同志主持的2007年辽宁省社会科学基金项目“用社会主义核心价值体系引领社会思潮途径研究”、2008年辽宁省社会科学基金项目“自由主义思潮与社会主义思潮的关系演进研究”、2009年辽宁省社会科学基金项目“社会主义核心价值体系在辽宁宣传普及读本”以及2010年辽宁省社会科学基金项目“社会主义核心价值体系在实践中的丰富和发展”等的研究成果。《社会主义核心价值体系与当代社会思潮》由沈阳理工大学的宁先圣同志和石新宇同志共同完成，各章执笔撰稿情况是：第四章、第五章、第六章和第八章由宁先圣同志撰写；第一章、第二章、

第三章和第七章由石新宇同志撰写。宁先圣同志负责本书提纲的编制和全书的审订。

社会主义核心价值体系与当代社会思潮的研究，是一个崭新的课题。本书的探讨仅仅是抛砖引玉，以唤起更多同仁关注和研究。在本书编写的过程中，我们还参考了国内外大量的报刊图书资料，直接或者间接地引用、吸收了理论界同仁的最新研究成果，限于篇幅，未能一一列举，在此，谨向有关作者致谢。同时，在本书的编辑出版过程中，社会科学文献出版社给予了大力支持，谨致谢意。

社会主义核心价值体系与当代社会思潮的研究，是一项长期的战略任务，不可能一蹴而就，还有大量的问题要研究，需要我们不断地认识和深化。书中疏漏之处在所难免，恳请广大理论工作者和读者批评指正。

宁先圣

2011 年 6 月 10 日

图书在版编目(CIP)数据

社会主义核心价值体系与当代社会思潮/宁先圣，石新宇著. —北京：社会科学文献出版社，2011.10（2016.7重印）

ISBN 978 - 7 - 5097 - 2504 - 7

Ⅰ.①社… Ⅱ.①宁… ②石… Ⅲ.①社会主义建设 - 价值论 - 研究 - 中国 ②社会思潮 - 研究 - 中国 - 现代 Ⅳ.①D616 ②D092.7

中国版本图书馆 CIP 数据核字（2011）第 131406 号

社会主义核心价值体系与当代社会思潮

著　　者 / 宁先圣　石新宇

出 版 人 / 谢寿光
项目统筹 / 宋月华
责任编辑 / 袁卫华

出　　版 / 社会科学文献出版社 · 人文分社（010）59367215
　　　　　地址：北京市北三环中路甲 29 号院华龙大厦　邮编：100029
　　　　　网址：www.ssap.com.cn
发　　行 / 市场营销中心（010）59367081　59367018
印　　装 / 北京京华虎彩印刷有限公司

规　　格 / 开　本：889mm × 1194mm　1/32
　　　　　印　张：9.25　字　数：223 千字
版　　次 / 2011 年 10 月第 1 版　2016 年 7 月第 4 次印刷
书　　号 / ISBN 978 - 7 - 5097 - 2504 - 7
定　　价 / 39.00 元